Münchner Hausberge

50 traumhafte Wandertouren in den nördlichen Kalkalpen

Esterbauer

Hikeline®-Wanderführer
Münchner Hausberge

A-3751 Rodingersdorf, Hauptstr. 31
Tel.: +43/2983/28982-0, Fax: -500
E-Mail: hikeline@esterbauer.com
www.esterbauer.com

1. Auflage, Sommer 2011
ISBN: 978-3-85000-565-4

Bitte geben Sie bei jeder Korrespondenz die Auflage und die ISBN an!

Dank an alle, die uns bei der Erstellung dieses Buches tatkräftig unterstützt haben.
Das Hikeline-Team:
Heidi Authried, Beatrix Bauer, Markus Belz, Michael Bernhard, Michael Binder, Veronika Bock, Stefan Diringer, Sandra Eisner, Roland Esterbauer, Gabi Glasstetter, Dagmar Güldenpfennig, Tobias Klein, Martina Kreindl, Bettina Müllauer, Eveline Müllauer, Gregor Münch, Karin Neichsner, Niki Nowak, Carmen Paradeiser, Julia Pelikan, Petra Riss, Christian Schlechte, Erik Schmidt, Mandy Schwalbe, Martina Specht, Matthias Thal, Martin Wischin, Wolfgang Zangerl.

Umschlagbild: Michael Moll
Bildnachweis: Antes+Antes: S. 74, S. 75, S. 79, S. 81, S. 82, S. 83, S. 85, S. 86, S. 88, S. 89, S. 90, S. 91, S. 94, S. 95, S. 98, S. 99, S. 101, S. 102, S. 103, S. 105, S. 106, S. 111, S. 112, S. 114, S. 116; Katharina Spannraft: S. 124, S. 125, S. 126, S. 127, S. 130, S. 131, S. 132, S. 134, S. 136, S. 138, S. 140, S. 141, S. 142, S. 144, S. 148, S. 149; Klausi Müller: S. 120, S. 122; Mrkus Belz: S. 28, S. 31, S. 36, S. 37, S. 38, S. 56, S. 57, S. 61, S. 62, S. 68, S. 196, S. 197, S. 203, S. 204, S. 208, S. 209, S. 229, S. 230, S. 232; Michael Moll: S. 9, S. 13, S. 151, S. 152, S. 155, S. 156, S. 158, S. 161, S. 162, S. 164, S. 165, S. 167, S. 168, S. 170, S. 171, S. 174, S. 175, S. 176, S. 179, S. 180, S. 182, S. 185, S. 186, S. 188, S. 190; Tobias Klein: S. 40, S. 42, S. 66, S. 71, S. 72; Touristinformation Marquartstein: S. 225; Wolfgang Zangerl: S. 18, S. 21, S. 22, S. 24, S. 26, S. 46, S. 50, S. 52, S. 192, S. 200, S. 201, S. 211, S. 212, S. 216, S. 218, S. 221, S. 222, S. 226

Kartografie erstellt mit axpand (www.axes-systems.com)

Vorwort

Die Alpen sind von der Weltstadt München bei klarem Wetter scheinbar zum Greifen nahe. Sie sind innerhalb von maximal zwei Stunden Fahrzeit am Ausgangspunkt ihrer Tour in den Münchner Hausbergen.

Unzählige Gipfel reihen sich im Wandergebiet südlich von München aneinander, die Ihnen einerseits Ausblicke auf Seen und kleine Städte im Alpenvorland, anderseits auf noch zu erklimmende Berge bieten. In den Münchner Hausbergen durchqueren sie Kare, Latschenfelder und Schluchten, wandern an Felswänden entlang und erleben Almidyllen wie aus dem Bilderbuch!

Präzise Karten, genaue Streckenbeschreibungen, zahlreiche Stadt- und Ortspläne, Hinweise auf das kulturelle und touristische Angebot der Region – in diesem Buch finden Sie alles, was Sie zu einer Wanderung in den Müchner Hausbergen brauchen – außer gutem Wetter, das können wir Ihnen nur wünschen.

Die GPS-Tracks zu diesem Buch erhalten Sie nach Registrierung im Internet unter: www.esterbauer.com

Produktcode: 565-7g6H-15R3

Zeichenerklärung

* in Auswahl

Wanderweg auf Hartbelag
z. B.: befestigter Fußweg • ruhige Anliegerstraße

Wanderweg
breiter oder gut begehbarer Weg
z. B.: Wald- und Forstweg

Wandersteig, Pfad
schmaler Weg/Pfad • Wiesenweg

Klettersteig, Kletterstelle
- schwierige Stelle
- Trittsicherheit erforderlich
- Leiter

Verkehrsreicher Abschnitt
- Strecke auf oder direkt an Straße mit starker Verkehrsbelastung

Variante, Alternativstrecke
z. B.: Ausflüge • Abkürzungen • Ein- oder Ausstiege • alternative Hauptroute

Sonstige Wanderwege
- kreuzende Fernwanderwege • nachträgliche, von uns nicht geprüfte Wege

Wanderweg geplant

Wanderweg gesperrt

Tunnelstrecke, Unterführung

Fährverbindung

Wegpunkt

Gefahrenstelle

Text beachten

Treppe

Etappenanfang, -ende

Touristinformation

Hotel, Pension

Jugendherberge

Campingplatz

Zeltplatz

Gasthaus

Einkaufsmöglichkeit

Kiosk

Erlach **sehenswerter Ort**

Einrichtung im Ort vorhanden

sehenswerte Kirche, Kloster

sehenswertes Schloss, Burg

sehenswerte Ruine

sonstige Sehenswürdigkeit

Museum

Ausgrabungsstätte

Tierpark

Naturpark, -denkmal

Aussichtspunkt

Rastplatz

Unterstand

Schutzhütte

Grillplatz

Wanderparkplatz

Brunnen*

Freibad

Hallenbad

Bushaltestelle*

Maßstab 1 : 50.000

1 cm ≙ 500 m   1 km ≙ 2 cm

0 1 2 3 4 km

Kirche
Kloster
Kapelle
Schloss, Burg
Ruine
Turm
Funk-, Sendeanlage
Kraftwerk
Umspannwerk, Trafostation
Windmühle; -kraftanlage
Wassermühle, Bergwerk
Bergwerk
Wegkreuz
Höhle
Leuchtturm
Sportplatz, Stadion
Denkmal
Flughafen
Quelle
Kläranlage
Schiffsanleger
historischer Grenzstein, Römerstein
Grabanlage, Hügelgrab

Nur in Ortsplänen

Parkplatz
Parkhaus/Tiefgarage
Post*
Apotheke*
Krankenhaus
Feuerwehr
Polizei
Theater*

Wald
Wiese, Weide
Fels
Nassfläche, Sumpf, Moor
Heide
Weingarten
Friedhof
Garten
Sand, Düne
Siedlungsfläche
Öffentliche Gebäude
Industriegebiet
See, Staudamm, Fluss
Kanal
A13 Autobahn
B12 Schnellverkehrsstraße
B236 Fernverkehrsstraße
Hauptstraße
Straße
Nebenstraße
Fahrweg
Pfad
Eisenbahnlinie / Bahnhof
Fähre
Staatsgrenze / Grenzübergang
Landesgrenze
Kreisgrenze, Bezirksgrenze
Naturparkgrenze
Höhenlinie 100m
Höhenlinie 25m
Damm
318 5242 Kilometerraster mit UTM-Koordinaten

Inhalt

3 Vorwort
4 Zeichenerklärung
8 Münchner Hausberge
10 Bergwandern? – Aber sicher!
14 Zu diesem Buch
18 Oberammergau

Tour 1 schwer 9,0 km
20 **Rundtour auf den Kofel**

Tour 2 mittel 10,1 km
23 **Von Ettal auf den Laber**

Tour 3 schwer 12,8 km
27 **Notkarspitze**
32 Garmisch-Partenkirchen

Tour 4 mittel 16,3 km
34 **Rundtour auf die Kramerspitz**

Tour 5 mittel 14,6 km
39 **Vom Wank ins Tal**

Tour 6 mittel 23,3 km
43 **Krottenkopf**

Tour 7 mittel 11,4 km
48 **Durch die Höllentalklamm zum Osterfelderkopf**

Tour 8 schwer 21,7 km
53 **Durch das Reintal auf die Zugspitze (2-Tages-Tour)**
62 Zugspitze

Tour 9 mittel 18,9 km
63 **Von Elmau zum Schachenhaus**
68 Mittenwald

Tour 10 leicht 8,8 km
70 **Vom Kranzberg zum Ferchensee**

Tour 11 leicht 7,4 km
73 **Hochalm**

Tour 12 schwer 14,4 km
76 **Schafreiter**

Tour 13 mittel 13,2 km
80 **Tortal-Rontal**

Tour 14 leicht 20,5 km
84 **Johannestal - Falkenhütte - Laliderertal**

Tour 15 mittel 14,2 km
92 **Satteljoch - Plumsjoch**

Tour 16 schwer 18,0 km
96 **Montscheinspitze**

Tour 17 mittel 11,2 km
100 **Lamsenjochhütte**

Tour 18 schwer 12,9 km
104 **Hochnissl**

Tour 19 schwer 9,9 km
108 **Großer Bettelwurf**
111 Die Geröllawine im Halltal
112 Das Salzbergwerk im Halltal

Tour 20 mittel 13,6 km
113 **Halltal-Runde**

Tour 21 mittel 18,4 km
117 **Von Geitau aus über die Rotwand ins Tal der Roten Valepp**

Tour 22 mittel 9,1 km
123 **Auf den Breitenstein**

Tour 23 mittel 10,2 km
128 **Vom Herzogstand über den Heimgarten nach Walchensee**

Tour 24 mittel 14,4 km
133 **Von Wegscheid auf das Brauneck**

Tour 25 schwer 12,6 km
137 **Stille Wanderung zwischen Benediktenwand und Brauneck**

Tour 26 mittel 10,5 km
143 Über die Schnaiter-Alm auf den Zwieselberg

Tour 27 leicht 4,5 km
147 Spaziergang über die Gaißacher Sonntraten

Tour 28 leicht 11,8 km
150 Zur Gießenbachklamm

Tour 29 schwer 12,0 km
154 Auf den Veitsberg

Tour 30 mittel 11,2 km
157 Von Brandenberg auf den Voldöppberg

Tour 31 mittel 7,1 km
160 Zu den Buchauer und Dalfazer Wasserfällen
160 Achensee
162 Dalfazer Wasserfall

Tour 32 schwer 12,6 km
163 Panoramen von der Guffertspitze

Tour 33 leicht 6,6 km
166 Durch den Wald zur Siebenhüttenalm

Tour 34 leicht 7,3 km
169 Rund um den Spitzingsee

Tour 35 mittel 19,5 km
172 Hinauf zur Rotwand

Tour 36 mittel 9,0 km
175 Von Alm zu Alm

Tour 37 schwer 13,1 km
178 Hirschbergrunde

Tour 38 leicht 11,0 km
181 Heilklimatische Wanderung zwischen zwei Bächen

Tour 39 leicht 7,1 km
184 Neureuther Hütte

Tour 40 mittel 14,2 km
187 Über die Kühalm rund um den Schliersee
190 Schliersee

Tour 41 schwer 11,5 km
191 Von Nußdorf auf den Heuberg

Tour 42 leicht 7,4 km
195 Auf das Kranzhorn

Tour 43 mittel 9,3 km
198 Hochries und Feichteck

Tour 44 mittel 17,5 km
202 Von Hohenaschau auf den Klausenberg
206 Schädigung des Bergwaldes durch den Borkenkäfer

Tour 45 leicht 7,6 km
207 Von der Kampenwand nach Hohenaschau

Tour 46 schwer 11,3 km
210 Von Aigen auf die Gedererwand

Tour 47 schwer 15,7 km
214 Von der Kampenwand zum Geigelstein

Tour 48 mittel 12,8 km
220 Von der Kampenwand zur Hochplatte

Tour 49 mittel 8,4 km
224 Von Marquartstein auf die Hochplatte

Tour 50 mittel 16,5 km
228 Von Marquartstein auf den Hochgern
233 Ortsindex

Münchner Hausberge

Die Münchner Hausberge erstrecken sich vom Ammergebirge im Westen bis zu den Chiemgauer Alpen im Osten. Nach Süden dehnen sie sich im Karwendel weit auf österreichisches Staatsgebiet bis Innsbruck aus. Die West-Ostausdehnung beträgt rund 130 Kilometer, von Norden nach Süden immerhin noch rund 60 Kilometer. In diesem großen Gebiet sollte für jeden Geschmack eine Wanderung dabei sein. Wer wirklich hoch hinaus will kann den höchsten Berg Deutschlands und des Wettersteingebirges, die Zugspitze, besteigen. Wer es lieber gemütlich angehen will, kann entlang der Hofbauernweißach rund um Wildbad Kreuth wandern. Zahlreiche Almen und Hütten laden zur Stärkung ein. Aufstiegshilfen wie z. B. die Wankbahn bei Garmisch-Partenkirchen erleichtern den Anmarsch zu höher gelgenen Wanderzielen.

Streckencharakteristik

Tourenlänge

Die 50 Wanderungen in diesem Buch haben eine Länge von 4,5 bis 23 Kilometern. Auch kurze Bergtouren können aufgrund der zu bewältigenden Höhenmeter anstrengend sein und auch nur ein durchschnittliches Gehtempo von 2 km/h erlauben.
Auf einigen Touren besteht die Möglichkeit, die Route zu kürzen oder eine Variante einzubauen. Die Gesamtlänge der Touren in diesem Buch beträgt rund 622 Kilometer.

Wegweisung

Im gesamten Gebiet sind alle gängigen Wanderwege gut markiert. An Ausgangspunkten und Verzweigungen finden Sie inzwischen fast durchgehend die gelben, weithin sichtbaren Alpenvereinswegweiser. Manche davon geben neben Ziel und Richtung auch dreistufig die Schwierigkeit des Weges (blau-leicht, rot-mittel, schwarz-schwer) sowie die ungefähre Gehzeit an. Ebenso wie die Wege werden auch die Markierungen und Schilder von den zuständigen Alpenvereins-Sektionen oder den Tourismusverbänden kontrolliert und gewartet.

Tourenplanung

An- und Abreise mit der Bahn

Infostellen

Deutsche Bahn AG, www.bahn.de, **Reise-Service**, ✆ 0180/5996633 (€ 0,14/Minute aus dem Festnetz, Tarif bei Mobilfunk abweichend), Mo-So 0-24 Uhr, Auskünfte über Zugverbindungen, Fahrpreise im In- und Ausland, Buchung von Tickets und Reservierungen.

Kostenlose Fahrplanauskunft ✆ 0800/1507090.

Wegweisung

An- und Abreise mit dem Bus

Infostellen

Elektronische Fahrplanauskunft (EFA) Bayern für Bahn und Bus:www.bayerninfo.de, www.bayern-fahrplan.de.

Beste Wanderzeit

Die beste Zeit für einen Wanderurlaub im Gebirge ist gewöhnlich ab Frühsommer bis Herbst, je nach Höhenlage also zwischen Mitte Juni und Ende September. Außerhalb dieser Zeit kann – vor allem in höheren Regionen – entweder noch oder schon wieder Schnee liegen, was die Anforderungen an Orientierung, Kondition und Trittsicherheit erheblich steigert. Auch im Hochsommer kann ein Wettersturz in Hochlagen Schnee bringen, weshalb man sich vor einer Tour stets nach der Wettervorhersage und den aktuellen Verhältnissen erkundigen muss.

Übernachtung

Die gesamte Region ist ein beliebtes Tourismusgebiet. Die Anzahl der Beherbergungsbetriebe ist daher groß, in der Hauptsaison können jedoch die Zimmer ziemlich ausgebucht sein. Es ist daher besser, Zimmer im Voraus zu reservieren.

Wanderreiseveranstalter

Eurohike, A-5162 Obertrum, Mühlstr. 20, 0043/(0)6219/7444, office@eurohike.at, www.eurohike.at

Bergwandern? – Aber sicher!

Tourenplanung

Eine gewissenhafte Planung findet bereits vor dem Antritt einer Tour statt und soll Sie davor bewahren, in unkontrollierbare und gefährliche Situationen zu geraten.

Zunächst geht es darum, alle verfügbaren Informationen einzuholen: Führerliteratur und Karte geben Aufschluss über das geplante Vorhaben. Welche Schlüsselstellen befinden sich am Weg? Gibt es Umgehungsmöglichkeiten? Kann man die Tour eventuell abbrechen? Aus dem Wetterbericht und durch ortskundige Auskunftspersonen (Bergführer, Hüttenwirte, Touristinfos, Seilbahnbedienstete) kann man dann die zu erwartenden Verhältnisse abschätzen. So können Schneelage oder Vereisung einen einfachen Wanderweg unbegehbar machen oder die Gehzeiten zumindest vervielfachen. Auch besteht bei Gewittern am Berg Lebensgefahr – ein Blitz muss einen Wanderer nicht einmal direkt treffen, es genügt ein Einschlag in der näheren Umgebung!

Danach verknüpft man die Informationen mit dem eigenen Potential: Reicht die körperliche Verfassung aller Tourenteilnehmer wirklich für die geplante Gehzeit inklusive Reserven? Sind alle den technischen Schwierigkeiten gewachsen? Genügt ein vorgegebenes Zeitfenster – z. B. durch eine Busverbindung für die Rückfahrt, ein zu erwartendes Nachmittagsgewitter oder eine im Tagesverlauf herannahende Schlechtwetterfront – für die Tour? Auch die gedankliche Vorbereitung von Checkpoints ist hilfreich: Zum Beispiel muss ich zu einer bestimmten Uhrzeit bestimmte Wegpunkte oder Schlüsselstellen bewältigt haben, ansonsten breche ich die Tour ab o. ä.

All diese Überlegungen münden in einen konkreten Tagesplan: Wann breche ich auf? Wer hat was im Rucksack? (Großes Ruck-

sackgewicht vermeiden, Notfallausrüstung – s. nächstes Kapitel – mitnehmen) Ein angepasstes Gehtempo und eine vernünftige Pausenplanung tragen das ihre zu einem schönen Erlebnis bei.
In Ihrem Urlaubsquartier sollten Sie die geplante Wanderroute und eine ungefähre Rückkehrzeit bekanntgeben. Im Notfall wird eine Suchaktion oder Bergung dadurch ungemein beschleunigt. Wenn Sie dann unterwegs laufend Ihre Tourenplanung mit den tatsächlichen Gegebenheiten vergleichen und ggf. rechtzeitig Ihr Vorhaben anpassen, steht einem sicheren, schönen und erholsamen Tag am Berg nichts mehr im Weg.

Bekleidung, Ausrüstung

Für eine gelungene Wanderung ist die Ausrüstung ein wichtiger, aber keineswegs der einzige Faktor. Auch die beste Ausrüstung nützt nichts, wenn es an Kondition oder Gehtechnik mangelt! Der Markt für Outdoorbekleidung ist mittlerweile unübersehbar, deswegen hier nur einige Grundregeln:
Der wichtigste Ausrüstungsgegenstand sind knöchelhohe **Schuhe mit Profilsohle**, die atmungsaktiv und wasserdicht sein sollten. Die Sohle eines Bergschuhs sollte kantenfest sein, um auch auf Firnfeldern und felsigen Passagen ausreichend Halt zu bieten. Reine Trekkingschuhe stoßen mit ihrer weichen Sohle im alpinen Gelände bald an ihre Grenzen. Joggingschuhe sind nur für Spaziergänge im Tal geeignet, keinesfalls aber für Bergwege! Kaufen Sie Schuhe am besten nachmittags, dann haben die Füße ihre maximale Ausdehnung. Die Passform sollte man vor einer längeren Unternehmung unbedingt auf Tagestouren überprüfen!

Die Mitnahme von **Steigeisen** ist auf den vorgestellten Wanderungen im allgemeinen nicht notwendig.
Neben den Schuhen ist auch die Wahl der **Socken** entscheidend. Socken sollten Feuchtigkeit gut aufnehmen können, da sonst die Hornhaut der Füße schnell aufgeweicht werden kann und anfällig für Blasenbildung wird. Socken aus Mischgewebe ohne störende Nähte sind ideal.
Für die **Kleidung** gilt das „Zwiebelprinzip": Mehrere Schichten erfüllen verschiedene Funktionen und lassen sich separat tragen und vielfältig kombinieren. Die unterste Schicht soll Schweiß vom Körper weg führen, darüber folgen bei Bedarf eine wärmende Schicht und zuletzt die äußerste Hülle, die Wind und Regen abhalten, trotzdem aber dampfdurchlässig sein soll.
Als Materialien kommen entweder Kunstfasern – leicht, wenig Feuchtigkeitsaufnahme, leider manchmal starke Geruchsbildung – oder hochwertige Wolle – etwas schwerer, wärmt aber auch im nassen Zustand und nimmt kaum Geruch an – in Frage. Baumwolle ist für anspruchsvolle Touren nicht geeignet, denn sie nimmt viel Feuchtigkeit auf und braucht sehr lange zum Trocknen.

TIPP

Die Lufttemperatur nimmt pro 100 Höhenmeter um rund 0,6 Grad ab, außerdem lässt der Wind die gefühlte Temperatur nochmals kälter erscheinen (Windchill-Effekt)! Nasse Kleidung verstärkt das Kältegefühl weiter, so dass bei Wetterstürzen am Berg auch im Sommer durchaus Erfrierungsgefahr besteht.

Für Tagestouren im alpinen Gelände benötigt man einen Regenschutz, zusätzliche Kleidung als Kälteschutz, eine Trinkflasche, Sonnenschutz, eine Notfallausrüstung (Biwaksack, Handy mit voll aufgeladenem Akku, kleines Erste-Hilfe-Set) und etwas Verpflegung für unterwegs. Bei Mehrtagestouren kommen noch Wäsche zum Wechseln, ein kleines Waschzeug und Kleidung für den Abend dazu. All das sollte in einem Rucksack von maximal 35 Litern Volumen Platz finden. Vor allem untrainierte Menschen sollten darauf achten, sich nicht zu viel Gepäck zuzumuten, denn die zusätzliche Belastung durch das Tragen kann eine schöne Wanderung schnell zur Quälerei werden lassen.
Wanderstöcke sind mittlerweile sehr gebräuchlich und – richtig angewendet – in vielen Situationen hilfreich. Oberkörper und Arme können die Beine unterstützen, damit sinkt hier die Belastung

für Muskeln und Gelenke. Vor allem bei steilen Abstiegen kann dadurch einer Überlastung der Knie vorgebeugt werden. Auch fällt es leichter, in schwierigen Situationen wie Schneefeldern, auf rutschigem Untergrund oder beim Überqueren von Bächen die Balance zu halten. Der Nachteil beim ständigen Verwenden von Wanderstöcken liegt aber in der Verminderung von Trittsicherheit und Gleichgewichtsgefühl. Im Aufstieg sollten die Stöcke situationsgerecht – einzeln oder doppelt benutzt – die Beine bei der Hubarbeit unterstützen, im Abstieg ist es besser, beide Stöcke gleichzeitig zu platzieren (Doppelstockeinsatz). Auf Querungen kann man den bergseitigen Stock etwas kürzer fassen.

Im Notfall

Trotz der gründlichsten Tourenplanung können unvorhergesehene Notfälle eintreten. Die Grundregel dabei ist, kühlen Kopf zu bewahren, um nicht durch unüberlegte Handlungen die Gesamtsituation zu verschlimmern. Nachdem Sie sich ein Bild von der Lage gemacht haben und keine weitere Gefahr wie zum Beispiel anhaltender Steinschlag zu befürchten ist, wählen Sie – bei vorhandenem Handynetz – die **Notrufnummer der Bergrettung in Deutschland ✆ 112 oder ✆ 140 in Österreich**. Falls Ihr Telefon keinen Empfang anzeigt, schalten Sie es aus und wieder ein. Dabei

tippen Sie statt ihres PIN-Codes 112 ein. Dadurch wird automatisch das stärkste verfügbare Netz angesprochen und gleichzeitig eine Verbindung zur nächsten Polizeidienststelle hergestellt. Sollte auch diese Methode versagen, hilft nur mehr die Veränderung des Standortes, manchmal reichen wenige Meter.
Bei der Notrufstelle geben Sie mit möglichst ruhiger Stimme folgende Fakten bekannt: Was ist passiert? Wo und wann ist der Unfall passiert? Wie viele Verletzte gibt es? Wer ruft an?
Danach versuchen Sie nach Maßgabe Ihrer Möglichkeiten, selbst dem Verletzten zu helfen. Ein kürzlich absolvierter Erste-Hilfe-Kurs und Hausverstand sind dabei sehr hilfreich. Zu guter Letzt: Lassen Sie unter keinen Umständen eine verletzte Person alleine! Versuchen Sie, diese warm und möglichst bequem zu lagern und psychisch zu unterstützen. Warten Sie gemeinsam auf Hilfe.

Zu diesem Buch

Dieser **Hikeline-Wanderführer** enthält alle Informationen, die Sie für Ihre Wanderung benötigen: exakte Karten, eine detaillierte Wegbeschreibung und die wichtigsten Informationen zu touristischen Attraktionen und Sehenswürdigkeiten.
Und das alles mit der **Hikeline-Garantie**: Die Routen in unseren Büchern sind von unserem professionellen Redaktionsteam vor Ort geprüft worden. Um höchste Aktualität zu gewährleisten, nehmen wir nach der Erhebung Korrekturen von Lesern bzw. offiziellen Stellen bis Redaktionsschluss entgegen, die dann jedoch teilweise nicht mehr an Ort und Stelle verifiziert werden können.

Papier

Alle unsere Wanderführer werden auf hochwertigem Synthetikpapier gedruckt, welches nicht nur reißfest und besonders leicht, sondern auch komplett wasserfest ist. Dadurch lassen sich die Bücher bequem in der Jackentasche tragen und auch bei Regen problemlos verwenden. Wenn das Buch stark durchnässt wurde, lassen Sie es einfach mit aufgefächerten Seiten trocknen.

Konzept

Am Beginn jeder Tour finden Sie grundlegende Informationen wie Start- und Zielort, die Länge, die zu bewältigenden Höhenmeter im Auf- und Abstieg, die Gesamtschwierigkeit, die durchschnittliche Wegzeit in normalem Gehtempo, ein Höhenprofil und die Anteile an Asphaltwegen, Wanderwegen und -pfaden sowie eine kurze Charakteristik der Tour. Die Gehzeiten und die Gesamtschwierigkeit werden bei allen Touren nach einem einheitlichen Prinzip ermittelt, somit sind Abweichungen von der Beschilderung vor Ort – bei der z. B. die Gehzeit oft von Gemeinde zu Gemeinde unterschiedlich berechnet wird – möglich.

Gesamtschwierigkeit der Tour

leicht

Leicht: Angenehme Familienwanderung, insgesamt nur geringe Höhenunterschiede und keine starken Steigungen und Gefälle, wenige kurze steilere Abschnitte sind aber möglich. Die Tour verläuft meist auf breiten und gefahrlos zu begehenden Wegen, sie kann (fast) bei jeder Witterung begangen werden. Die Wanderung stellt keine großen Anforderungen an Ausrüstung, Erfahrung und Kondition.

mittel

Mittel: Die Wanderung erfordert normale Kondition und etwas Ausdauer. Längere Steilabschnitte und schmale, steinige Pfade oder schwierig zu begehende Bereiche sind möglich, Trittsicherheit ist teilweise erforderlich. Im Gebirge können gesicherte Kletter- und Gehpassagen sowie Leitern vorkommen, die Hände werden – wenn überhaupt – nur auf wenigen Metern zur Fortbewegung benötigt. Die Wege können witterungsbedingt schwieriger begehbar und rutschig sein.

schwer

Schwer: Die Tour erfordert abschnittsweise große Anforderungen an Kondition, Erfahrung und Orientierung. Große Höhenunterschiede mit z. T. auch längeren steilen Abschnitten sind zu überwinden und/oder die Tour ist sehr lang sowie über weite Strecken schwierig zu begehen. Wege können ausgesetzt sein, im Gebirge kommen drahtseilgesicherte Passagen bzw. leichte Kletterstellen vor, Trittsicherheit ist unbedingt erforderlich. Die Begehbarkeit ist stark witterungsabhängig.

Karten

Eine Übersicht über die geografische Lage der Münchner Hausberge gibt Ihnen die Übersichtskarte auf der vorderen inneren Umschlagsseite.

Die Detailkarten sind im Maßstab 1:50.000 erstellt. Dies bedeutet, dass 1 Zentimeter auf der Karte einer Strecke von 500 Metern in der Natur entspricht. Zusätzlich zum genauen Routenverlauf informieren die Karten auch über die Beschaffenheit des Bodenbelags bzw. über die Art des Weges sowie über kulturelle und gastronomische Einrichtungen entlang der Strecke. Die Höhenlinien haben einen Abstand von 25 Metern.

Allerdings können selbst die genauesten Karten den Blick auf die Wegbeschreibung nicht ersetzen. Stellen mit schwieriger Wegfindung werden in der Karte mit dem Symbol gekennzeichnet, im Text finden Sie das gleiche Zeichen zur Markierung der betreffenden Stelle wieder, manchmal ergänzt durch ein Foto.

Die beschriebene Haupttour wird immer in Blau, Varianten oder Abstecher in Grün dargestellt. Die genaue Bedeutung der einzelnen Symbole wird in der Zeichenerklärung auf den Seiten 4 und 5 erläutert.

Textteil

Der Textteil besteht im Wesentlichen aus der genauen Routenbeschreibung. Manche besonders markante oder wichtige Punkte auf der Strecke sind als Wegpunkte **1**, **2**, **3**, ... durchnummeriert und – zur besseren Orientierung – mit dem selben Symbol in den Karten und im Höhenprofil wieder zu finden. Bei Varianten wird das selbe System angewendet, allerdings mit Großbuchstaben **A**, **B**, **C**,...

Die Kilometerangaben, im Text hochgestellt, zeigen Ihnen die schon zurückgelegte Strecke seit dem Etappenstart an, sie sind auf hundert Meter gerundet.

Ferner sind alle wichtigen **Orte** zur besseren Orientierung aus dem Text hervorgehoben. Die Symbole Ortsanfang und Ortsende kennzeichnen ein größeres, geschlossenes Siedlungsgebiet. Gibt es interessante Sehenswürdigkeiten in einem Ort, so finden Sie unter dem Ortsbalken die jeweiligen Adressen, Telefonnummern und Öffnungszeiten.

Die Beschreibung der einzelnen Orte sowie historisch, kulturell oder naturkundlich interessanter Gegebenheiten entlang der Route tragen zu einem abgerundeten Reiseerlebnis bei. Diese Textblöcke sind kursiv gesetzt und unterscheiden sich dadurch auch optisch von der Streckenbeschreibung.

Absätze in grüner Farbe behandeln Varianten und Ausflüge.

TIPP Textabschnitte in Blau heben Stellen hervor, an denen Sie auf den weiteren Wegeverlauf und auf mögliche Varianten hingewiesen werden. Sie geben auch Empfehlungen und Erläuterungen zu Sehenswürdigkeiten oder Freizeitaktivitäten etwas abseits der Route.

GPS-Navigation

GPS (Global Positioning System) erlaubt eine präzise Positionsbestimmung mittels Navigationssatelliten und einem Empfangsgerät, dem GPS-Empfänger. Die Navigation basiert auf dem UTM-System (Universal Transversal Mercatorprojection). Das UTM-Gitternetz unterteilt die Erde in 60 Zonen von je 6 Grad Breite. Die Positionsangabe setzt sich aus dem „East"- oder Rechtswert und dem „North"- oder Hochwert zusammen. Der „East"- Wert (E) gibt den Abstand zum jeweiligen Bezugsmeridian in Kilometern plus 500 Kilometer zur Vermeidung negativer Zahlen an. Der „North"- Wert (N) gibt den Abstand zum Äquator in Kilometern an.

GPS-Navigation in der Karte

Das Gebiet dieser Karten liegt in der Zone 32 und hat die Bezugsmeridiane 9 und 12 Grad Ost. Um zu navigieren ist der GPS-Empfänger auf WGS 84 (World Geodetic System 1984) und UTM-Projektion einzustellen. Die Koordinaten (East und North) sind in der Karte in Kilometern, auf dem GPS-Empfänger in Metern angegeben. Für die GPS-Navigation ist auf den Karten ein grau gepunktetes Gitter mit einer Maschenweite von 1 Kilometer vorhanden. Da einige Karteninhalte hervorgehoben oder generalisiert dargestellt werden, ist eine absolute Lagegenauigkeit nicht immer garantiert.

Oberammergau

PLZ: 82487; Vorwahl: 08822

Tourist-Information Oberammergau, Eugen-Pabst-Str. 9a, ✆ 922740, www.ammergauer-alpen.de

Oberammergau Museum, Dorfstr. 8, ✆ 94136, ÖZ: April-Anfang Nov., Ende Nov.-Anfang Jan, Di-So 10-13 und 14-17 Uhr. Seit 1910 wird in diesem Haus nicht nur über die Geschichte von Oberammergau informiert, sondern vor allem über die traditionsreiche Schnitzkunst.

Eisenhower Museum, Ettaler Str. 55, ✆ 4536, ÖZ: Juni-Nov., So-Do 14-17 Uhr. Hier können Sie alles über den 34. Präsidenten der USA, Dwight David Eisenhower, erfahren.

Reptilienhaus, Lüftlmalereck 5, ✆ 1477, ÖZ: April-Okt., tägl. 10-18 Uhr, Nov., Sa 10-17 Uhr, 25. Dez.-März, Sa-Mi 10-17 Uhr.

Pfarrkirche St. Peter und Paul. Die Kirche im Rokokostil wurde zu Beginn des 18. Jhs. unter der Leitung von Josef Schmunzer errichtet. Die Fresken stammen von Matthäus Günther.

Blick vom Kofel auf Oberammergau

Kreuzkirche. Die protestantische Gemeinde in Oberammergau war bis zum Ende des Ersten Weltkrieges sehr klein, erst mit den Flüchtlingen nach dem Krieg wurde sie größer und somit auch der Wunsch nach einer eigenen Kirche. In den 1920er Jahren wurde ein altes Bauernhaus gekauft und zur Kirche umgebaut. Und so sieht die Kirche auch heute noch aus: Ein Bauernhaus mit Turm.

Passionstheater Oberammergau, ✆ 9458888. Die weit über die Landesgrenzen hinaus bekannten Passionsspiele finden alle 10 Jahre statt. In der Zwischenzeit wird das Theater als Bühne für andere Inszenierungen genutzt.

Pilatushaus, Ludwig-Thoma-Str. 10, ✆ 949511, ÖZ: April-Anfang Nov., Ende Nov.-Anfang Jan., Di-So 14-17 Uhr. Der Lüftlmaler Franz Seraph Zwinck hat gegen Ende des 18. Jhs. die Malereien auf dem Haus geschaffen. Die auf einer Hausfront dargestellte Verurteilung Jesus durch Pilatus gab dem Gebäude seinen Namen. Das Haus gilt als das Zentrum für die Oberammergauer Kunst und das Kunsthandwerk. In der sogenannten „Lebenden Werkstatt" können Besucher den Künstlern bei Ihrer Arbeit zusehen. Außerdem ist hier seit 2006 die große Hinterglasbilder-Sammlung des Oberammergau Museums zu sehen.

Kulturmeile Oberammergau. An 6 Stationen wird dem Besucher die Kunst und Kultur von Oberammergau näher gebracht. Die Informationen zu den einzelnen Stationen können über eine Telefonnummer ab-

gefragt werden. Auskunft erhalten Sie bei der Tourist-Information.

Seit knapp 400 Jahren werden bei den Oberammergauer Passionsspielen die letzten fünf Tage im Leben Jesu von der einheimischen Bevölkerung auf der Bühne aufgeführt. Die Tradition geht auf ein religiöses Versprechen aus dem 17. Jahrhundert zurück: Am Anfang der 1630er Jahre brach in Oberammergau die Pest aus und nahezu jede Familie hatte Tote zu beklagen. In dem als Pestjahr bekannten Jahr 1633 versprachen daraufhin die Bewohner des Ortes, regelmäßig Passionsspiele aufzuführen, wenn Sie in Zukunft von der Pest verschont bleiben würden. Seitdem finden abgesehen von ein paar einzelnen Unterbrechungen bzw. Verschiebungen alle 10 Jahre die Spiele statt und locken zahlreiche Zuschauer aus aller Welt. Im Jahr 2010 beispielsweise sahen ungefähr eine halbe Million Menschen die Aufführungen. Die reizvolle Stadt an der Ammer lockt aber auch in den Jahren zwischen den Spielen viele Besucher an, die Ruhe und Erholung in den umliegenden Bergen suchen.

schwer

Tour 1 — 9,0 km

Rundtour auf den Kofel

Start/Ziel: Oberammergau, Parkplatz beim Friedhof

Gehzeit: 4 Std. **Aufstieg:** 680 m **Abstieg:** 680 m

Hartbelag: 3 % **Wanderwege:** 30 % **Wanderpfade:** 67 %

Charakteristik: Der markante Felszacken oberhalb von Oberammergau gilt als das Wahrzeichen des Ortes, von oben bietet sich eine herrliche Aussicht auf den Passionsspielort. Aufgrund seiner schroffen Form ist der Gipfel jedoch nur für Geübte zu erreichen – ein Steig mit seilgesicherten Passagen, der Trittsicherheit und Schwindelfreiheit erfordert, führt zum Gipfelkreuz hinauf. Weniger erfahrene Wanderer können aber auf einfachen Wegen daran vorbeigehen und über Königsweg und Kolbenalm nach Oberammergau zurückkehren.

Anfahrt: Den Parkplatz am Friedhof südlich von Oberammergau erreichen Sie über den Malensteinweg. Eine Bushaltestelle der Linie 9606 gibt es im Ortszentrum.

Oberammergau s. S. 18

1 0,0 (850) Die Tour beginnt südlich der B 23 auf dem Wanderparkplatz westlich des Friedhofes ~ Sie wandern auf dem breiten Schotterweg Richtung Westen ~ vor dem Waldstreifen links in den Wald ~ an der Kreuzung im spitzen Winkel nach links ~ an der Mariengrotte vorbei.

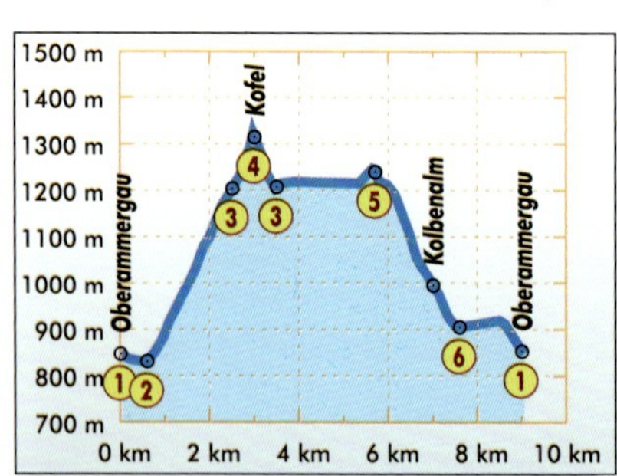

2 0,6 (830) An der Wegkreuzung beim Unterstand laufen Sie der Beschilderung folgend rechts quer über die Wiese (**Kälberplatte**) hinauf direkt auf den Kofel zu ~ bei der Rastbank

in den Wald hinein und im Zick-Zack den Hang hinauf ~ der Weg wird steiler und Sie kommen immer wieder an Felsen heran ~ an der Lichtung quer über das Geröllfeld ~ an der Felswand entlang und auf den Sattel hoch. **3** **2,5 (1.215)** An der Weggabelung beim Unterstand biegen Sie rechts ab, um auf einem Stichweg auf den Kofel zu kommen ~ Sie wandern erst auf dem

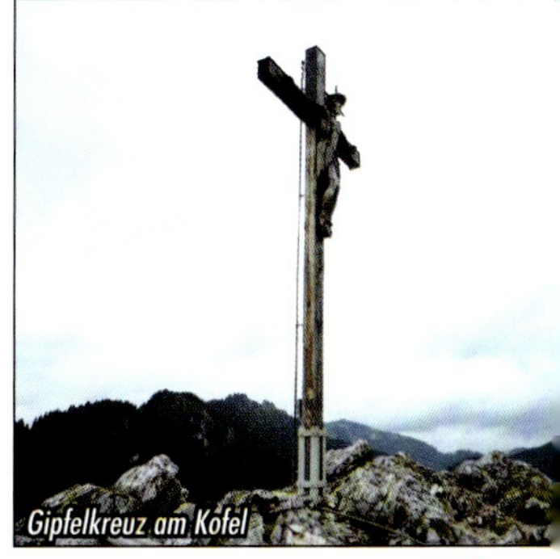
Gipfelkreuz am Kofel

Kofel

Sattel entlang, dann geht es auf dem mit Seilen gesicherten Klettersteig, der Trittsicherheit und Schwindelfreiheit erfordert, über die Rinne hinauf ~ auf dem Joch eröffnet sich der Blick Richtung Westen ~ dem Weg rechtsherum folgen ~ auf den Steigklammern über den Felsen hoch und zum Gipfelkreuz.

Kofel (1.340 m)

Lediglich ein Kilometer Luftlinie liegt der Kofel vom Zentrum von Oberammergau entfernt. Dementsprechend gut ist die Aussicht auf den Ort, das Ammertal und die umliegenden Berge.

4 3,0 (1.340) Nach dem Gipfelkreuz links hinab und an der Hütte vorbei ~ wenig später stoßen Sie auf den bekannten Weg, auf dem Sie zurück zum Sattel kommen.

3 3,5 (1.215) Vom Gipfel kommend rechts halten und am Unterstand vorbei Richtung Kolbenalm ~ auf dem **Königssteig** den Hang querend weiter.

5 5,7 (1.245) An der Kreuzung beim Unterstand zweigen Sie rechts ab und laufen bergab.

VARIANTE Hier nach links geht es zur Kolbensattelhütte und zur Sesselbahn.

An der nächsten Gabelung rechts halten und dem Weg am **Brunnberggraben** entlang hinab folgen ~ an dem breiten Wirtschaftsweg nach rechts und zur Almhütte.

Kolbenalm

Kolbenalm, Kolbenalm 1, 08822/6364 od. 0160/93867380, ÖZ: tägl. 9-22 Uhr

Auf dem Weg weiter talwärts ~ im Linksbogen geradeaus auf den Pfad und über die Wiese die Kurve abkürzen, dann auf dem Wirtschaftsweg weiter.

6 7,6 (905) Bei dem Parkplatz und der Rastbank mit der Infotafel rechts auf den **Grottenweg** Richtung Kofel über Kälberplatte ~ es geht quer über die Wiese, dann in den Wald hinein ~ unterhalb der Nordwand des Kofels entlang ~ an der bereits bekannten Weggabelung halten Sie sich links, dann auf dem breiteren Weg nach rechts.

1 9,0 (850) Kurz darauf haben Sie den Parkplatz erreicht.

Oberammergau

mittel

Tour 2 — 10,1 km

Von Ettal auf den Laber

Start/Ziel: Ettal, Bushaltestelle Ettal, Klostergasthof

Gehzeit: 4½ Std. **Aufstieg:** 930 m **Abstieg:** 930 m

Hartbelag: 19 % **Wanderwege:** 17 % **Wanderpfade:** 64 %

Charakteristik: Der am nördlichen Rand der Ammergauer Alpen gelegene Laber ist ein beliebter Aussichtsberg, der auch mit der Seilbahn von Oberammergau aus erreichbar ist. Diese Wanderung hingegen führt von Ettal über das Tiefental zur Gaststätte hinauf, um von dort tiefe Blicke bis zur Zugspitze auf sich wirken zu lassen, doch vorher unternehmen Sie noch eine Runde um das Ettaler Manndl und den Soilasee. Die erfahrenen Bergsteiger, die über Trittsicherheit und Schwindelfreiheit verfügen, können auf dem Klettersteig das beliebte Ettaler Manndl erklimmen.

Anfahrt: Die Bushaltestelle Ettal, Klostergasthof wird von der Buslinie 9606 bedient und liegt direkt vor dem Kloster. Parkplätze gibt es weiter östlich am „Mandlweg".

Ettal

PLZ: 82488; Vorwahl: 08822

Tourist Information Ettal, Ammergauer Str. 8, ☎ 3534, www.ettal.de

Kloster Ettal, Kaiser-Ludwig-Pl. 1, ☎ 740, ÖZ: Basilika tägl. 8-18 Uhr, für Gruppenführungen durch Basilika, Rokoko-Sakristei, Kloster-Destillerie und Brauereimuseum Anmeldung erforderlich. Das Kloster wurde 1330 von Kaiser Ludwig dem Bayern gegründet; er hatte zum Dank für seine gesunde Wiederkehr nach Bayern eine Klostergründung versprochen. Heute sind

Kloster Ettal

in der Klosteranlage neben dem Benediktinerorden auch ein Gymnasium, eine Klosterdestillerie, eine Schaukäserei etc. untergebracht.

Brauereimuseum, Kloster Ettal, ✆ 740, Besichtigung und Führung nach Vereinbarung. In der Klosterbrauerei wird seit dem Jahr 1609 Bier gebraut.

1 **0,0 (875)** Von der Bushaltestelle folgen Sie der Hauptstraße Richtung Osten ⁓ links auf den **Mandlweg** und leicht bergauf in Richtung Nordosten weiter ⁓ am Waldrand beginnt der Forstweg, der Sie in den Wald hinein führt ⁓ neben dem **Tiefentalgraben** bergauf in das Tal hinein.

2 **1,8 (1.105)** Am Ende des Forstweges folgen Sie links dem Wanderpfad, der Sie teilweise über Stufen im Zick-Zack über die nördliche Talseite hinauf führt ⁓ nach einem langen Rechtsbogen quer über den Hang hinauf ⁓ Sie überqueren ein Bächlein und laufen quer über eine Lichtung ⁓ oben auf dem Sattel bei der **Diensthütte Tiefental** führt der Weg links in den Wald hinein und über den Hang hinauf.

3 **3,2 (1.540)** Sie kommen auf den Weg zum Laber, hier biegen Sie rechts ab.

TIPP Wenn Sie ohne die Runde um das Ettaler Manndl direkt zum Laberjochhaus möchten, dann zweigen Sie hier links ab.

Gleich darauf kommen Sie zum Abzweig auf das Ettaler Manndl.

AUSFLUG Ein kurzer gesicherter Steig, der Manndlsteig, führt auf den beliebten Felszacken, doch wer den Gipfel erklimmen möchte, sollte auf jeden Fall trittsicher und schwindelfrei sein.

Ettaler Manndl

Das Ettaler Manndl zählt zu den beliebtesten Ausflugszielen rund um Oberammergau. Allerdings bleibt das Erreichen des Gipfels den Erfahrenen vorbehalten. Obwohl der Klettersteig gerade mal 50 Meter lang ist, gibt es doch einige ausgesetzte und schwierige Stellen, die Bergerfahrung erfordern. Von oben bietet sich eine wunderbare Aussicht auf die Ammergauer Alpen, das Estergebirge, das Wettersteinmassiv mit der Zugspitze und ins nördlich gelegene Alpenvorland.

Sie wandern an der Abzweigung zum Ettaler Manndl geradeaus weiter ~ hinter dem Felszacken quer über die Wiese in Richtung Norden hinab ~ über den bewaldeten Abhang kommen Sie zum Soilasee hinunter.

Wanderweg auf dem Laber

Soilasee

Der See verlandet immer mehr, im Sommer ist er oft ganz ausgetrocknet.

4 **4,2 (1.410)** An der T-Kreuzung biegen Sie links ab und wandern am Ufer des Sees entlang ~ im Zick-Zack über den teilweise steil abfallenden Hang hoch.

5 **5,2 (1.555)** Oben auf dem Joch wenden Sie sich nach rechts, um zum Laberjochhaus zu kommen ~ der Weg führt Sie erst südlich der Felsen entlang, dann dazwischen hindurch und über die Ostflanke hinüber ~ in einer Linkskehre führt Sie der Weg in Richtung Westen zur Seilbahn und zum Gasthaus hinauf.

Laber

Laberjochhaus, 08822/4280, ÖZ: zu den Betriebszeiten der Seilbahn

Laberbergbahn Oberammergau, Ludwig-Lang-Str. 59, 08822/4770, Betriebszeiten: tägl. 9-17 Uhr, Juli, Aug. Do bis 22 Uhr.

UMSTEIGEN Von hier aus können Sie mit der Seilbahn nach Oberammergau hinab fahren und von dort mit dem Bus nach Ettal zurückkehren.

6 **5,7 (1.635)** Nach einer Pause in der Gaststätte laufen Sie auf dem selben Weg wieder zurück.

5 **6,2 (1.555)** An der Kreuzung, an der Sie vorhin vom Soilasee gekommen sind, halten Sie sich jetzt rechts und gehen unterhalb der Felsen entlang ~ über zwei kurze Kehren den Hang hinab ~ quer über den bewaldeten Abhang weiter.

3 **6,9 (1.540)** An der Kreuzung zweigen Sie rechts ab Richtung Ettal und folgen der bereits bekannten Route ins Tal hinunter.

1 **10,1 (875)** Unten im Tal haben Sie das Ende der Tour erreicht.

Ettal

Tour 3 12,8 km

Notkarspitze

Start/Ziel: Ettal, Wanderparkplatz am Ettaler Sattel

Gehzeit: 6 - 6½ Std. **Aufstieg:** 1.170 m **Abstieg:** 1.170 m

Hartbelag: 0 % **Wanderwege:** 27 % **Wanderpfade:** 73 %

Charakteristik: Egal, von wo aus man zur Notkarspitze aufbricht, es sind immer mehrere hundert Höhenmeter über anstrengende Pfade zu überwinden, sodass der Berg bei weitem nicht so überlaufen ist wie benachbarte, durch Seilbahnen erschlossene Gipfel. In der Regel können Sie die faszinierende Aussicht vom Gipfel ganz für sich alleine genießen. Der Aufstieg zur Notkarspitze führt über den langen Ostrücken, anfangs steil durch den Wald und später auf einem schönen Kammweg durch herrlich freies Gelände. Der Abstieg über das Hasenjöchl und die Roßalm-Diensthütte ins Gießenbachtal ist teilweise ebenfalls steil, im tief eingeschnittenen Tal führt der Weg kurzzeitig durch den Gießenbach. Trittsicherheit

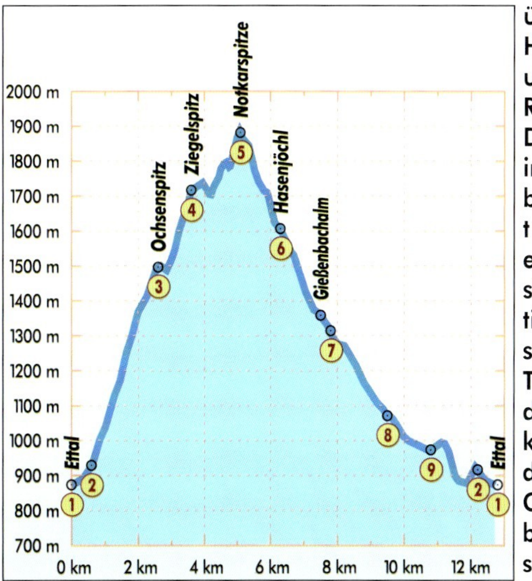

Aussicht auf Graswang

und Schwindelfreiheit sind auf dieser Tour unbedingt erforderlich, bei nassen Verhältnissen kann es teilweise sehr rutschig und somit gefährlich werden.

Tipp: Denken Sie an ausreichend Proviant, es gibt auf der gesamten Tour keine Einkehrmöglichkeiten.

Anreise/Abreise: Der Wanderparkplatz liegt direkt an der Passhöhe des Ettaler Sattels (B 23) zwischen Oberau und Ettal. Die Bushaltestelle Ettal, Am Berg der Linie 9606 befindet sich etwas weiter nördlich.

Ettal **s. S. 23**

1 **0,0 (870)** Die Wanderung startet am Wanderparkplatz an der Passhöhe des Ettaler Sattels, die Notkarspitze ist hier bereits beschildert ~ nach 100 m an der T-Kreuzung links ~ der breite Weg führt stetig bergan.

2 **0,6 (925)** In der scharfen Rechtskurve rechts auf den grob ge-

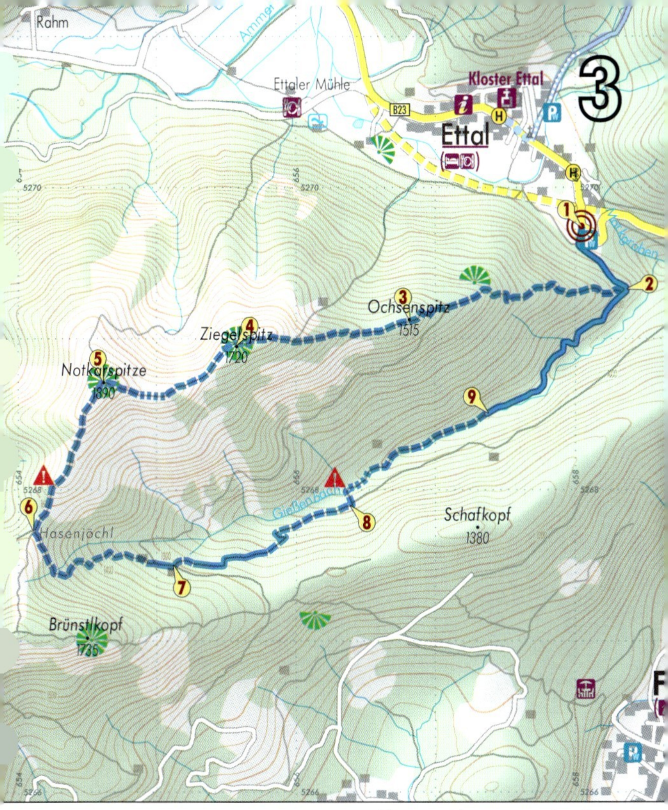

schotterten Weg ⁓ wenige Meter später erneut rechts und auf dem kleinen Pfad über Steine und Wurzeln steil bergauf ⁓ schon zu Beginn wird deutlich, dass der Aufstiegspfad über einen Grat führt – das wird bis zur Notkarspitze so bleiben ⁓ am Ende des ersten, sehr steilen Anstieg-Abschnittes erreichen Sie eine kleine Lichtung ⁓ der Steig verläuft weiterhin größtenteils im Wald, es bieten sich aber immer häufiger schöne Ausblicke auf Ettal und auch auf Oberammergau.

3 **2,6 (1.515)** An einer weiteren Lichtung erreichen Sie den ersten Vorgipfel der Notkarspitze.

Ochsenspitz (1.515 m)

Auf dem Bergkamm entlang weiter ⤳ an der Gedenktafel vorbei ⤳ relativ eben über ein kleines Zwischenplateau, später wieder steiler bergauf ⤳ zwischen Latschenkiefern über den Bergrücken zum Gipfelkreuz hoch.

Ziegelspitz (1.719 m)

4 3,6 (1.720) Vom Gipfelkreuz aus weiter auf dem Kammweg durch den dichten Latschenkiefer-Bewuchs ⤳ der Pfad wird im weiteren Verlauf steiniger und anspruchsvoller, teilweise müssen die Hände zu Hilfe genommen werden ⤳ am Rande des Notkars entlang weiter bergauf.

5 5,1 (1.890) Schließlich erreichen Sie das große Gipfelkreuz auf der Notkarspitze.

Notkarspitze (1.889 m)

Die Aussicht von der Notkarspitze ist in alle vier Himmelsrichtungen beeindruckend und reicht zu den Allgäuer Alpen, ins Zugspitzmassiv und bei klarer Sicht sogar bis nach München.

Für den Abstieg über den Südgrat der Notkarspitze halten Sie sich schräg links, nach einigen Metern ist der Pfad im Gelände sichtbar ⤳ auf dem steinigen Pfad zwischen Latschenkiefern hindurch, der Blick nach vorne reicht über den benachbarten Brünstelkopf bis ins Wettersteingebirge ⤳ ⚠ an der Felsnase auf losem Schotter rechts hinunter ⤳ der Pfad taucht in den Nadelwald ein.

6 6,3 (1.600) Am **Hasenjöchl**, einer Kreuzung, an der sich Wege aus allen vier Himmelsrichtungen treffen, links Richtung **Farchant** und **Garmisch**.

Der Abstiegspfad ist steinig, aber sehr gut begehbar ⤳ Sie wandern durch aufgelockerten Nadelwald, an dessen Rändern sich ein Hochalmgebiet ausbreitet ⤳ den Abzweig nach links ignorieren und auf dem wurzeligen Pfad weiter bergab ⤳ oberhalb der **Gießenbachalm** über die Wiese ⤳ rechts auf den breiten Fahrweg einbiegen.

7 7,8 (1.310) An der Hütte des Schafwolljankerzuchtvereins links Richtung **Ettal** und **Oberau** ⤳ auf dem wurzeligen Pfad durch den Wald ⤳ der Weg wird breiter, ist aber nach wie vor schlecht begehbar ⤳ an der Abzweigung links Richtung Ettal und auf dem steinigen Weg durch den Wald ⤳ nach etwa 400 m wird der Weg deutlich schmaler ⤳ der Pfad führt stetig bergab, das Rauschen des Gießenbaches ist schon zu hören.

8 9,5 (1.085) An der Abzweigung links Richtung Ettal ⤳ der Pfad führt nun sehr steil bergab ⤳ entlang einer Seilsicherung hinunter

Blick nach Oberammergau

zum Gießenbach ~ ⚠ entsprechend der roten Markierungen auf den Steinen den Bach überqueren ~ im weiteren Verlauf folgen Sie immer den roten Markierungen, die Sie stets in Bachnähe und manchmal auch durch den Bach führen.

9 10,8 (965) Schließlich erreichen Sie eine breite Forststraße und folgen Ihr leicht ansteigend, aber weiter parallel zum Gießenbach.

2 12,2 (925) In der scharfen Linkskurve treffen Sie wieder auf den Aufstiegsweg, dem Sie zurück zum Ausgangspunkt folgen.

1 12,8 (870) Die Tour endet wieder am Wanderparkplatz am Ettaler Sattel.

Ettal

Garmisch-Partenkirchen

PLZ: 82467; Vorwahl: 08821

Tourist-Information, Richard-Strauss-Pl. 2, ✆ 180700, www.gapa.de

Tourist-Information, Rathauspl. 1, ✆ 180712, www.gapa.de

Werdenfels Museum, Ludwigstr. 47, ✆ 2134, ÖZ: Di-So 10-17 Uhr. Das Museum ist in einem alten Kaufmannshaus aus dem 17. Jh. untergebracht und informiert auf über 900 m² und fünf Etagen über die Geschichte und Kultur des Werdenfelser Landes.

Museum Aschenbrenner, Loisachstr. 44, ✆ 7303105, ÖZ: Di-So 10-17 Uhr. Im Museum werden auf gut 300 m² eine Puppen- und eine Porzellansammlung gezeigt. Ein neuer Nebenbau beherbergt die Krippenausstellung.

Richard-Strauss-Institut, Schnitzschulstr. 19, ✆ 910950, ÖZ: Mo-Fr 10-16 Uhr. Der aus München stammende Komponist ließ sich 1908 in Garmisch-Partenkirchen eine Villa als Sommerresidenz errichten, doch schon bald wurde das Anwesen zum Hauptwohnsitz. Neben wechselnden Ausstellungen gibt es hier auch Konzerte und andere Veranstaltungen zu besuchen.

Pfarrkirche St. Martin, Marienplatz. Die Kirche wurde 1730-1734 von Joseph Schmutzer erbaut.

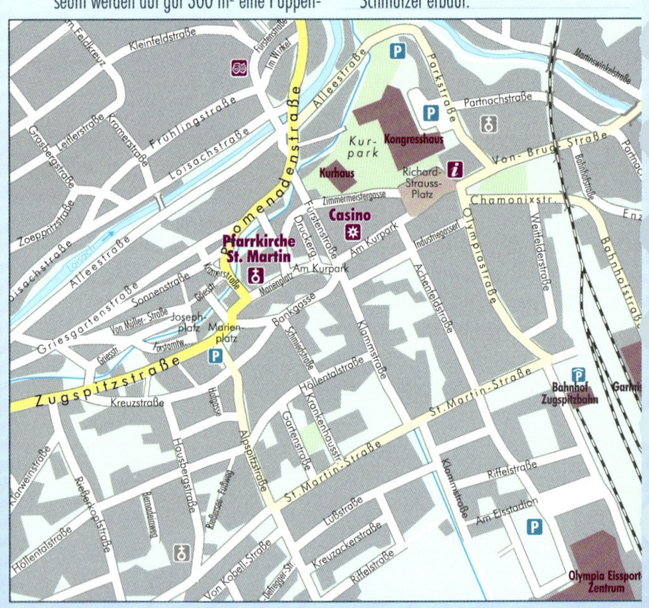

Pfarrkirche Maria Himmelfahrt, Ludwigstraße. Die neugotische Kirche wurde 1871 vom Erzbischof von München eingeweiht.

1935 entstand aus den bis dahin selbständigen Märkten Garmisch und Partenkirchen eine gemeinsame Marktgemeinde. Die NSDAP hatte aufgrund der im folgenden Jahr stattfindenden Olympischen Winterspiele darauf gedrängt, die beiden Orte zusammenzulegen. Die beiden Kerne der einst selbständigen Orte sind auch heute noch als historische Zentren erkennbar.

Die Besiedlung dieses Gebietes reicht weit in die Vergangenheit zurück: Während Partnach auf eine römische Reisestation an einem Nebenzweig der am Lech entlang führenden Via Claudia Augusta zurückgeht, wurde Garmisch 802 erstmals als Siedlung urkundlich erwähnt. Im Mittelalter galt Partnach als wichtige Station für die Fugger und die Welser auf dem Weg nach Italien, in Garmisch hingegen war vor allem die Flößerei auf der Loisach wichtig. Nach dem Dreißigjährigen verarmte die Region.

Mit der Fertigstellung der Eisenbahnverbindung nach München 1889 begann die Entwicklung hin zum beliebten Tourismusort, der mit seiner wunderbaren, umliegenden Bergwelt Skifahrer und Wanderer gleichermaßen anzieht.

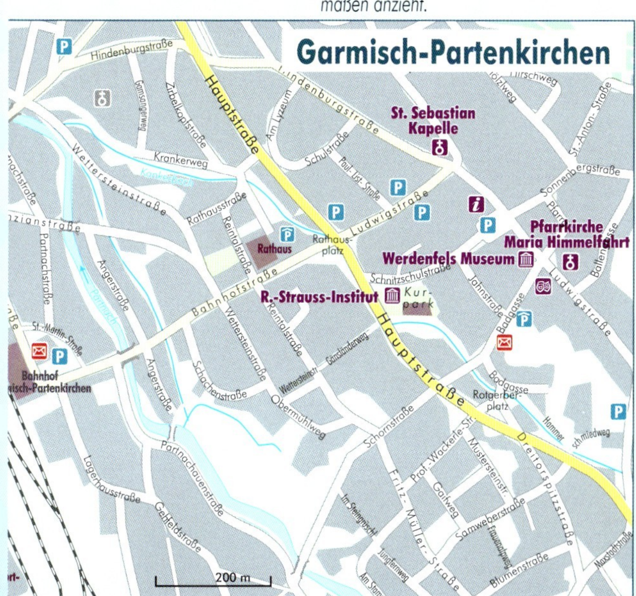

Tour 4 16,3 km

Rundtour auf die Kramerspitz

Start/Ziel: Garmisch-Partenkirchen, Almhütte

Gehzeit: 7 Std. **Aufstieg:** 1.200 m **Abstieg:** 1.200 m

Hartbelag: 0 % **Wanderwege:** 39 % **Wanderpfade:** 61 %

Charakteristik: Die Tour auf den Kramer ist eine aussichtsreiche Gipfeltour, die Kondition und ein Mindestmaß an Trittsicherheit und Schwindelfreiheit erfordert. Der relativ lange Aufstieg mit etwa 1.200 Höhenmetern kann in der Sommerhitze sehr anstrengend sein, wird aber mit zahlreichen herausragenden Panoramablicken belohnt – nicht nur auf dem Gipfel selbst, sondern auch schon unterwegs, z. B. an der Felsenkanzel. Sowohl auf dem Auf- als auch auf dem Abstieg lädt mit der St. Martins Hütte am Grasberg und der Stepbergalm jeweils eine schöne Einkehrmöglichkeit

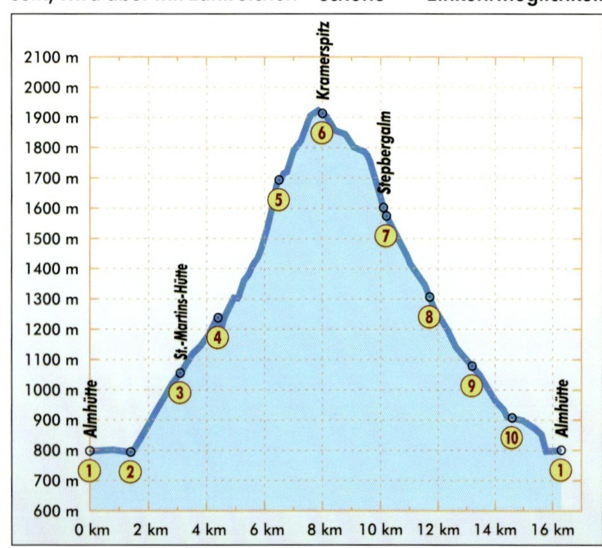

zum Verweilen ein. Bei Nässe ist vor allem im Gipfelbereich Vorsicht angesagt.

Anfahrt: Mit dem Auto von der B 23 auf der Straße Zur Maximilianshöhe und zum Gasthaus Almhütte. Dort ist ein Parkplatz vorhanden. Mit der Linie 1 des Ortsbusses von Garmisch-Partenkirchen bis zur Endhaltestelle Äußere Maximilianstraße, von wo Sie nach ca. 1 km Fußweg zum Ausgangspunkt der Wanderung kommen.

Almhütte

Berggasthof Almhütte, ✆ 08821/71417, ÖZ: tägl. 9-18 Uhr. Die Almhütte ist bekannt für ihre riesigen Windbeutel, deshalb auch der Beiname „Windbeutelalm".

1 **0,0 (795)** Die Wanderung beginnt am Berggasthof Almhütte an der Wandertafel schräg gegenüber des Gasthofes in den

Aufstieg zum Kramer

leicht ansteigenden Wanderweg Richtung Stepbergalm ⁓ an der **Kneippanlage** rechts auf den **Kramerplateauweg** ⁓ am Teich entlang ⁓ an der Kreuzung geradeaus durch das Wildgatter ⁓ immer auf dem relativ ebenen Kramerplateauweg weiter.

2 1,4 (785) Am Asphaltweg biegen Sie links ab ⁓ der Asphalt endet nach wenigen Metern, es geht auf Schotter weiter bergauf ⁓ immer auf dem breiten Fahrweg bleiben, der im weiteren Verlauf in Serpentinen steil aufwärts führt ⁓ am Abzweig nach rechts Richtung Kramerspitze ⁓ oberhalb der St. Martins-Hütte entlang, von deren Panoramaterrasse Sie eine wunderbare Aussicht auf Garmisch-Partenkirchen und das Wettersteingebirge genießen können.

St. Martins Hütte

St. Martins Hütte am Grasberg, ✆ 08821/4970, ÖZ: Sommer tägl. 9-18 Uhr, Winter tägl. 10-23 Uhr

3 3,1 (1.035) Am Abzweig zum Biergarten der Hütte rechts halten und weiterhin dem Aufstiegsweg folgen ⁓ der Weg wird schmaler und führt steil bergauf durch den Wald ⁓ danach kurz mit Seilsicherung am Fels entlang.

4 4,4 (1.240) Sie erreichen den Aussichtspunkt.

Felsenkanzel

Schwindelfreiheit vorausgesetzt haben Sie von der 4 Meter über den Abgrund reichenden Kanzel einen tollen Blick auf Garmisch-Partenkirchen und das Wettersteingebirge.

An der sogenannten „schwarzen Wand" entlang weiter bergauf ⁓ am Abzweig zum Königsstand halten Sie sich links.

TIPP Der Weg zum Königsstand wurde einst als Reitweg für den bayerischen König Maximilian II. angelegt, der sich hier oft zur Jagd aufhielt.

Auf dem nun noch schmaleren Bergpfad weiter steil bergauf.

5 6,5 (1.695) Am unscheinbaren Querweg auf dem kleinen Wiesenplateau biegt der nun **„Kramersteig"** genannte Pfad nach links in die Latschen ~ mit nur noch mäßiger Steigung auf dem Bergrücken weiter bergauf ~ leicht bergab in eine Scharte, hier weicht der Weg dem Steilaufschwung des Grates nach Norden aus ~ der folgende Abschnitt ist sehr anspruchsvoll, der Pfad führt über kleine Geröllfurchen unmittelbar am Fuß des Felsstocks entlang, ⚠ hier können bis weit ins Frühjahr hinein kleine Schneefelder die Passage erschweren ~ nach der letzten kleinen Geröllflanke knickt der Weg nach links ~ es folgt noch einmal ein relativ entspannter Abschnitt über eine buckelige Wiese, bevor schließlich der Schlussanstieg zum Gipfel beginnt ~ auf den letzten 100 Höhenmetern wandern Sie über nackten Felsen, an den schwierigen Stellen sind als Aufstiegshilfen Stahlseile angebracht.

6 8,0 (1.985) Schließlich haben Sie das Ziel erreicht, Sie stehen vor dem Gipfelkreuz der Kramerspitz und genießen das beeindruckende Panorama.

Kramer (1.985 m)

Von der Kramerspitz bietet sich ein herausragender Blick auf das gegenüberliegende Zugspitzmassiv, außerdem haben Sie von hier aus die Ammergauer Alpen, das Karwendelgebirge und das Alpenvorland im Blick.

Nach ausgiebiger Gipfelrast weiter Richtung Westen bergab

Aussicht von der Felsenkanzel

St. Martins Hütte

⤳ ein kurzes Wegstück ist durch ein Seil gesichert ⤳ knapp unterhalb des Kammes erst leicht bergab, dann wird es wieder steiler ⤳ über Wiesen kommen Sie zur Alm hinunter.

Stepbergalm

Stepbergalm, ✆ 0171/5460788, ÖZ: Mai-Mitte Juni Sa, So, Mitte Mai bis Almauftrieb bei schönem Wetter auch wochentags, Mitte Juni-Mitte Okt., Di-So, an Feiertagen und in den bayerischen Schulferien auch Mo geöffnet

7 10,2 (1.580) An der Alm über die Weidefläche nach rechts ins Tal Richtung „Gelbes Gwänd" ⤳ durch ein Gatter und dann über einen Bach ⤳ es geht über den **Gelbe-Wand-Steig** bergab.

8 11,7 (1.280) An steilen Felswänden vorbei ⤳ an der Weggabelung schräg links den Berg hinunter ⤳ unterhalb der Felswände über einen Bach und dann über Stufen weiter bergab.

9 13,2 (996) Wieder auf einem breiten Wirtschaftsweg angelangt, geht es nach rechts hinunter ins Tal ⤳ an der Weggabelung halten Sie sich links ⤳ an der nächsten Abzweigung geradeaus weiter.

10 14,6 (800) An der Kreuzung mit dem **Kramer-Plateauweg** nach links Richtung Almhütte Grasberg ⤳ auf ebenem Weg dem Kramer-Plateauweg folgen ⤳ ein weiterer Wirtschaftsweg wird gequert, weiter geradeaus ⤳ an der Kneippanlage nach rechts zurück zum Startpunkt.

1 16,3 (795) Bei der Almhütte sind Sie am Ziel dieser Tour angelangt.

Almhütte

mittel

Tour 5 — 14,6 km

Vom Wank ins Tal

Start: Garmisch-Partenkirchen, Bergstation Wankbahn
Ziel: Garmisch-Partenkirchen, Talstation Wankbahn
Gehzeit: 5 Std. **Aufstieg:** 420 m **Abstieg:** 1.320 m
Hartbelag: 11 % **Wanderwege:** 41 % **Wanderpfade:** 48 %

Charakteristik: Der Wank gilt als der Sonnen- und Aussichtsberg des Werdenfelser Landes. Nach der Seilbahnauffahrt können Sie dank der guten Lage des Berges eine herrliche Rundumsicht auf das Wettersteinmassiv, die Ammergauer Alpen, das Estergebirge und das Karwendelgebirge auf sich wirken lassen. Der abwechslungsreiche Abstieg führt Sie auf die wunderbare Ebene um die Esterbergalm und weiter am Kaltwassergraben entlang. Auf einem schönen Weg am Fuße des Wank wandern Sie schließlich an der Gamshütte und der Wallfahrtskirche St. Anton vorbei zum Parkplatz an der Talstation der Wankbahn.

Anfahrt: Die Garmisch-Partenkirchener Ortsbuslinien 3, 4 und 5 bringen Sie direkt zur Wankbahn. Dort ist auch ein großer Parkplatz vorhanden.

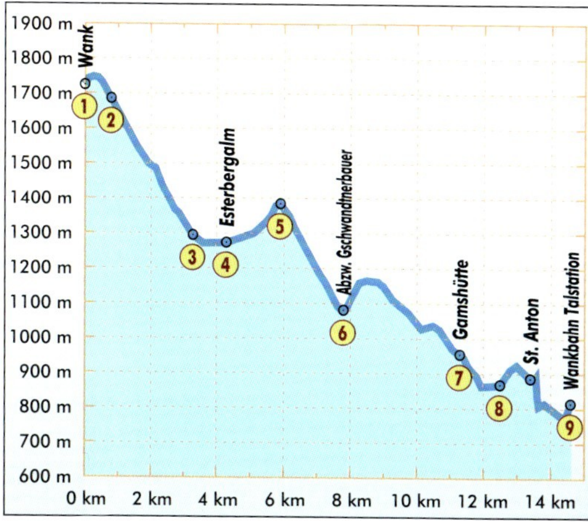

Wank-Haus

Es geht erst quer über den Hang hinüber, dann im Zick-Zack hinab ⤳ nach zwei langgezogenen Kehren über den Bach ⤳ im Wald auf Serpentinen den Hang hinunter ⤳ Sie folgen dem Weg nach links Richtung Nordwesten.

3 **3,3 (1.290)** Am Forstweg nach rechts in Richtung Esterbergalm ⤳ auf dem breiten Weg über die Ebene Richtung Osten ⤳ an der Gabelung bei der Infotafel „Weidewirtschaft am Wank" halten Sie sich links ⤳ nach dem Überqueren des Bächleins haben Sie die Almhütte erreicht.

Wank (1.780 m)

Sonnenalm, ✆ 08821/53777, ÖZ: Mitte Juni-Anf. Nov. 9.30-16.30 Uhr

Wank-Haus, ✆ 08821/56201, ÖZ: Winter- und Sommersaison durchgehend göffnet, in der Übergangszeit (Nov./Dez. und März/April) ÖZ telefonisch erfragen

Wankbahn, ✆ 08821/7970, Betriebszeiten: Mitte April-Okt., tägl. 8.45-16.30 Uhr (letzte Bergfahrt)/17 Uhr (letzte Talfahrt), Nov. 8.45-16 Uhr (letzte Bergfahrt), verkehrt mind. halbstündl., Zwischenfahrten nach Bedarf, bei Gewitter kein Fahrgastverkehr

1 **0,0 (1.765)** Sie lassen die Seilbahn hinter sich und gehen links um das **Gasthaus Sonnenalm** herum ⤳ links sehen Sie das „Naturkino" mit tollem Blick ins Tal ⤳ es geht in Kurven hinauf und am Wankhaus vorbei ⤳ rechts steht das goldene Gipfelkreuz ⤳ leicht bergab, an der Kreuzung dann nach links.

2 **0,8 (1.685)** Gleich darauf zweigen Sie rechts ab auf den Pfad in Richtung Esterbergalm.

AUSSICHT
Nach links geht es in wenigen Metern zum Aussichtspunkt Eckenberg.

Esterbergalm

Esterbergalm, Esterberg 1, ✆ 08821/3277, ÖZ: Dez.-Okt., Do-Di 10-19 Uhr

Esterbergalm-Kapelle. Die Kapelle wurde im Jahr 1803, dem Jahr der Säkularisation, erbaut – vermutlich als Antwort auf das Zerstören der Josefikapelle auf dem Josefibichl.

4 **4,3 (1.265)** Direkt bei der Alm nach der Kapelle rechts auf den Wiesenweg in Richtung Gschwandtnerbauer ⤳ die Weide verlassen und geradeaus am Zaun entlang ⤳ der Pfad geht in einen breiten Weg über ⤳ an den Scheunen und Hütten vorbei ⤳ bei der kleinen Schleuse über die Brücke ⤳ im Linksbogen

des breiten, bergauf führenden Weges zweigen Sie rechts ab auf den Wanderpfad und gehen am Bächlein entlang weiter ~ am Zusammenfluss der beiden Gewässer überqueren Sie das linke und steigen auf dem gut begehbaren Weg den Hang hinauf.

5 5,9 (1.385) Bei der Weggabelung halten Sie sich links Richtung Gschwandtnerbauer und Partenkirchen und laufen bergab ~ der Weg schlängelt sich durch den Wald hinab ~ in der Nähe des **Häuslgrabens** geht es weiter hinab, dann entfernt sich der Weg von der Schlucht und führt durch den Wald hinab.

6 7,8 (1.070) An der Wegkreuzung im flacheren Gelände nach rechts in Richtung Partenkirchen.

AUSFLUG Wenn Sie hier geradeaus weiter gehen, kommen Sie zum Gschwandtnerbauer, einem Gasthaus mit schöner Aussicht auf das Wettersteinmassiv.

Gschwandtnerbauer

Gschwandtnerbauer, Gschwandt 1, 08821/2139, ÖZ: 25. Dez.-Ende Okt., Fr-So und Di-Mi 10-18 Uhr

Die **Antoniuskapelle** wurde 1883 als Privatkapelle errichtet.

Sie laufen auf dem Wanderweg – teilweise über Stufen – bergauf durch den Wald ~ nach einem flacheren Abschnitt geht es wieder etwas bergab und am Waldrand entlang ~ am Forstweg im spitzen Winkel nach rechts ~ in der folgenden Linkskehre überqueren Sie den Bach und wandern weiter zur Hütte.

Gipfelkreuz am Eckenberg

Gamshütte

Gamshütte, 08821/3457, ÖZ: Di-So

7 11,3 (935) An der Kreuzung hinter der Gamshütte nehmen Sie den mittleren Weg geradeaus ~ im Zick-Zack über den Hang hinab ~ an der Weggabelung halten Sie sich rechts Richtung Talstation ~ bei dem Wasserfall auf einer Brücke über den Bach.

8 12,5 (870) An der nächsten Kreuzung beim Wegkreuz zweigen Sie in den zweiten Weg rechts ab Richtung Talstation und St. Anton ~ es geht quer über den Hang hinüber, dann bergab zu einem breiteren Weg, hier nach rechts.

St. Anton

Berggasthof Panorama, St. Anton 3, 08821/2515

Sankt Anton. Die Wallfahrtskirche St. Anton wurde in den Jahren 1704-08 gebaut und 1734-36 erweitert. Das Deckenfresko im Inneren zeigt den Heiligen Antonius und wurde 1739 von Johann Evangelist Holzer geschaffen. Es zählt in Deutschland zu den bedeutendsten Fresken aus dem 18. Jahrhundert.

Bei der Kirche folgen Sie dem Weg nach rechts ~ am Gasthof erneut rechts ~ am Forstweg halten Sie sich links und wandern bergab unter der Seilbahn hindurch.

9 14,6 (810) Nach dem Linksbogen des Weges kommen Sie zur Talstation der Wankbahn.

Garmisch-Partenkirchen

mittel

Tour 6 — 23,3 km

Krottenkopf

Start&Ziel: Garmisch-Partenkirchen, Talstation Wankbahn

Gehzeit: 9 - 9½ Std. **Aufstieg:** 1.410 m **Abstieg:** 1.410 m

Hartbelag: 9 % **Wanderwege:** 56 % **Wanderpfade:** 35 %

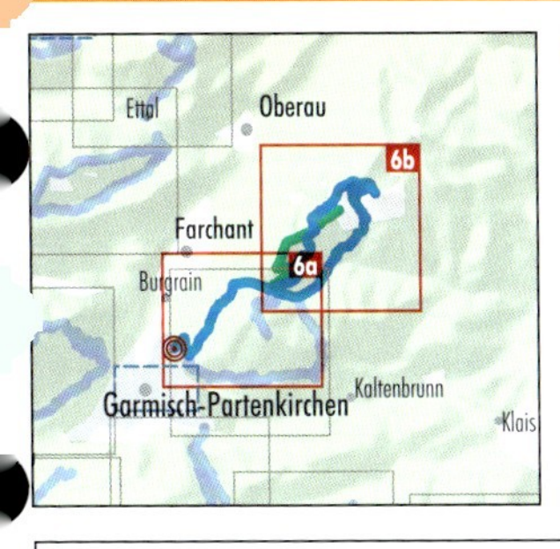

Charakteristik: Aufgrund seiner Lage im Herzen des Estergebirges ist der Weg zum Krottenkopf immer weit, ganz egal von wo aus man startet. Doch die fabelhafte Aussicht, die man vom höchsten Gipfel dieses Gebirgszuges genießen kann, entschädigt für den langen Aufstieg auf gut

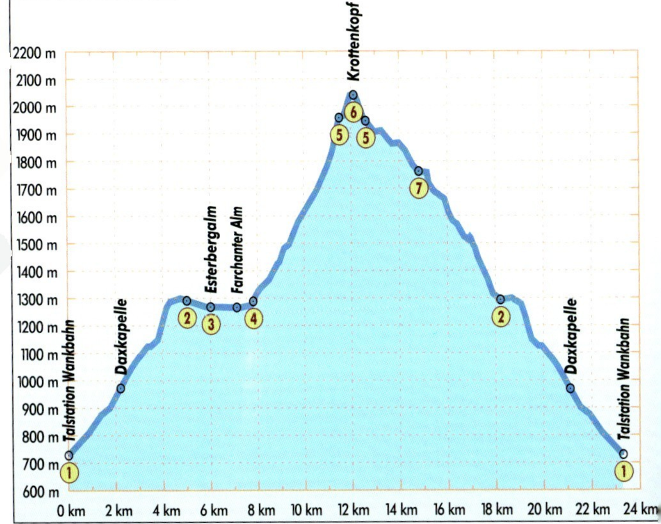

begehbaren Wegen und Pfaden. Die Esterbergalm, die Farchanter Alm und die Weilheimer Hütte laden auf dem Weg dorthin zu einer stärkenden Rast in malerischer Umgebung ein. Der Abstieg führt Sie über die Flanken der westlichen Gipfel des Estergebirges wieder ins Tal zurück.

Tipp: Am besten lernt man das Estergebirge kennen, wenn man sich etwas mehr Zeit nimmt und eine Übernachtung auf der Weilheimer Hütte einplant. Die Hütte gilt als sehr guter Standort für die Beobachtung von Sonnenauf- und -untergängen. Außerdem haben Sie dann auch genügend Zeit für die Besteigung der benachbarten Gipfel wie Bischof und Hoher Fricken.

Anfahrt: Die Garmisch-Partenkirchener Ortsbuslinien 3, 4 und 5 bringen Sie direkt zur Wankbahn. Dort ist auch ein großer Parkplatz vorhanden.

Garmisch-Partenkirchen **s. S. 32**

1 **0,0 (720)** Von der Seilbahnstation wandern Sie auf dem asphaltierten Sträßchen bergauf ~ unter der Seilbahn hindurch ~ Sie folgen der Linkskehre und ignorieren die Straße Richtung St. Anton ~ nochmal unter der Seilbahn hindurch ~ am **Kletterwald** vorbei.

Kletterwald Garmisch-Partenkirchen, Wankbahnstraße, ✆ 0170/6349688, ÖZ: April-Nov., tägl. 9.30-18 Uhr

Die Abzweigung Richtung Gamsalm lassen Sie hinter sich und folgen dem breiten Forstweg in Richtung Esterbergalm ~ an der Kapelle vorbei.

Daxkapelle (1852). Jedes Jahr zu Christi Himmelfahrt findet eine Prozession von Partenkirchen zu dieser Kapelle statt.

Nach den Kehren zwischen Wank und Fricken hindurch auf die Ebene ~ den rechts abzweigenden Weg Richtung Wank lassen Sie hinter sich.

2 **5,0 (1.285)** Sie ignorieren den links Richtung Fricken abzweigenden Weg, auf dem Sie später absteigen werden, und wandern geradeaus weiter ~ es geht an der kleinen **Holzkapelle** vorbei ~ an der Gabelung bei der Infotafel „Weidewirtschaft am Wank" halten Sie sich links und wandern auf dem Wirtschaftsweg weiter ~ nach dem Überqueren des Bächleins haben Sie die Almhütte erreicht.

Esterbergalm

Esterbergalm, Esterberg 1, ✆ 08821/3277, ÖZ: Dez.-Okt., Do-Di 10-19 Uhr

Esterbergalm-Kapelle. Die Kapelle wurde im Jahr 1803, dem Jahr der Säkularisation, erbaut – vermutlich als Antwort auf

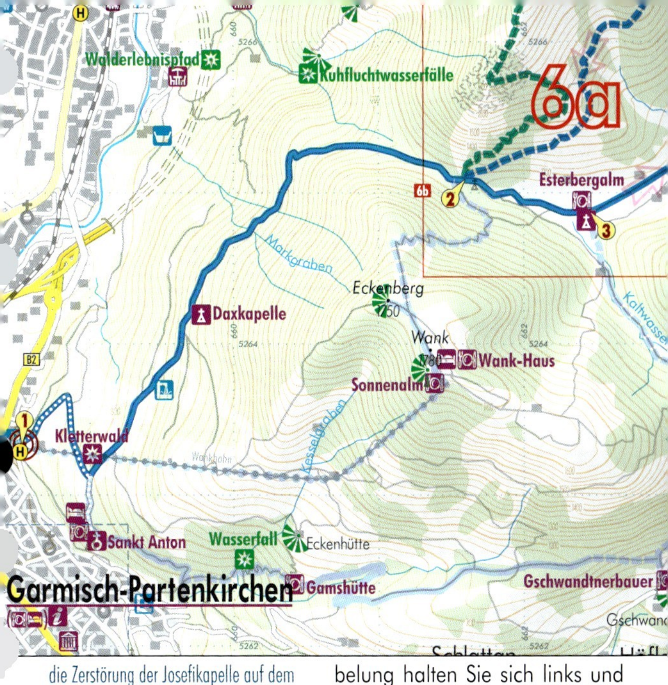

die Zerstörung der Josefikapelle auf dem Josefibichl.

3 **6,0 (1.265)** Sie gehen an der Hütte vorbei und folgen dem zweispurigen Weg über die Ebene ~ an den Zufahrten zu den beiden Hütten vorbei ~ der Weg führt links über den Hang hinauf ~ nach dem Überqueren des Bächleins an der Alm vorbei.

Farchanter Alm

Farchanter Alm, ✆ 08821/961696, ÖZ: Ende Juni-Mitte Sept.

Der Weg führt weiter an der Ostflanke des Fricken bergauf.

4 **7,8 (1.300)** An der nächsten Gabelung halten Sie sich links und folgen den beiden Serpentinen über den Hang hinauf ~ es geht in den Wald hinein ~ den Hang querend in Richtung Osten bergauf ~ auf dem Linksbogen neben dem Höllenbach kommen Sie in ein Kar, den sogenannten **Berglersboden** ~ Sie bleiben unten im Kar und wandern an der Station der Materialseilbahn vorbei ~ auf dem Wanderpfad steigen Sie in Kurven und Kehren zwischen Latschenkiefern in Richtung Norden auf ~ weiter oben führt Sie der Weg nach rechts und dann im Zick-Zack zur Hütte auf dem Sattel zwischen Krotten- und Rißkopf hinauf.

Weilheimer Hütte

Weilheimer Hütte (Krottenkopfhütte), 0170/2708052, ÖZ: Mitte Mai-Mitte Okt

5 11,5 (1.955) An der Kreuzung direkt vor der Hütte zweigen Sie rechts ab, um auf dem Stichweg auf den Krottenkopf zu kommen ~ im Zick-Zack geht es über den Grat die letzten 150 Höhenmeter auf den Gipfel hinauf.

vorbei und auf aussichtsreichem Weg die Süd- bzw. Südostflanken von Rißkopf und Kareck queren ~ der Weg führt Sie zwischen Latschenkiefern links hinab zum Sattel zwischen Kareck und Bischof ~ es geht quer über den Abhang vom Bischof in Richtung Südwesten.

7 14,8 (1.720) An der Gabelung halten Sie sich links und steigen quer über den Hang auf den Sattel zwischen Fricken und Bischof hinauf ~ an der Kreuzung oben

Esterbergalm

Krottenkopf (2.085 m)

6 12,1 (2.085) Auf dem gleichen Weg wieder zur Hütte hinab.

Weilheimer Hütte

5 12,6 (1.955) Bei der Hütte nehmen Sie die zweite Abzweigung nach links, die erste war Ihre Aufstiegsroute ~ links an der Diensthütte

auf dem Sattel gehen Sie geradeaus weiter und steigen auf der südöstlichen Seite im Zick-Zack den Hang hinab.

AUSFLUG: Wenn Sie den Bischof besteigen möchten, dann zweigen Sie hier links ab und folgen dem Stichweg bis zum Gipfel.

VARIANTE Sollten Sie bei Ihrem Abstieg noch den Hohen Fricken erklimmen wollen, dann wenden Sie sich hier nach rechts und gehen am Grat entlang hinauf.

Auf der Hauptroute wandern Sie durch den lichten Wald quer über den steilen Abhang hinüber ~ ein langer Linksbogen führt Sie über die etwas flachere Wiese hinunter ~ in den lichten Wald hinein und quer über eine Rinne in der steilen Südostflanke des Hohen Frickens ~ kurz vor einer großen Wiese führt Sie der Weg links hinab ~ nach dem Rechtsbogen dann wieder quer über den Hang in Richtung Südwesten hinab.

2 **18,2 (1.285)** Am Forstweg biegen Sie rechts ab und wandern auf dem bereits bekannten Weg ins Tal hinab.

1 **23,3 (720)** Am Parkplatz bei der Wankbahn sind Sie am Ende der Tour angelangt.

Garmisch-Partenkirchen

mittel

Tour 7 11,4 km

Durch die Höllentalklamm zum Osterfelderkopf

Start: Garmisch-Partenkirchen, Talstation Alpspitzbahn

Ziel: Osterfelderkopf, Bergstation Alpspitzbahn

Gehzeit: 5½ - 6 Std. **Aufstieg:** 1.630 m **Abstieg:** 380 m

Hartbelag: 4 % **Wanderwege:** 34 % **Wanderpfade:** 62 %

Charakteristik: Diese Wanderung führt Sie zuerst durch die wilde Klamm, die den Anfang des bizarren Höllentales markiert. Von allen Seiten plätschert das Wasser in der wilden Schlucht, die Sie auf in den Fels gehauenen Stufen, Tunnels und Brücken durchschreiten. Bei der Höllentalangerhütte weitet sich das schroffe Tal, das auf beiden Seiten von steilen Felswänden umrankt wird, die am oberen Ende in der Zugspitze gipfeln. Von dort geht es in unendlichem ZickZack über die östliche Seite des Tales hinauf. Oben am Höllentor eröffnet sich dann der Blick Richtung Osten und kurz darauf sind Sie am Osterfelderkopf an-

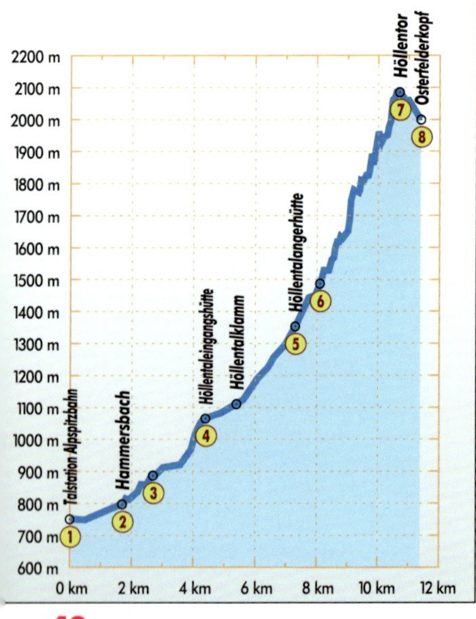

gekommen, wo Sie von der Aussichtsplattform Alpspix nochmal ins Tal zurückblicken können.

Tipp: Nehmen Sie Regenbekleidung mit, der Abschnitt durch die Klamm ist ein nasses Unterfangen.

Variante: Eine kürzere Variante mit weniger Höhenmetern führt Sie zum Kreuzeck. Sie wandern ebenfalls durch das Höllental hinauf, dann aber über das Hupfleitenjoch zum Kreuzeck und nicht zum Osterfelder Kopf.

Anfahrt: Mit der Zugspitzbahn oder der Linie 2 des Garmisch-Partenkirchener Ortsbusses kommen Sie zur Haltestelle Kreuzeck Alpspitzbahn. Bei der Seilbahn gibt es auch einen großen Parkplatz.

Talstation Alpspitzbahn

EINSTIEG Wenn Sie mit der Bahn anreisen, dann können Sie auch eine Station weiter fahren und die Tour in Hammersbach starten.

1 0,0 (750) Die Tour beginnt am Parkplatz bei der Alpspitzbahn ~ Sie folgen dem Weg parallel zu den Bahngleisen ~ an der Gabelung wenden Sie sich nach rechts ~ bei der nächsten Kreuzung biegen Sie links ab ~ an der folgenden Kreuzung geradeaus weiter ~ direkt am Anfang des Ortsteiles Hammersbach links über die Bahngleise und auf der Ortsstraße weiter.

Hammersbach

2 1,7 (800) Im Rechtsbogen bei der Kapelle vor dem Bach nach links und am Bach entlang taleinwärts ~ auf die andere Seite des Gewässers wechseln und über die langgezogenen Stufen in Kurven den Hang hinauf.

3 2,7 (900) Sie biegen links in den breiteren Forstweg ein ~ an der Materialseilbahn vorbei ~ auf der Holzbrücke über den Seitenbach hinüber, dann an zwei Scheunen vorbei ~ auf einem schmaleren Weg geht es rechts im Zick-Zack über den Hang hoch, dabei immer wieder über einzelne Stufen ~ an der nächsten Wegkreuzung biegen Sie links ab in Richtung Höllentalklamm ~ auf dem mit Drahtgeländer gesicherten Weg unterhalb der Felsen weiter.

4 4,4 (1.045) Bei der kleinen Gaststätte haben Sie den Eingang der kostenpflichtigen Klamm erreicht.

Höllentalklamm

Höllentalklamm, Infos bei der Hölleneingangshütte ✆ 08821/8895 oder bei der Höllentalangerhütte ✆ 08821/8811, ÖZ: nur bei schneefreier Witterung Mai-Okt.

Die gut 1.000 m lange Klamm bildet den unteren Abschluss des Höllentales. Sie wurde schon vor über 100 Jahren touristisch er-

Höllentalklamm

schlossen. Seitdem ist die wilde Schlucht für Wanderer zugänglich – allerdings nur im Sommer. Im Winter besteht aufgrund ihrer Lage zwischen zwei Gebirgskämmen höchste Lawinengefahr. Teilweise wurden in der Klamm Schneehöhen von bis zu 70 Meter gemessen. Jedes Jahr im Frühjahr gibt es für die Freiwilligen Helfer des Alpenvereins viel zu tun, damit die Wanderer dieses einzigartige Naturschauspiel erkunden können: Die Brücken und Stege werden vor dem Winter ausgebaut und erst im Frühjahr wieder eingebaut. Außerdem müssen die Schneemassen entfernt und für die notwendige Sicherheit gesorgt werden.

Nach dem Drehkreuz geht es mit Regenbekleidung hinein in die Klamm ~ auf in den Fels gehauenen Wegen und Treppen, über Brücken und durch Tunnel erkunden Sie die beeindruckende Klamm mit dem reißenden Hammersbach ~ am Ende der Klamm wechselt der Weg kurz auf die andere Seite des Baches und führt weiter taleinwärts ~ wieder rechts neben dem Bach im Zick-Zack ein Stück über die Talseite hinauf ~ Sie lassen die Abzweigung zum Stangensteig links liegen und laufen geradeaus weiter Richtung Höllentalangerhütte ~ in der Folge immer mal wieder in Serpentinen ein Stück weit die rechte Talseite hinauf, dann wieder taleinwärts ~ der Weg wird allmählich flacher ~ über den Bach hinüber und unterhalb der Materialseilbahn entlang kommen Sie zur Hütte.

Höllentalangerhütte

Höllentalangerhütte, ✆ 08821/8811 od. 0163/5542274, ÖZ: Ende Mai-Ende Okt.

5 **6,9 (1.380)** Direkt vor der Hütte folgen Sie dem Weg links in Richtung Hupfleitenjoch ~ der Weg führt leicht bergauf über die südliche Talseite hinauf – teilweise etwas ausgesetzt, aber mit Seilsicherung versehen ~ Sie überqueren eine Rinne und folgen den Kehren durch den Waldstreifen hinauf ~ die Aussicht wird immer besser, teilweise können Sie bis ins Alpenvorland sehen.

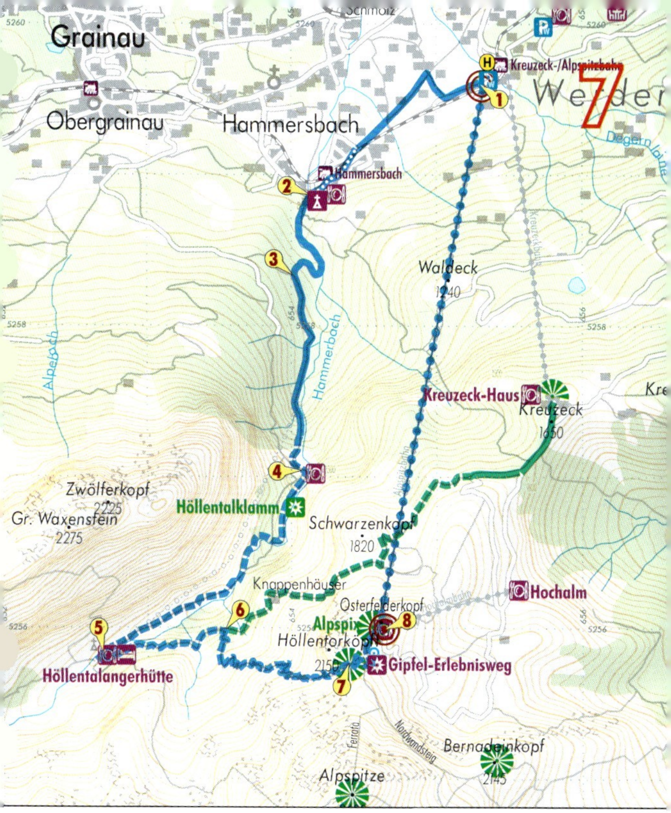

6 8,1 (1.490) An der Weggabelung zweigen Sie rechts ab auf den **Rinderschartenweg** Richtung Osterfeldenkopf.

VARIANTE Wenn Sie lieber zum Kreuzeck wandern möchten, dann halten Sie sich an dieser Kreuzung links und folgen der unkommentierten Alternative, die in der Karte grün dargestellt ist.

Es geht im Zick-Zack teilweise über Stufen oder kurze Leitern den steilen Hang hinauf ~ Sie überqueren ein kleines Geröllfeld, dann geht es wieder in Serpentinen hoch, dabei wird das Gelände allmählich felsiger und es tauchen immer mehr Latschenkiefern auf ~ direkt neben dem Höllentorköpfl kommen Sie über Treppen und Leitern auf die Scharte hinauf.

Höllentalangerhütte

Höllentor

Von der Scharte zwischen den rechts und links hochragenden Gipfeln eröffnet sich jetzt auch der Blick in Richtung Westen.

7 **10,7 (2.100)** Vom Höllentor folgen Sie dem Weg, der sich kurvig hinunter schlängelt, links sehen sie die Bergstation der Alpspitzbahn ~ an der nächsten Wegkreuzung wenden Sie sich nach links ~ unterhalb des Osterfelderkopf-Gipfelkreuzes laufen Sie hinüber zur Seilbahn.

8 **11,4 (2.000)** Bei der Bergstation der Alpspitzbahn haben Sie das Ende dieser Tour erreicht.

Osterfelderkopf

Alpspitzahn, ✆ 08821/7970, Betriebszeiten: März-Juni 8.30-17 Uhr, Juli-Sept. 8-17.30 Uhr, Okt.-Feb. 8.30-16.30 Uhr

Hochalmbahn, ✆ 08821/7970, Betriebszeiten: März-Juni, 8.45-16.45 Uhr, Juli-Sept. 8.15-17.15 Uhr, Okt.-Feb. 8.45-16.15 Uhr

Restaurant Alpspitze, ✆ 08821/58858

Alpspix. Die Aussichtsplattform wurde im Juli 2010 eröffnet. Zwei freischwebende, in Form eines X übereinander verlaufende Arme haben als Boden nur einen Gitterrost und bieten somit einen faszinierenden Blick nach unten in das 1.000 Meter tiefer gelegene Höllental. Abgeschlossen werden die beiden Plattformen durch eine Glasscheibe, sodass eine ungetrübte Panoramaaussicht garantiert ist. Nur für Schwindelfreie!

Gipfel-Erlebnisweg am Osterfelderkopf. Der 700 m lange, familienfreundliche Rundkurs wurde ebenfalls im Sommer 2010 neu angelegt und bietet zahlreiche Mitmachstationen und Infotafeln zu Flora, Fauna und Geologie.

Tour 8 21,7 km

Durch das Reintal auf die Zugspitze (2-Tages-Tour)

Start: Garmisch-Partenkirchen, Olympia-Skistadion

Ziel: Zugspitze

Gehzeit: 9½ - 10 Std. **Aufstieg:** 2.530 m **Abstieg:** 380 m

Hartbelag: 10 % **Wanderwege:** 62 % **Wanderpfade:** 28 %

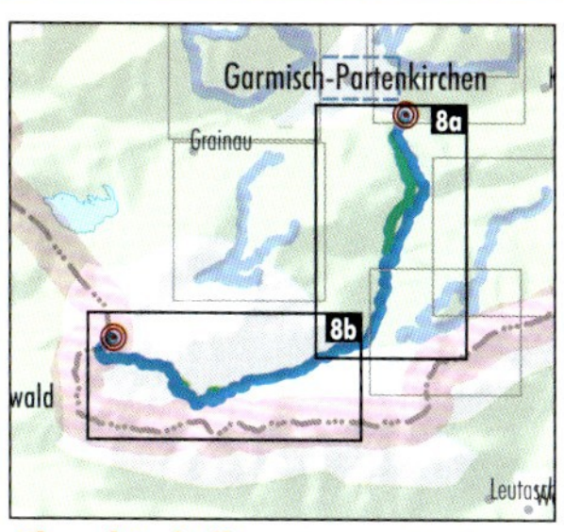

Charakteristik: Der Aufstieg durch das Reintal auf die Zugspitze ist der klassische Aufstieg auf Deutschlands höchsten Berg, der seinerzeit auch von den Erstbesteigern gewählt wurde. Nach der Partnachklamm als erstem großen Highlight geht es sehr lange auf dem breiten Fahrweg durch das Reintal, das oberhalb der Bockhütte richtig schön und schroff wird und zu den beeindruckendsten Tälern der Bayerischen Alpen zählt. Für die nötige Zwischenübernachtung bietet sich die Reintalangerhütte im oberen Teil des Reintals an, von dort aus sind es am zweiten Tag noch immer 1.600 Höhenmeter hinauf zur Zugspitze. Anspruchsvoll sind vor allem der Abschnitt über das Zugspitzplatt, wo es stundenlang durch eine karge Felsöde geht, und die Kletterpassagen im obersten Teil des Anstiegs.

Ab dem Zugspitzplatt treffen Sie bei schönem Wetter auf tausende Touristen, die den Aufstieg zur Zugspitze mit einer der Bergbahnen abgekürzt haben. Das schöne Gefühl, nach zwei Tagen Anstieg oben anzukommen und sich diese grandiose Aussicht verdient zu haben, wird dadurch aber nicht getrübt.

Tipp: Informieren Sie sich rechtzeitig über die Abfahrtszeit der letzten Seilbahn bzw. Bergbahn von der Zugspit-

ze. Auch wegen der frühen letzten Talfahrt (derzeit 16.30 Uhr) ist die Tour kaum an einem Tag zu bewältigen.
Anfahrt: Mit den Ortsbuslinien 1 oder 2 zur Haltestelle „Skistadion“, dort gibt es auch einen gebührenpflichtigen Parkplatz.
Abreise: Rückfahrt von der Zugspitze nach Garmisch-Partenkirchen mit der Zugspitzbahn oder der Eibseeseilbahn.

Garmisch-Partenkirchen s. S. 32

1 **0,0 (730)** Sie starten die Tour am Olympia-Skistadion Garmisch-Partenkirchen, dem alljährlichen Austragungsort des Neujahrsspringens der Vierschanzentournee ~ auf dem Asphaltweg Richtung Partnachklamm ~ an

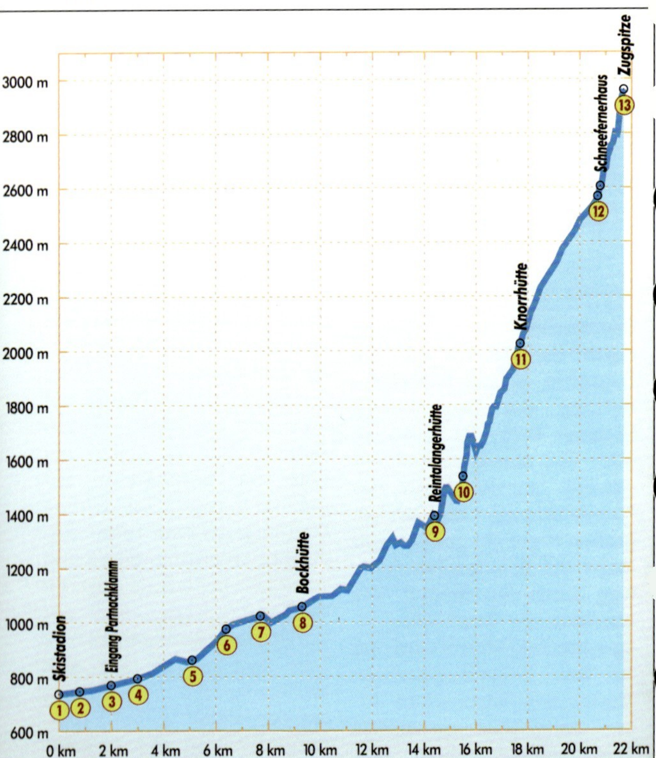

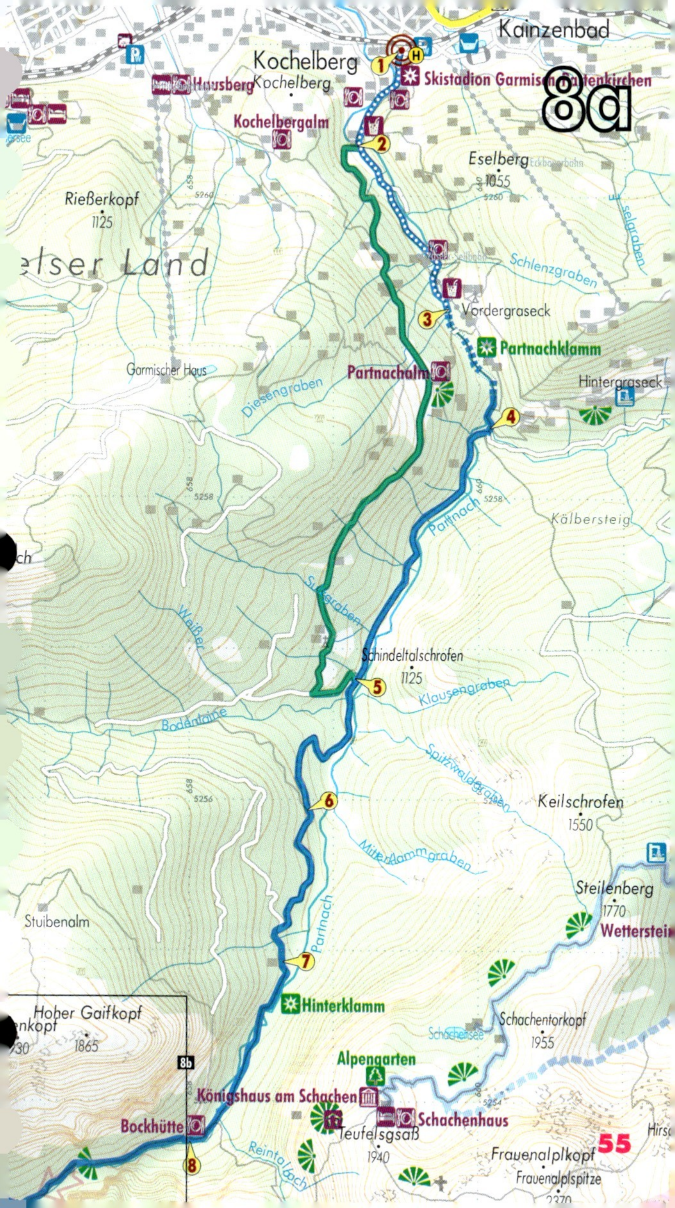

Kainzenbad
Kochelberg
Skistadion Garmisch-Partenkirchen
8a
Hausberg
Kochelberg
Kochelbergalm
Eselberg
1055
Rießerkopf
1125
Schlenzgraben
Vordergraseck
Partnachklamm
Garmischer Haus
Partnachalm
Diesengraben
Hintergraseck
Partnach
Kälbersteig
Weißer
Schindeltalschrofen
1125
Klausengraben
Bodenlaine
Spitzwaldgraben
Keilschrofen
1550
Mitterklammgraben
Steilenberg
1770
Stuibenalm
Partnach
Hinterklamm
Hoher Gaifkopf
1865
Schachentorkopf
1955
Schachensee
8b
Alpengarten
Königshaus am Schachen
Schachenhaus
Bockhütte
Teufelsgsaß
1940
Frauenalplkopf
Frauenalplspitze
Reintalbach
1
2
3
4
5
6
7
8

der Gabelung links, immer an der Partnach entlang.

2 0,8 (745) An der T-Kreuzung nach der Betonbrücke links.

VARIANTE Der direkte Weg ins Reintal ist hier nach rechts beschildert. Wenn Sie dieser Beschilderung und somit dem Fahrweg über die Partnachalm folgen, sparen Sie sich zwar ein bisschen Zeit, verpassen aber die grandiose Partnachklamm.

Weiter auf dem Asphaltweg ⤳ nach dem **Gasthof Partnachklamm** über die Holzbrücke, an der anschließenden Gabelung rechts in den Fußweg ⤳ der schmale Fußweg führt direkt am Bach entlang.

Partnachklamm

3 2,0 (815) Gleich hinter der Kasse beginnt mit einem kurzen Tunnel das Spektakel Partnachklamm.

Partnachklamm

Partnachklamm, ✆ 08821/3167; ÖZ: im Sommer 8-18 Uhr, im Winter 9-17 Uhr.

Die 700 Meter lange Partnachklamm ist eine der eindrucksvollsten Klammen in den Bayerischen Alpen und bereits seit 1912 ein Naturdenkmal. Die Partnach hat sich im Laufe der Zeit bis zu 86 Meter tief in den harten, verwitterungsbeständigen Muschelkalk des „Wambacher Sattels" eingetieft. Ober- und unterhalb der Klamm dominiert weicheres Gestein, sodass die Partnach dort durch Seitenerosion jeweils ein breiteres Flussbett anlegen konnte. Durch die in den Fels gesprengten Stollen und Gänge ist die Partnachklamm ganzjährig begehbar, sodass sich die jährlich etwa 200.000 Besucher auf alle vier Jahreszeiten verteilen.

Der Steig durch die Partnachklamm führt stets gut gesichert am Fels entlang und oft auch durch den Fels hindurch, überall rauscht und tropft Wasser, die Geräuschkulisse ist fast ebenso faszinierend wie die steilen Felsabbrüche, in die sich die Partnach eingegraben hat ⤳ im mittleren Teil laufen Sie quasi mit dem rauschenden Bach zusammen durch einen Tunnel, im oberen Teil der Klamm geht es dann etwas oberhalb in einem

Zugspitze

längeren Tunnel steil bergauf, durch kleine Gucklöcher blicken Sie immer wieder auf den rauschenden Bach, der hier im südlichen Teil nach einem Felssturz im Juni 1991 eine Art Stausee gebildet hat ⤳ am oberen Ende der Klamm geradeaus auf den breiten Fahrweg und parallel zum gezähmten Bach weiter ⤳ an der Gabelung rechts halten Richtung Elmau und Partnachalm.

4 3,0 (820) An der großen Kreuzung rechts auf der Eisenbrücke über den Ferchenbach und geradeaus auf den breiten Fahrweg Richtung Reintal, Zugspitze ⤳ die Partnach überqueren und auf der westlichen Talseite am Hang entlang.

5 5,1 (890) An der Abzweigung nach Laubhütte, Kreuzeck geradeaus weiter ⤳ auch auf den nächsten 1,3 km stets auf dem breiten Fahrweg bleiben, der sich bald etwas von der Partnach entfernt und in Serpentinen über den Hang hinauf führt.

6 6,4 (1.000) Sie lassen den im spitzen Winkel nach rechts abzweigenden, direkten Weg zum Eisstadion hinter sich und folgen weiterhin dem Hauptweg geradeaus weiter ⤳ in der Linkskurve kommen Sie am nächsten Abzweig vorbei.

7 7,7 (1.040) An der Holzhütte, es handelt sich um eine Umschlaghütte des Alpenvereins, endet der breite Fahrweg, Sie folgen nun dem schmaleren und steinigeren Weg geradeaus ⤳ die Partnach verläuft hier erneut in einer tief eingeschnittenen Schlucht, der sog. **Hinterklamm**, der Weg führt am Hang oberhalb dieser entlang ⤳ Sie haben mehrmals die Möglichkeit, in die Schlucht hinabzublicken ⤳ der Weg führt schließlich hinunter zur Partnach und überquert sie auf einer Holzbrücke ⤳ auf der anderen Talseite wieder leicht bergauf ⤳ am Abzweig Richtung Schachen und Meilerhütte rechts halten.

8 9,3 (1.060) Auf der Holzbrücke erneut die Partnach überqueren,

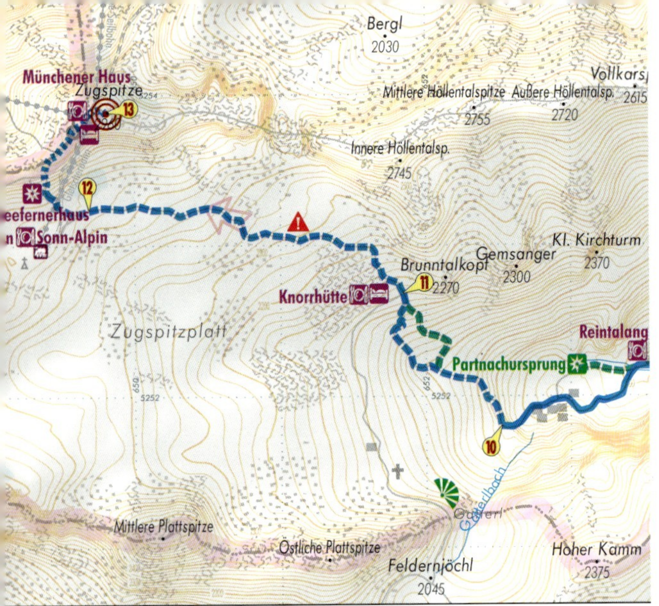

auf der anderen Seite haben Sie die Bockhütte erreicht.

Bockhütte

Bockhütte, ÖZ: Ende Mai-Anfang Sept.

Ab der Bockhütte öffnet sich das hintere Reintal, das u-förmige Trogtal und somit auch der Weg führen nun deutlicher nach Westen, sodass Sie auf das Zugspitzplatt zuwandern ~ die Partnach, die bereits deutlich weniger Wasser führt als in der Partnachklamm, fließt in einem breiten Schotterbett, der Weg führt auf den nächsten Kilometern stets an der nördlichen Flussseite entlang.

Reintal

Das Reintal wurde in der Würmeiszeit vom „Reintalgletscher" geformt und nach der Eiszeit durch die Partnach weiter eingetieft. Das obere Reintal ist als u-förmiges Trogtal ausgebildet, das untere Reintal als v-förmiges Kerbtal, der Wechsel zwischen den beiden Talformen erfolgt etwa bei der Bockhütte. Obwohl das Reintal leicht begehbar ist, ist es nach wie vor wenig erschlossen und sehr naturnah. Zur beeindruckenden Landschaft im oberen Reintal zählt auch die 1.400 m hohe Nordflanke des Hochwanners, an der Sie unmittelbar entlanglaufen.

Eine Attraktion am Wegesrand war bis vor wenigen Jahren die Blaue Gumpe, ein von der Partnach geformter kleiner Gebirgssee,

dessen natürliche Staumauer vor Jahrhunderten bei einem Bergsturz entstand. Bei einem Starkregenereignis im August 2005 brach allerdings die „Staumauer" und der See wurde unwiederbringlich zerstört.

Der Weg führt mit einigen Kehren bergauf, hier sehen Sie links einen schönen Wasserfall der Partnach ~ durch ein letztes kurzes Waldstück.

9 **14,4 (1.370)** Sie erreichen schließlich die Reintalangerhütte, der klassische Übernachtungspunkt auf dieser langen Aufstiegsroute zur Zugspitze.

Reintalangerhütte

Reintalangerhütte, ✆ 08821/2903, ÖZ: Mitte Mai-Mitte Okt.

TIPP: Von der Hütte lohnt sich ein abendlicher Abstecher zum Partnachursprung.

Kurz nach der Hütte links auf der Brücke über die Partnach ~ auf dem Weg neben dem Bachbett entlang ~ leicht ansteigend über Weideflächen bis zum Ende des Reintals.

10 **15,7 (1.540)** Der Weg knickt nach rechts, wendet sich also von der Schotterrinne ab und führt durch die Gruppe von Nadelbäumen Richtung Nordwesten ~ im weiteren Verlauf in Serpentinen steil bergauf durch die Latschen und immer wieder über Geröllflächen.

VARIANTE Der Weg gabelt sich später, die linke Variante ist die einfachere, um zur Knorrhütte zu gelangen.

In Serpentinen weiter steil bergauf ⤳ vor sich sehen Sie bereits die Knorrhütte, eine weitere beliebte Einkehr- und Übernachtungsmöglichkeit.

Knorrhütte

Knorrhütte, ✆ 08821/2905, ÖZ: Ende Mai-Anfang Okt.

11 **17,7 (2.050)** An der Knorrhütte haben Sie das Zugspitzplatt erreicht, das hier zum Reintalanger genannten Talkessel des Reintals steil abbricht.

Zugspitzplatt. Die 8 km² große Hochfläche unterhalb des Zugspitzgipfels ist durch Verwitterung, Verkarstung und glaziale Überprägung entstanden. Zu Beginn des 19. Jhs. war das Zugspitzplatt letztmals komplett vergletschert, heute besteht es zu mehr als 50 % aus Gesteinsschutt und – vor allem an den unteren und seitlichen Rändern – nur zu 16 % aus Böden mit Vegetation.

Kurz nach der Hütte wird es noch einmal kurz steil, auf den nächsten 3 km führt der Pfad dann mit mäßiger Steigung über den Gesteinsschutt des Zugspitzplattes ⤳ bei guter Sicht fällt die Orientierung relativ leicht, da der Pfad mit häufigen roten Markierungen und Stangen versehen ist, ⚠ bei Nebel, der hier oben keine Seltenheit ist, sollten Sie allerdings vorsichtig sein und lieber etwas langsamer laufen als auf dem weitläufigen Platt die Orientierung zu verlieren!

12 **20,7 (2.560)** Auf dem Karboden erreichen Sie schließlich eine Weggabelung, wo Sie links nach wenigen Minuten das Restaurant Sonn-Alpin und die (unterirdische) Bergstation der Zugspitzbahn am Rand des Schneefernergletschers erreichen.

Sollten Ihre Kräfte nicht mehr für den anstrengenden Schlussanstieg reichen, können Sie hier auch auf die Gletscherbahn umsteigen und mit dieser auf den Gipfel schweben.

Bahnhof Zugspitzplatt

Sonn-Alpin

Bayerische Zugspitzbahn, ✆ 08821/7970. Die Zahnradbahn fährt von hier aus direkt zum Bahnhof in Garmisch-Partenkirchen, auf den ersten 4,8 km bis zur Haltestelle Riffelriß allerdings unterirdisch.

Gletscherbahn, ✆ 08821/7970, Betriebszeiten: ganzjährig 8 bis 16.45 Uhr

Für den weiteren Aufstiegsweg halten Sie sich rechts ⤳ mit Blick auf das Schneefernerhaus geht es kräftezehrend in Serpentinen durch loses Geröll aufwärts.

Das 1931 eröffnete **Schneefernerhaus** war bis 1988 der Bergbahnhof der Zugspitzbahn, noch bis 1992 gab es hier einen Hotel- und Restaurantbetrieb. Seit 1996 dient das markante Gebäude als Umweltforschungsstation und ist für Touristen nicht mehr zugänglich.

Etwas oberhalb des Schneefernerhauses erreicht der Pfad festes Felsgestein, von nun an geht es mit zahlreichen Seilsicherungen über den Fels ⤳ am Ende der

Serpentinen weiter dem Steig folgen, der später direkt auf dem Gipfelgrat verläuft ~ schließlich erreichen Sie über eine Treppe die Panoramaterrasse neben dem Münchener Haus ~ Sie bahnen sich Ihren Weg durch die Menschenmassen, bis Sie schließlich den Abzweig zum Gipfelanstieg gefunden haben, ⚠ trotz der zahlreichen Gipfelstürmer auf dem Schlussanstieg sollten Sie die alpinen Gefahren dieses kurzen Klettersteiges nicht unterschätzen.

13 21,7 (2.962) Endlich haben Sie das vergoldete Gipfelkreuz auf dem höchsten Berg Deutschlands erreicht.

Reintal

AUSSTIEG Für die Rückkehr nach Garmisch-Partenkirchen stehen Ihnen drei Möglichkeiten zur Verfügung: mit der Eibseeseilbahn direkt vom Gipfel hinunter zum Eibsee und von dort mit Bus oder Zugspitzbahn zurück zum Bahnhof Garmisch-Partenkirchen; mit der Gletscherbahn zurück aufs Zugspitzplatt und von dort mit der Zahnradbahn direkt zum Bahnhof Garmisch-Partenkirchen oder aber mit der Tiroler Zugspitzbahn nach Ehrwald und von dort mit der Außerfernbahn nach Garmisch-Partenkirchen.

Zugspitze (2.962 m)

- **Münchener Haus**, ✆ 08821/2901, DAV-Hütte
- zahlreiche weitere Gastronomieeinrichtungen im Gipfelbereich
- **Eibseebahn**, ✆ 08821/7970, Betriebszeiten: ganzjährig 8-16.45 Uhr
- **Tiroler Zugspitzbahn**, ✆ 0043/5673/2309, Betriebszeiten: ganzjährig 8.40-16.40 Uhr

Zugspitze

Zugspitze

„Deutschlands höchster Briefkasten", „Deutschlands höchste Rostbratwurst", „Deutschlands höchster Biergarten": Sie werden auf der Zugspitze häufig daran erinnert, dass Sie sich gerade auf dem höchsten Gipfel des Landes (neudeutsch „Top of Germany") befinden. Zwar sind die schneebedeckten Gipfel in den Hohen Tauern, die Sie von hier aus sehen, deutlich höher, aber das mindert nicht im geringsten die Anziehungskraft der Zugspitze, zumal das Gebirgspanorama von hier oben in der Tat überwältigend ist. Leutnant Josef Naus und seine beiden Begleiter waren 1820 die ersten, die die Zugspitze erreichten. Sie wählten dabei den Aufstieg durch das Reintal. Seither hat sich auf Deutschlands höchstem Berg viel verändert; es gibt mehrere Aufstiegsrouten zum Gipfel und das Angebot an Gastronomie und Unterhaltung wurde stetig erweitert. Mittlerweile kommen jedes Jahr etwa 500.000 Besucher auf den Berg, davon allerdings die meisten per Bergbahn und Seilbahn. Die in den 1990er Jahren neben dem Gipfel errichteten Gebäude sind eindeutig für große Besucherzahlen ausgelegt. Nach zwei Tagen Aufstieg ist das Gefühl, oben angekommen zu sein aber nach wie vor grandios, daran können weder Menschen- noch Betonmassen etwas ändern.

Zugspitze

mittel

Tour 9 — 18,9 km

Von Elmau zum Schachenhaus

Start/Ziel: Elmau, Wanderparkplatz

Gehzeit: 6½ Std. **Aufstieg:** 1.050 m **Abstieg:** 1.050 m

Hartbelag: 0 % **Wanderwege:** 86 % **Wanderpfade:** 14 %

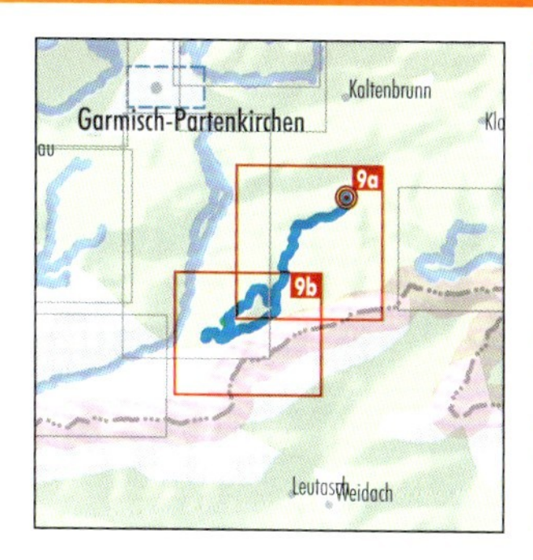

Charakteristik: Der Aufstieg von Elmau aus ist wohl der einfachste und beliebteste Weg zum Schachenhaus. Die Tour führt großteils auf dem breiten, gut begehbaren Königs- bzw. Schachenweg, auf dem sich einst König Ludwig II. kutschieren ließ, entlang. Um wegetechnisch etwas Abwechslung zu haben,

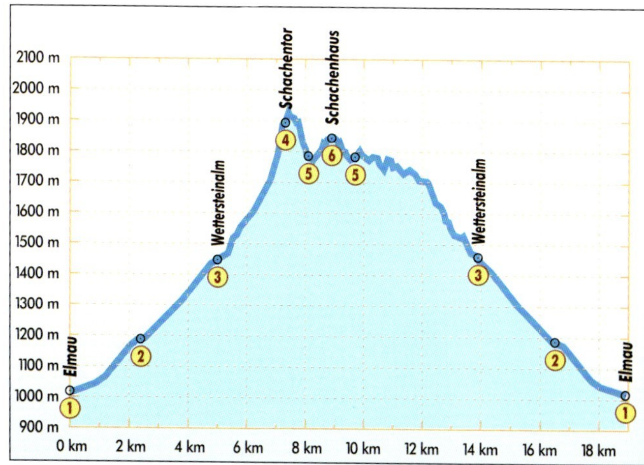

passieren Sie beim Aufstieg die Wettersteinalm und wandern anschließend auf einem Wanderpfad zum Schachen hinauf. Auf dem Rückweg hingegen folgen Sie ausschließlich dem breiten Schachenweg wieder nach Elmau zurück.

Einfache Variante: Wenn Sie lieber ausschließlich auf breiten Wegen wandern, dann bleiben Sie auf dem breiten Schachenweg. Dieser führt Sie bis zum Königshaus.

Anfahrt: Von der Bahnhofstraße in Klais biegen Sie links ab in den mautpflichtigen Elmauer Weg, der Sie nach rund 6 km am Schloss vorbei zu den Wanderparkplätzen führt. Zweimal wöchentlich fährt auch ein Linienbus von Mittenwald nach Elmau.

Elmau

Alpengut Elmau, 08823/9180

Schloss Elmau

Schloss Elmau wurde im Jahre 1916 von Johannes Müller mit Hilfe von Elsa Gräfin Waldersee und seinem Schwager, dem Architekten Carl Sattler, für seine Freunde und Künstler erbaut. Heute wird es als Luxus-Hotel genutzt.

1 0,0 (1.015) Vom Parkplatz aus durch eine Schranke und rechts neben dem **Elmauer Bach** auf dem **Schachenweg** ins Tal wandern.

TIPP Auf dem Schachenweg (auch Königsweg genannt) wandern Sie nun auf den Spuren König Ludwigs II., der auf diesem Weg zum Schachenhaus kutschiert wurde.

Der Bach wird zweimal gequert, dann entfernt sich der Weg langsam vom Bach.

2 2,4 (1.185) An der Weggabelung nach links Richtung Wettersteinalm ~ an der nächsten Weggabelung nach rechts ~ weiter auf dem breiten Hauptweg bleiben ~ schließlich wird der Weg flacher und das Almgelände der Wettersteinalpe wird durch ein Gatter betreten.

3 5,0 (1.450) An der Weggabelung nach links zur Alm.

Wettersteinalm

Wettersteinalm, ÖZ: Juni-Sept.

An der Wettersteinalm endet der breite Wirtschaftsweg und es geht an der Alm vorbei auf einem schmalen Pfad bergauf ~ durch ein Gatter das Almgelände verlassen ~ der Weg führt nun schön durch ein Hochtal, das Schachentor ist bereits zu sehen ~ kurz vor dem Schachentor wird der Weg steiler und es geht über eine Grasflanke nach oben.

Schachentor

4 7,3 (1.880) Vom Schachentor aus geht es zunächst durch Geröll

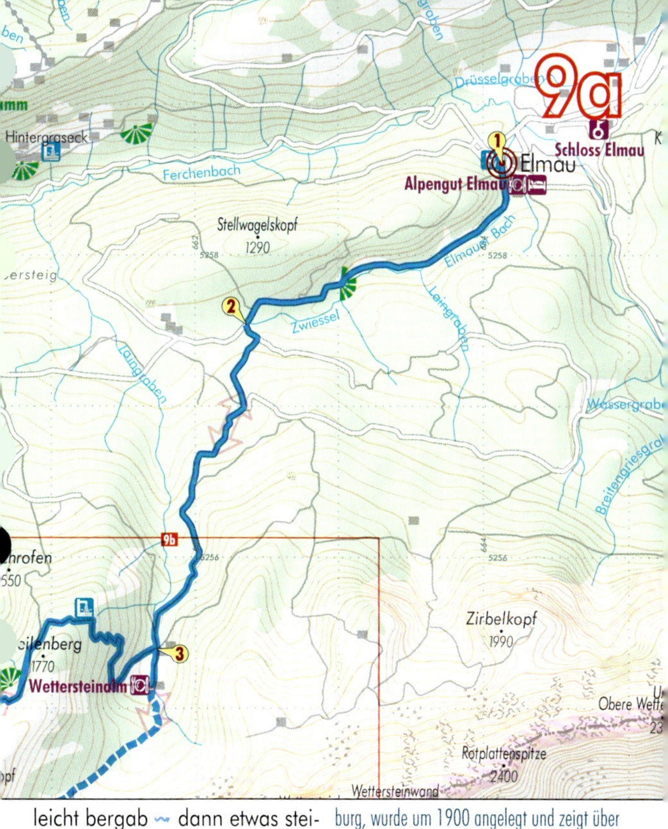

leicht bergab ⤳ dann etwas steiler durch Latschen bergab.

5 8,1 (1.780) An der T-Kreuzung treffen Sie wieder auf den **Schachenweg**, hier nach links ⤳ rechter Hand liegt der Alpengarten.

Alpengarten auf dem Schachen, ✆ 089/17861350, ÖZ: Juli-Mitte Sept., tägl. 8-17 Uhr. Der Alpengarten, eine Außenstelle des Botanischen Gartens München-Nymphenburg, wurde um 1900 angelegt und zeigt über 1.000 Gebirgspflanzen aus allen Gebirgen der Welt.

Nach dem letzten Anstieg kommen Sie am **Königshaus** vorbei zum Schachenhaus.

Schachen

Schachenhaus, ✆ 0172/8768868, ÖZ: Juni-Anfang Okt. Die beliebte Berghütte ist in den ehem. Wirtschaftsgebäuden des Königshauses untergebracht.

Königshaus am Schachen, ✆ 08822/92030, ÖZ: Juni-Anfang Okt., Besichtigung nur mit Führung möglich, Führungen um 11, 13, 14 und 15 Uhr. König Ludwig II. ließ das kleine Schloss 1869-1872 von Georg Dollmann im Schweizer Chaletstil errichten. Der Blick vom an exponierter Lage errichteten Königshaus reicht bei guter Sicht über den Talkassel von Garmisch-Partenkirchen hinaus bis ins Alpenvorland. Im ansonsten recht schlicht gehaltenen Holzbau ist vor allem das prunkvolle „Türkische Zimmer" im Obergeschoss sehenswert.

6 8,9 (1.885) Für den Abstieg laufen Sie zunächst wie beim Aufstieg zurück zu Wegpunkt 5.

5 9,7 (1.780) Weiter auf dem breiten **Schachenweg** bleiben ~ links zweigt ein Weg zum schön gelegenen Schachensee ab, ein kurzer Abstecher dorthin lohnt sich

Wettersteinalm

der Weg führt weiter bergab, zunächst sanft, vor dem Abzweig zur Wettersteinalm dann steiler.

3 **13,9 (1.450)** Sie wandern auf dem Aufstiegsweg zurück ins Tal.

1 **18,9 (1.015)** Am Parkplatz in Elmau sind Sie am Ende der Tour angekommen.

Elmau

Mittenwald

PLZ: 82481; Vorwahl: 08823

Tourist-Information, Dammkarstr. 3, ✆ 33981, www.mittenwald.de

Geigenbaumuseum, Ballenhausg. 3, ✆ 2511, ÖZ: Feb.-Mitte März, Mitte Mai-Mitte Okt., 10. Dez.-6. Jan., tägl. 10-17 Uhr, 7.-31. Jan., Mitte März-Mitte Mai, Mitte Okt.-Anfang Nov., Di-So 11-16 Uhr

Natur-Informationszentrum Bergwelt Karwendel („Riesen-Fernrohr"), ✆ 08823/9376760

Pfarrkirche St. Peter und Paul, Matthias-Klotz-Str. 2, ✆ 92290, Besichtigung außerhalb der Gottesdienstzeiten möglich, Juli-Sept. findet jeden Montag um 17.15 Uhr eine Führung statt. Die Barockkirche wurde 1734 von Josef Schmutzer erbaut. Die Deckenfresken und die Malereien des Hochaltars stammen von Matthäus Günther, dem Augsburger Akademiedirektor und Freskenmaler.

Zahlreiche Häuser sind mit **Lüftlmalereien** geschmückt und geben damit dem Ort seinen ganz eigenen Charme.

Karwendelbad, Dammkarstr. 6, ✆ 8222, Erlebnisbad mit Sauna- und Wellnessbereich.

Ein „Lebendiges Bilderbuch" nannte Goethe den Markt Mittenwald, den er zu Beginn seiner Italienreise kennenlernte. Zu dieser Bemerkung rissen ihn die für den oberbayerischen Raum so typischen Fassadenbilder, die „Lüftel" hin, die zahlreiche Häuser in Mittenwald bis heute schmücken. Die Bezeichnung „Lüftl" leitet sich wahrscheinlich weniger von der Malerei in luftigen Höhen ab, noch von den christlichen Himmels- und Wolkendarstellungen, als eher von dem Haus „Zum Lüftl", das Franz Zwinck

Mittenwald

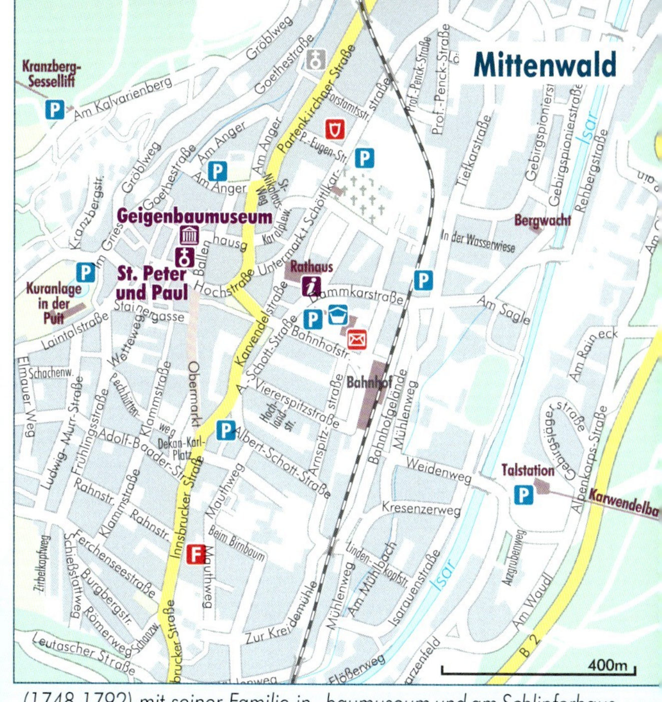

(1748-1792) mit seiner Familie in seinem Geburtsort Oberammergau bewohnte. Er zählte neben Adam Fett und Julius Preymeyer zu den bedeutendsten Lüftlmalern des 18. Jahrhunderts. 1775 bemalte er in Mittenwald das Hornsteinerhaus und den Gasthof zur Alpenrose. Der bedeutendste Teil der Lüftl in Mittenwald entstammt jedoch den künstlerischen Fertigkeiten eines anderen namhaften Künstlers jener Zeit, des Mittenwalders Franz Karner (1737-1817). Er malte das Fresko am Geigenbaumuseum und am Schlipferhaus sowie an den Häusern Malerweg 3 und Hochstraße 13.

Die häufigsten Motive stellen Szenen der Bibelgeschichte dar, wie beispielsweise der Auszug aus Ägypten, Christus am Kreuze oder die Enthauptung Holofernes durch Judith. Neben den christlichen Darstellungen finden sich aber auch profane Themen wie zum Beispiel die Geschichte des jeweiligen Hauses oder einschneidende Begebenheiten.

leicht

Tour 10 — 8,8 km

Vom Kranzberg zum Ferchensee

Start: Mittenwald, Bergstation Kranzbergbahn

Ziel: Mittenwald, Talstation Kranzbergbahn

Gehzeit: 2½ Std. **Aufstieg:** 300 m **Abstieg:** 535 m

Hartbelag: 4 % **Wanderwege:** 81 % **Wanderpfade:** 15 %

Charakteristik: Von der Bergstation der Kranzbergbahn gelangen Sie schnell und einfach auf den Kranzberg, ein fantastischer Aussichtsberg, von dem Sie bei gutem Wetter fast 100 Gipfel sehen können. Von dort geht es dann gemächlich hinab zum Ferchensee und zum Lautersee. Diese laden mit mehreren Badestellen zur kühlen Erfrischung ein.

Anfahrt: Die Talstation der Kranzbergbahn liegt am westlichen Rand von Mittenwald in der Kranzbergstraße. Ein kostenpflichtiger Parkplatz ist vorhanden.

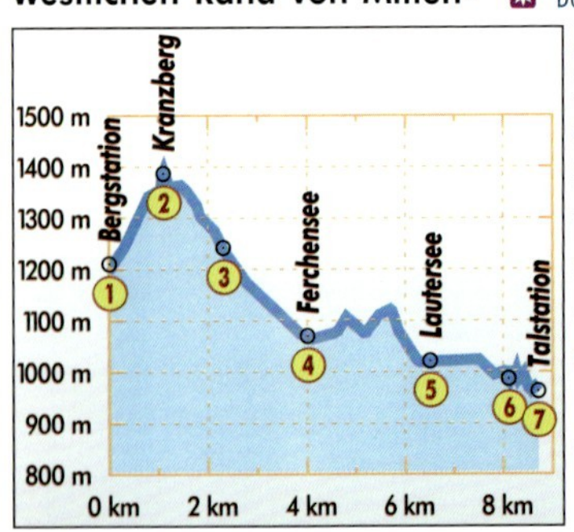

Mittenwald s. S. 68

Kranzbergbahn, Kranzbergstr. 24, 08823/1553, Betriebszeiten: tägl. 9-16.30 Uhr

1 **0,0 (1.210)** Von der Bergstation aus geht es über Treppen in Richtung Hoher Kranzberg ~ auf dem breiten Wirtschaftsweg nach links ~ linker Hand liegt der Gasthof.

Kranzberg

Berggasthof St. Anton, 08823/8001

Der ca. 1,6 km lange **Barfußwanderweg** beginnt direkt beim Gasthof. Auf über 20 Stationen können Sie die Bergwelt einmal ohne Schuhe erleben.

Sie bleiben auf dem Forstweg ~ links auf den Pfad, der kurz darauf wieder auf den breiteren Weg stößt ~ am Abzweig nach rechts Richtung Hoher Kranzberg ~ an der Hütte vorbei.

Kranzberghaus

Kranzberghaus, ✆ 08823/1591, ganzjährig geöffnet

Rechts geht es zum Gipfel.

Hoher Kranzberg (1.391 m)

Am Gipfel des Kranzbergs haben Sie einen tollen Rundumblick auf das Zugspitzmassiv und 93 weitere Gipfel. Informationstafeln erklären das Bergpanorama.

2 1,1 (1.391) Vom Gipfel aus geht es bis kurz vor das **Kranzberghaus** zurück ⇝ geradeaus weiter Richtung Ferchensee ⇝ links neben dem Weg gibt es einen Kinderspielplatz ⇝ an der Weggabelung nach rechts auf den breiten Weg ⇝ an der nächsten Weggabelung links ⇝ unterwegs laden viele Bänke zum Verweilen ein.

Lautersee

3 2,3 (1.240) An der T-Kreuzung nach links auf den Wirtschaftsweg und nach wenigen Metern wieder nach links Richtung Ferchensee ~ an der Weggabelung rechts halten, der Weg wird schmaler ~ kurze Zeit am Bach entlang ~ an der T-Kreuzung mit dem Wirtschaftsweg nach links.

Ferchensee

Gasthaus Ferchensee, ✆ 08823/1409, ÖZ: 9-17 Uhr

4 4,1 (1.040) Am Gasthaus Ferchensee auf den Seeuferweg und diesem gegen den Uhrzeigersinn folgen ~ die Südspitze des Sees noch umrunden, dann an der T-Kreuzung nach rechts Richtung Lautersee ~ den breiten Weg kreuzen und weiter geradeaus ~ an der Weggabelung nach links ~ den breiten Wirtschaftsweg queren, dann rechts halten ~ es geht zum See hinab.

Lautersee

Hotel Lautersee, ✆ 08823/1017

Kapelle am Lautersee

Strandbad am Lautersee, ✆ 08823/932288

5 6,5 (1.015) Sie wandern auf dem breiten Weg am Nordufer entlang ~ erst am **Strandbad** mit Biergarten vorbei, dann an der **Kapelle** ~ biegen Sie rechts ab Richtung Sankt Anton ~ an der Kreuzung beim **Haus Seewinkel** geradeaus weiter ~ an der Weggabelung rechts halten Richtung „Mittenwald über Leintal" ~ Sie folgen dem Lainbach ~ noch vor dem Wasserfall links bergauf ~ weiter Richtung Kranzberg-Sessellift ~ Sie verlassen den Wald und gelangen auf eine offene Fläche.

6 8,1 (1.020) An dem Abzweig zum Wasserfall geradeaus weiter.

AUSSICHT: Für einen schönen Blick auf den Laintal-Wasserfall zweigen Sie hier rechts ab.

Unterwegs gibt es einen **Geo-Lehrpfad** mit unterschiedlichen Steinen und Infotafeln.

AUSSICHT: Nach rechts führt ein kurzer Weg zu einem Aussichtspunkt mit Sicht auf Mittenwald.

Weiter geradeaus ~ auf der asphaltierten Straße bergab.

7 8,8 (975) Sie kommen zum Parkplatz bei der Kranzbergbahn.

Mittenwald

Kapelle am Lautersee

leicht

Tour 11 — 7,4 km

Hochalm

Start/Ziel: Wanderparkplatz an der B 307, am östlichen Zipfel des Sylvensteinsees

Gehzeit: 3–3½ Std. **Aufstieg:** 640 m **Abstieg:** 640 m

Hartbelag: 0 % **Wanderwege:** 11 % **Wanderpfade:** 89 %

Charakteristik: Die Hochalm zwischen Achenpass, Sylvensteinsee und Isartal ist eine gewellte Hochfläche in der Größe mehrerer Fußballfelder. Das Kriterium eines Gipfels erfüllt ein Gipfelkreuz, welches am nördlichen Rand der Blumenwiesen steht – mit besten Aussichten nach Norden über das Isartal ins Alpenvorland und nach Süden zu den Zackenkämmen des Karwendel. Der landschaftlich sehr reizvolle Aufstieg von der Südseite ist fast das ganze Jahr über machbar und weder sonderlich anstrengend noch schwierig. Ein ideales Bergziel für Familien und alpine Genießer.

Anfahrt: Der Parkplatz liegt 3,3 km nach der Abzweigung von der Achenpass-Strecke, rechts der Straße.

Tipp: Getränke und Verpflegung mitnehmen – die Mitterhütte ist nicht immer bewirtschaftet.

1600 m
1500 m
1400 m
1300 m
1200 m
1100 m
1000 m
900 m
800 m
700 m
600 m
0 km 2 km 4 km 6 km 8 km
1 2 Hölleialm 3 Mitterhütte 4 Hochalm 3 Mitterhütte 2 Hölleialm 1

Wanderparkplatz an der B 307

1 0,0 (790) Vom Parkplatz dem Wegweiser Hochalm folgend auf einen Forstweg gemächlich ansteigend durch Wald kurz abwärts zur Brücke über den **Gerstenrieder Bach**.

TIPP: Das plätscherndes Wasser und die grün schimmernden Badegumpen locken nach links in den felsigen Graben. In Begleitung

von Kindern ist hier meist die erste Rast fällig.

Nach der Bachüberquerung teilt sich kurz der Weg ~ die rechte Variante ist weniger steil ~ kurze Passage auf steinigem, ausgewaschenem Pfad oberhalb vom Bachgraben ~ durch lichten Wald zur unbewirtschafteten Hölleialm.

Hölleialm

Die urige, teilweise original erhaltene Almhütte hat schon etliche Jahrhunderte in den verwitterten, grob behauenen Holzbalken. Davor wacht ein moosgepolsterter Baum-Methusalem, und auf der blumengetupften Wiese weiden Haflingerpferde – eine Szenerie wie aus einem Heimatfilm.

Hochalmgipfel

2 2,1 (1154) Bei der Alm biegt der Pfad nach links ~ kurzer Abstieg und Bachüberquerung ~ ansteigende Traverse durch Seitengräben und steile, licht bewaldete Flanken ~ kurz etwas stärker ansteigend in den Wiesensattel oberhalb der Mitterhütte.

Mitterhütte

Mitterhütte, während der Almsaison einfache Bewirtung – sofern die Almleute nicht unterwegs sind.

AUSSICHT **Schöner Blick nach Osten zu den Tegernseer Bergen.**

3 3,1 (1.280) Links in den Wald ~ teils auf steinigem Untergrund zur Almlichtung ~ vorbei an einem meist nur tröpfelnden Brunnen und den Mauerresten der ehemaligen Almhütte.

Hochalm

4 3,7 (1.427) Vom Gipfelkreuz auf der Hochalm auf der gleichen Route zurück zum Start.

1 7,4 (790) Ende der Wanderung am Wanderparkplatz im Walchental.

Wanderparkplatz an der B 307

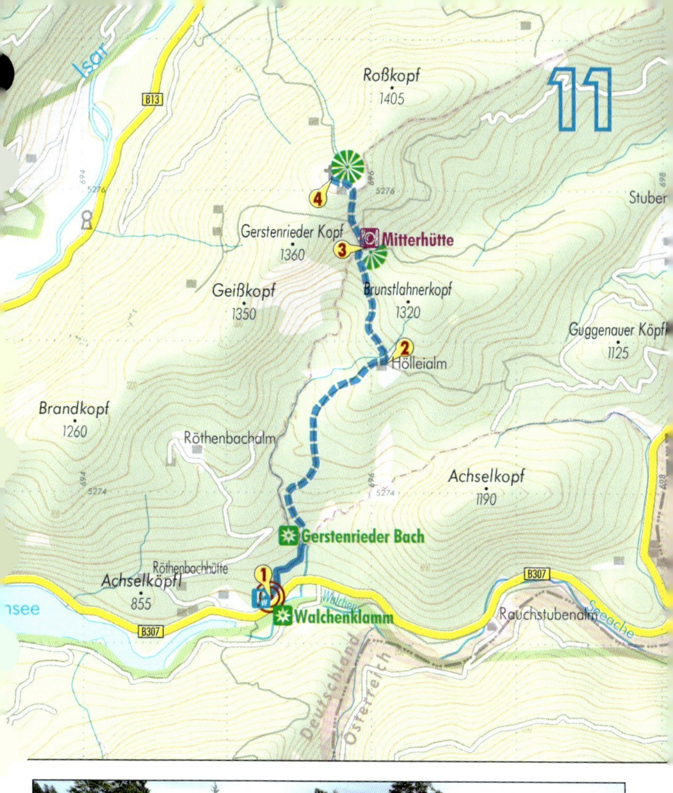

11
Isar
B13
Roßkopf
1405
Stuber
Gerstenrieder Kopf
1360
Mitterhütte
Geißkopf
1350
Brunstlahnerkopf
1320
Guggenauer Köpfl
1125
Hölleialm
Brandkopf
1260
Röthenbachalm
Achselkopf
1190
Gerstenrieder Bach
Röthenbachhütte
Achselköpfl
855
B307
Walchenklamm
Rauchstubenalm
Seeache
Deutschland
Österreich

Mitterhütte

schwer

Tour 12 — 14,4 km

Schafreiter

Start/Ziel: Wanderparkplatz (Bushaltestelle) südlich der Weitgriesalm im Rißbachtal

Gehzeit: 6½ - 7 Std. **Aufstieg:** 1.500 m **Abstieg:** 1.500 m

Wanderwege: 5 % **Wanderpfade:** 90 % **Kletterstellen:** 5 %

Charakteristik: Wegen der großartigen Aussicht auf die Nördliche Karwendelkette und die nahe Falkengruppe – und nicht zuletzt wegen der unterhalb des Gipfels gelegenen Tölzer Hütte – ist der Schafreiter konkurrenzlos das beliebteste Bergziel im Bereich des vorderen Rißbachtals. Der Klassiker ist der hier vorgestellte Aufstieg aus dem Leckbachtal, auf dem ein schmaler Steig in optimaler Linie durch die südseitigen Steilflanken führt. Für den Rückweg empfiehlt sich die landschaftlich

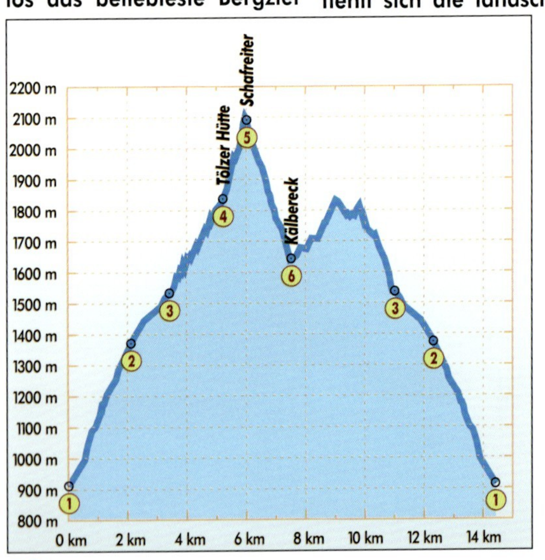

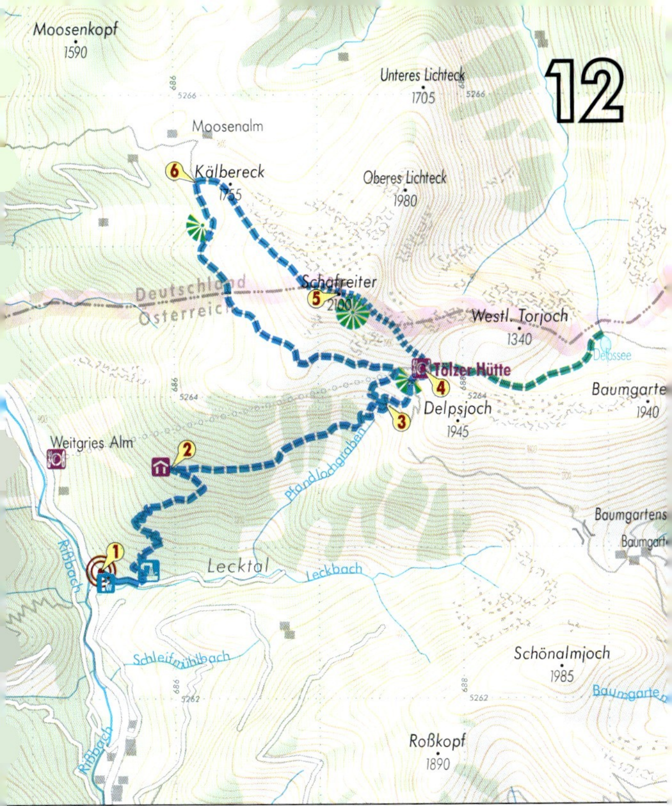

und panoramamäßig überragend schöne Runde über das Kälbereck.

Anfahrt: Der Parkplatz befindet sich am Ausgang des Leckbachtals, links der Straße, gut 8 km nach der Abzweigung beim Gasthof Vorderriß.

Tipp: Zwischen Tölzer Hütte und Gipfel erfordert das ausgesetzte Schrofengelände Trittsicherheit und Schwindelfreiheit.

Wanderparkplatz im Rißbachtal

1 **0,0 (910)** Vom Parkplatz auf dem breiten Forstweg (Leckbachstraße) links vom Bach taleinwärts ~ nach ca. 400 m bei einem Wegweiser und Hinweispfeil links auf den Steig zur Tölzer Hütte ~ in kurzen Serpentinen über

Steine und Wurzeln ⤳ an einem Brunnen vorbei ⤳ stetig bergauf im dichten, auf Grasboden stehenden Bergwald ⤳ über einen Geländeabsatz ⤳ scharf links und zu einer Lichtung.

2 2,1 (1.370) Bei der dortigen Unterstandshütte biegt der Pfad nach rechts ab ⤳ Beginn einer langen Traverse durch die steile Flanke über dem Pfandllochgraben ⤳ mehrere Rinnen werden ausgegangen ⤳ nach ca. 1,5 km geradeaus teilt sich der Weg.

3 3,4 (1.530) Auf der rechten (und bequemeren) Möglichkeit weiter.

TIPP Über die linke, durch eine steile, steinige Schneise führende Möglichkeit kommen Sie auf dem Abstieg herunter.

Aus dem Wald ⤳ in vielen Kehren durch den steilen Grashang unter dem Delpsjoch ⤳ nach links zur Tölzer Hütte.

Tölzer Hütte

Tölzer Hütte, ✆ 0664/1801790, ÖZ: Mitte Mai-Mitte Okt.

Die in den Jahren 1922-1924 erbaute Hütte der Sektion Tölz des Deutschen Alpenvereins steht in exzellenter Aussichtsposition am Beginn des Südwestanstiegs zum Gipfel des Schafreiters. Bis heute hat sie sich den Charakter einer typischen Alpenvereinsunterkunft bewahrt. Die Küche glänzt mit Tiroler Spezialitäten wie hausgemachten Schlipfkrapfen und Knödelvariationen. Für Kinder gibt es einen kleinen Spielplatz vor der Hütte.

AUSFLUG Ein Abstieg in die grüne Wiesensenke im Osten der Tölzer Hütte führt zum idyllischen **Delpssee**.

4 5,2 (1.835) Unmittelbar hinter der Hütte beginnt der Gipfelanstieg ⤳ in steilem Zick-Zack durch den Gras- und Latschenhang ⤳ weiter am felsigen Südostrücken ⤳ vorbei an einer originellen Steinmännerversammlung ⤳ auf einem abschüssigen Band durch die Südflanke ⤳ durch eine felsige, teils mit Drahtseil gesicherte Rinne zum Gipfel.

Schafreiter (2.100 m)

5 6,0 (2.100) Ein paar Meter am flachen Gipfelkamm nach Nordwesten ⤳ Abstieg am rechten Rand des breiten, grasigen Rückens ⤳ in Serpentinen durch Latschenfelder ⤳ Einmündung auf den Querweg am **Kälbereck**.

6 7,5 (1.640) Hier links abzweigen ⤳ leicht ansteigend zwischen Latscheninseln und einzelnen Bäumen nach Süden ⤳ mit schöner Aussicht über weite Almwiesen ⤳ auf die flache Schulter südwestlich unter dem Schafreiter ⤳ kurzer Abstieg in einen mit Latschen bewachsene Mulde ⤳ geradeaus Richtung Tölzer Hütte ⤳ davor rechts abzweigen in Richtung Rißbachtal ⤳ auf

Tölzer Hütte

holprigem Steig südwestwärts am Hang entlang ~ in kurzen Serpentinen durch die steile, steinige Schneise ~ Einmündung in den Aufstiegsweg.

3 11,0 (1.535) Weiterer Abstieg auf der Aufstiegsroute.

1 14,4 (910) Ende der Wanderung am Parkplatz.

Wanderparkplatz im Rißbachtal

mittel

Tour 13

13,2 km

Tortal-Rontal

Start/Ziel: Wanderparkplatz 2 am südlichen Ortsrand von Hinterriß (Bushaltestelle)

Gehzeit: 5 - 5½ Std. **Aufstieg:** 890 m **Abstieg:** 890 m

Hartbelag: 3 % **Wanderwege:** 53 % **Wanderpfade:** 44 %

Charakteristik: Diese großartige Rundtour beginnt recht unspektakulär auf einem breiten Almweg, der in das anfangs tief eingeschnittene Tal des Torbaches führt. Nachdem die letzte Engstelle passiert ist, wird eindrucksvoll demonstriert, was unter einem Talschluss zu verstehen ist. Als sei hinter den Hütten des Tortal Niederlegers die Welt zu Ende, verstellen die schroffen, gut 1000 Meter hohen Torwände den Horizont. Erst im hintersten Winkel tut sich rechts ein grünes Hochtal auf, durch das ein Steig hinauf zackt zur Torscharte. Der Abstieg ins Rontal findet ebenfalls vor großer Kulisse statt: Unter den gewaltigen Wandfluchten von Vogelkar- und Östlicher Karwen-

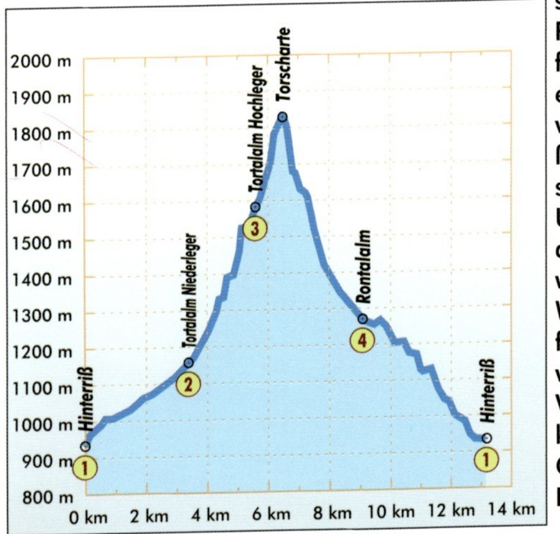

Infozentrum Alpenpark Karwendel in Hinterriß

delspitze geht es in etlichen Serpentinen hinab in den weiten Kessel der Rontalalm. Der Rückweg erfolgt meist ohne Aussicht durch den Wald, was aber ein akzeptabler Preis für das bisher gebotene Panorama ist.

Tipp: Die Almen am Weg sind keine Jausenstationen, also Getränke und Verpflegung mitnehmen.

Hinterriß

PLZ: 6215; Vorwahl: 05245

- **Tourismusverband Silberrregion Karwendel**, Münchnerstr. 11, A-6130 Schwaz, ✆ 05242/63240, www.silberregion-karwendel.com
- **Infozentrum Alpenpark Karwendel**, ✆ 28914, www.karwendel.org. Im 2009 eröffneten Naturparkhaus werden dem Besucher auf unterhaltsame Art und Weise Informationen über Landschaft, Tiere und Pflanzen des Karwendel sowie die Geschichte des Ortes Hinterriß vermittelt.
- **Gasthof zur Post**, ✆ 206, www.post-hinterriss.at, Nächtigungsmöglickeit

Die einzige ganzjährig bewohnte Siedlung im Alpenpark Karwendel besteht aus nur wenigen Häusern, der kleinen Kirche und dem stattlichen Gasthof zur Post, zu dem ein Freigehege für Rotwild gehört.

1 **0,0 (930)** Vom Parkplatz über die Straße ~ beim Wegweiser beginnt der Forstweg ins Tortal ~ in einer Doppelkehre über die bewaldete Stufe am Talausgang ~ auf breitem, wenig ansteigendem Weg links oberhalb der Schlucht taleinwärts ~ später neben dem im breiten Geröllbett mäandrierenden Bach ~ über eine Brücke auf die rechte Talseite ~ nach zwei Kehren wieder flach geradeaus ~ aus dem Wald in den engen Boden im Talschluss mit dem **Tortalalm Niederleger**.

2 3,4 (1.145) Hinter den Hütten dem Wanderpfad folgend rechts um die Bergkante in das bisher verborgene Hochtal unter den Torwänden ~ zunächst durch lichten Baumbestand, dann im Wiesengelände in zahlreichen Serpentinen am rechten, südseitigen Hang empor ~ nach Passieren eines felsigen Vorsprungs mit Wegkreuz geradeaus Richtung Westen zum nahen **Tortalalm Hochleger**.

3 5,6 (1.590) Weiter in nordwestlicher Richtung durch den Almkessel ~ in vielen kurzen Serpentinen durch den steileren Grashang ~ schließlich in den breiten Einschnitt.

Torscharte (1.815 m)

Von der Scharte in stetigem Zickzack den grünen Hang hinab.

Aufstieg zur Torscharte

ACHTUNG ⚠ Bei Feuchtigkeit kann dieser Abschnitt unangenehm rutschig sein.

In einer großen Kehre durch einen Geröllstreifen ~ neben einem meist trockenen Bachgraben schlängelt sich der Steig durch Latschengruppen ~ zunehmend flacher durch lichten Wald ~ das trockene Kiesbett des Rontalbaches wird überquert ~ über den ebenen, mit prächtigen alten Ahornbäumen bestanden Rontalboden zu den Hütten der **Rontalalm**.

4 9,1 (1.260) Nun dem breiten Wirtschaftsweg für 3,5 km folgen ~ meist im Wald dahin.

TIPP

Immer rechts des Baches bleiben.

Eine letzte Kurve führt hinab nach Hinterriß ~ nach rechts neben der Hauptstraße zurück zum Ausgangspunkt.

1 **13,2 (930)** Ende der Wanderung am Parkplatz. **Hinterriß**

Wegkreuz am Aufstieg zur Torscharte

leicht

Tour 14 20,5 km

Johannestal - Falkenhütte - Laliderertal

Start: Wanderparkplatz 4 (Bushaltestelle) am Ausgang des Johannestales an der Mautstraße in die Eng

Ziel: Wanderparkplatz 6

Gehzeit: 6½ - 7 Std. **Aufstieg:** 900 m **Abstieg:** 825 m

Hartbelag: 0 % **Wanderwege:** 65 % **Wanderpfade:** 35 %

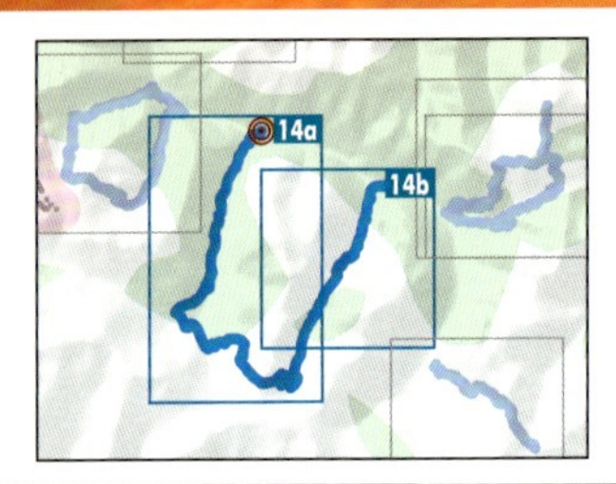

Charakteristik: Im Verlauf dieser ausgedehnten Rundwanderung werden einige der schönsten Plätze im Herzen des Karwendel passiert. In Erwartung auf die vielen landschaftlichen Höhepunkte sollte die weniger attrak-

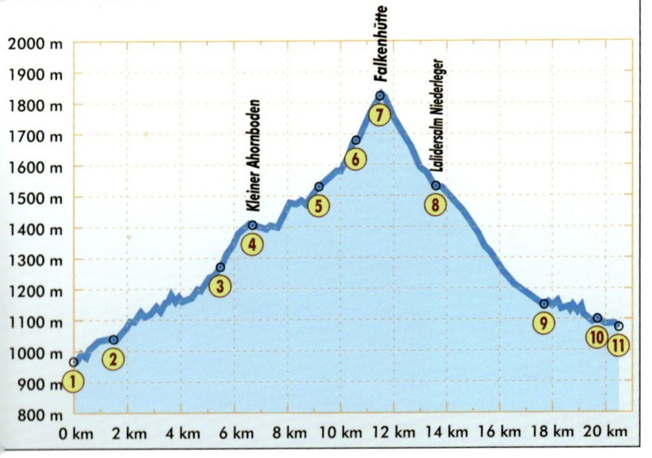

tive Durststrecke gleich am Anfang leichter auszuhalten sein. Der lange Marsch durch das Johannestal ist nun einmal der Preis für das Erreichen des Kleinen Ahornbodens, ein landschaftliches Juwel fernab von Lärm und Verkehr. Der weitere Aufstieg zur Falkenhütte führt durch eine Karwendel-Szenerie wie aus dem Bilderbuch. Wer in der Hütte vor den großen Wänden einen Übernachtungsplatz reserviert hat, kann sich auf einen unvergesslichen Sonnenuntergang und einen ebenso eindrucksvollen Sonnenaufgang freuen. Beim Abstieg durch das einsame Laliderertal ist dann noch einmal große Berg-Show angesagt. Um 1300 Meter überragen die Massive von Gamsjoch und Falken den Talboden.

Zurück zum Start: Dazu gibt es mehrere Möglichkeiten, z. B. den Bergsteigerbus (in der Hauptsaison 2-3 Mal täglich, Fahrplan unter www.eng.at/pdf/busplan_9569.pdf), per Autostopp oder mit einem vorsorglich am Zielparkplatz deponierten Fahrrad – das mühelose talauswärts-Rollen sorgt für zusätzlichen Genuss nach einem langen Tag.

Die Falkenhütte vor den Laliderer Wänden

Uralte Baumriesen im Kleinen Ahornboden

Tipp: Die Tour evtl. teilen durch eine Übernachtung auf der Falkenhütte. (Auf jeden Fall vorreservieren!)

Wanderparkplatz 4

1 **0,0 (960)** Vom Parkplatz über die Brücke ⇝ auf den rechts abzweigenden Wanderweg ⇝ meist im Wald links oberhalb vom Johannesbach taleinwärts ⇝ von zwei freien Abschnitten interessante Tiefblicke in die Schlucht ⇝ nach ca. 1,5 km Einmündung auf den Johannestal-Hauptweg.

2 **1,5 (1.030)** Dem breiten Fahrweg nach rechts folgend leicht abwärts ⇝ über die Brücke ⇝ jenseits mit mäßiger Steigung rechts vom Taleinschnitt nach Süden.

ACHTUNG Die Forststraße durch das Johannestal ist auch eine viel befahrene Mountainbike-Strecke.

Immer geradeaus, abwechselnd durch Wald und freies Gelände ⇝ nach der (links im Wald versteckten) Jagdhütte Schwarze Lacke geht es in Kehren etwas deutlicher bergauf.

3 **5,5 (1.265)** Nach einer Spitzkehre bei einem Wegweiser rechts ab Richtung Kleiner Ahornboden auf den Pfad ⇝ zwischen Latschen und lichtem Baumbestand kürzt der Steig einige Kurven des Hauptweges ab ⇝ auf diesem nur noch geringfügig ansteigend geradeaus zur Jagdhütte am

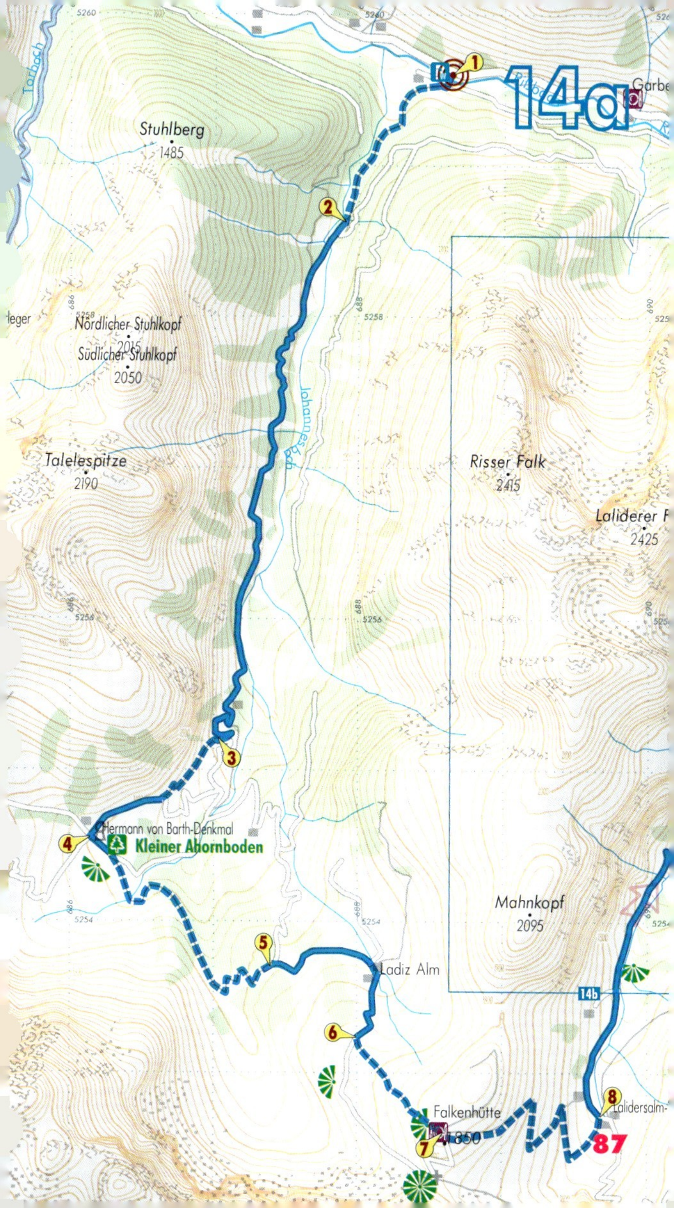
14a
Garbe
Tarbach
Stuhlberg
1485
Nördlicher Stuhlkopf
2015
Südlicher Stuhlkopf
2050
Talelespitze
2190
Johannesbach
Risser Falk
2415
Laliderer
2425
Hermann von Barth-Denkmal
Kleiner Ahornboden
Mahnkopf
2095
Ladiz Alm
14b
Falkenhütte
1850
Lalidersalm
1
2
3
4
5
6
7
8

nördlichen Rand des Kleinen Ahornbodens.

Kleiner Ahornboden

Wie der Name es schon sagt: Der Kleine Ahornboden bedeckt eine wesentlich geringere Fläche als sein großer Bruder in der Eng. Dorthin kann man mit dem Auto fahren, in den kleinen Boden gelangt man nur mittels eigener Kraft – entsprechend intensiver ist das Naturerlebnis unter den 800 Meter hohen Wänden des Karwendel-Hauptkammes. Am Rande der Wiesenfläche steht ein Denkmal für Herman von Barth, dem frühen Karwendelerforscher.

AUSSICHT Im Westen herausragend die breite Pyramide der **Birkkarspitze** (mit 2.750 m der höchste Karwendelgipfel). Links davon zackt die schneidige **Kaltwasserkarspitze** in den Himmel. Im Südosten steht grau und mächtig die Mauer der berühmten **Lalidererwände**, denen man beim weiteren Aufstieg noch sehr nahe kommen wird.

4 6,7 (1.400) Wenige Meter auf dem breiten Weg nach links (Südosten) ~ bei einem Wegweiser rechts abzweigen auf den Wanderpfad Richtung Falkenhütte ~ über das breite Kiesbett eines meist trockenen Bachlaufes ~ in einem links-rechts Bogen um den Nordrücken des Sauissköpfls ~ geradeaus zwischen lichtem

Hermann von Barth-Denkmal

Baumbestand in die Mulde des Sauisswaldes.

5 9,2 (1265) An der Einmündung in den Wirtschaftsweg rechts Richtung Falkenhütte, ab hier wieder gemeinsam mit den Mountainbikern ~ noch kurz zwischen Bäumen, dann in einem Rechtsbogen in freies Almgelände ~ zu den urigen Hütten der **Ladizalm** ~ die zwei steilen und sehr grobschottrigen Kurven hinter den Hütten behindern mehr die Radler als die Wanderer.

6 10,6 (1.670) Gleich danach links auf den Wanderpfad ~ geradewegs nach Südosten ansteigend durch die Almwiesen ~ über einen Bachgraben ~ vorbei am Nebenhaus mit dem Winterraum zur Falkenhütte.

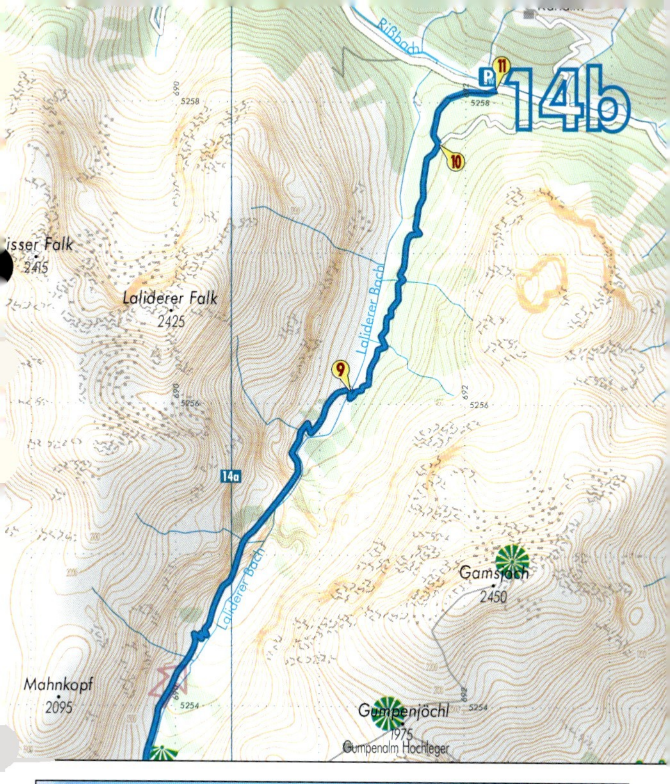
Rißbach
14b
11
10
9
14a
isser Falk
2415
Laliderer Falk
2425
Laliderer Bach
Laliderer Bach
Gamsjoch
2450
Mahnkopf
2095
Gumpenjöchl
1975
Gumpenalm Hochleger
5258
5256
5254
690
692

Ladizalm

Falkenhütte

Falkenhütte, ✆ 05245/245, ÖZ: Anf. Juni bis Mitte Okt., Nächtigungsmöglichkeit

Bei einem Wettbewerb der schönst gelegenen Berghütten würde die Falkenhütte mit Sicherheit auf den vorderen Rängen landen. Die traditionsreiche Alpenvereinsunterkunft thront auf einem grünen Podest unmittelbar gegenüber der schier himmelhohen Laliderer Wände. Das einzigartige Erlebnis, vor der Hütte zu sitzen und die gewaltige Kulisse zu bestaunen, lockt Wanderer und Radler in Scharen herauf – wer oben übernachten möchte, sollte also unbedingt vorreservieren.

7 11,5 (1.850) Von der Falkenhütte nach Osten in die Wiesenflanke ⁓ auf teils ausgewaschenem Steig in drei großen Kehren hinab in den hinteren Boden des Laliderertals.

8 13,6 (1.525) Beim **Lalidersalm Niederleger** trifft der Pfad auf den breiten Wirtschaftsweg ⁓ links vom Bachlauf zwischen Wiesen und einzelnen Baumgruppen talauswärts ⁓ allmählich verengt sich das Tal, mit interessanten Perspektiven auf die rechts und links aufragenden Felsmassive.

AUSSICHT Hin und wieder sollte man unbedingt zurück schauen – der Blick auf die Lalidererwände, die den Talschluss absperren, ist atemberaubend.

Ein paar Serpentinen führen in einen kleinen Boden ⁓ meist in freiem Wiesengelände zur Brücke über den Laliderer Bach.

Die Laliderer Wände

Enzian

9 17,7 (1135) Auf der rechten, bewaldeten Talseite nun eine Weile leicht ansteigend ~ der Weg quert ein paar Seitengräben ~ von links mündet ein verwachsener Karrenweg ein.

10 19,7 (1090) Bald darauf an einem Schotterwegedreieck nach links ~ nach der Kurve geht es in der bisherigen Richtung weiter ~ nach einem Rechtsbogen auf holprigem Weg hinab ins Rißbachtal.

11 20,5 (1025) Ende der Wanderung am **Wanderparkplatz 6** und der Bushaltestelle.

Wanderparkplatz 6

mittel

Tour 15 — 14,2 km

Satteljoch - Plumsjoch

Start/Ziel: Wanderparkplatz 8 (Bushaltestelle) bei den Haglhütten an der Mautstraße in die Eng

Gehzeit: 4½ - 5 Std. **Aufstieg:** 860 m **Abstieg:** 860 m

Hartbelag: 0 % **Wanderwege:** 35 % **Wanderpfade:** 65 %

Charakteristik: Die ausgedehnte Rundwanderung mit dem Aufstieg über die einsamen Hasental Almen, der Überschreitung des breiten Rückens des Satteljochs und dem Abstieg über die Plumsjochhütte führt durch abwechslungsreiches, niemals schwieriges Gelände. Schauen und Genießen stehen hier eindeutig im Vordergrund. Die prächtigen Blumenwiesen um die Hasental Almen, die fantastische Aussicht über den Großen Ahornboden zu den mächtigen Karwendelmassiven, die Einkehr in der urigen Plumsjochhütte – schöner kann Wandern kaum sein!

Tipp: Die Hasental Almen sind keine Jausenstationen, eine Einkehr ist erst bei der Plumsjochhütte möglich.

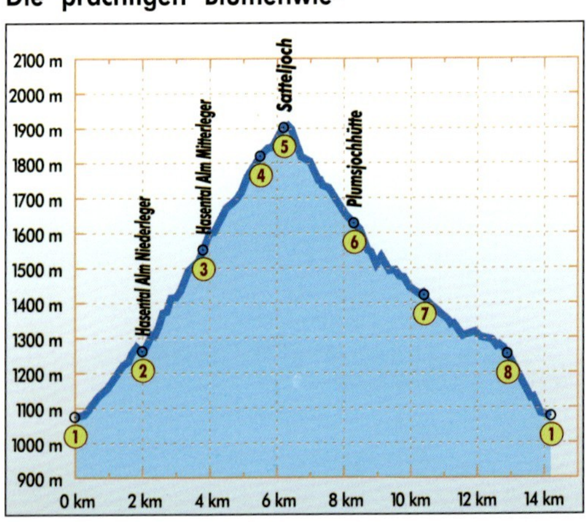

Wanderparkplatz 8

1 0,0 (1.075) Vom Parkplatz vorbei an den **Hagelhütten** ⇝ über die Brücke ⇝ rechtshaltend auf dem Schotterweg in den Wald ⇝ der zum Plumsjoch führende Steig bleibt rechts liegen.

ABSTIEG Hier kommen Sie am Rückweg herunter.

Auf dem breiten Hauptweg bleibend in vier weit ausholenden Kehren durch lichten Wald ⇝ flach in den Graben des **Hasentalbaches** ⇝ unter einem Wasserfall über den Bach ⇝ um eine Geländekante zum **Hasental Alm Niederleger**.

2 2,0 (1.265) Hinter den Hütten wird der breite Almweg zum Pfad ⇝ in vielen Serpentinen, erst rechts dann links vom bewaldeten Rücken zwischen zwei Bacheinschnitten aufwärts ⇝ nach längerer Traverse auf der linken Seite in freies Almgelände ⇝ am breiten Rücken hinauf zum **Hasental Alm Mittelleger**.

3 3,8 (1.565) Oberhalb der Hütten biegt der Wiesensteig nach links ab ⇝ stetig ansteigend durch den Hang oberhalb des Hasentalbachgrabens ⁓ über freies Gelände zur Hütte des **Hasental Alm Hochleger** ⁓ nach zwei weiteren Kurven ist der breite Sattel zwischen Kompar und Satteljoch erreicht.

4 **5,5 (1.825)** An der Kreuzung mit dem quer verlaufenden Höhensteig kurz geradeaus einer schwach erkennbaren Steigspur folgen.

TIPP: Nicht scharf rechts abzweigen auf den deutlichen Pfad, der durch die Südflanke des Satteljochs direkt zur Plumsjochhütte führt!

Dann rechts haltend (verblasste Markierungspunkte), stets auf der gewellten Kammhöhe bleibend nach Osten.

Satteljoch (Kuhjoch)

5 **6,2 (1.900)** Vorbei am wenig ausgeprägten höchsten Punkt, wenige Meter unterhalb steht ein großes Holzkreuz.

TIPP: Die Felsrippen rundum lassen sich bestens als Rastplätze nutzen.

Vom Kreuz führt ein deutlicher Zick-Zack-Steig hinab zum **Plumssattel** ⁓ nach rechts auf dem breiten Schotterweg zur nahen Hütte.

Plumsjochhütte

Plumsjochhütte, ✆ 05243/5487, ÖZ: Anfang Mai-Ende Okt., Nächtigungsmöglichkeit

6 **8,3 (1.630)** Wenige Meter hinter der Hütte rechts vom breiten Wirtschaftsweg (beliebte Mountainbike-Strecke) abzweigen auf

Hasental Alm Mittelleger, dahinter das Satteljoch

Plumsjochhütte

die Route für Fußgänger ~ nach Südwesten den Wiesenhang abwärts in die Latschen ~ mit geringem Gefälle zieht sich der Steig etwa 2 km durch die Hänge und Seitengräben oberhalb des Plumsgrabens.

7 10,4 (1.410) Bei einer Kehre in den Hauptweg einmünden.

ACHTUNG Ab hier bis zum nächsten Wegpunkt Achtung auf Mountainbiker.

In weiten Kehren durch licht bewaldete Passagen und Wiesengelände zur Bachfurt über den Sulzgraben ~ jenseits ein paar Meter bergauf ~ mit gelegentlichen Tiefblicken in die Schlucht weiter am Hang entlang.

8 12,8 (1.260) In einer scharfen Linkskurve mit Hinweisschild rechts auf den Fußweg zu den Hagelhütten ~ dieser führt durch den Wald zügig bergab ~ in kurzen Serpentinen über eine steilere Stufe zum Plumsbach ~ über die Brücke auf den Forstweg ~ auf diesem nach links zurück zum Ausgangspunkt.

1 14,2 (1.075) Ende der Wanderung am Parkplatz bei den Hagelhütten.

Wanderparkplatz 8

schwer

Tour 16 — 18,0 km

Montscheinspitze

Start/Ziel: Wanderparkplatz 8 (Bushaltestelle) bei den Haglhütten an der Mautstraße in die Eng

Gehzeit: 6½ - 7 Std. **Aufstieg:** 1.270 m **Abstieg:** 1.270 m

Wanderwege: 33 % **Wanderpfade:** 48 % **Kletterstellen:** 19 %

Charakteristik: Obwohl die Montscheinspitze offiziell noch zum Vorkarwendel zählt, ist sie ein ziemlich steiler Zahn, der nach allen Seiten mit senkrecht geschichteten Felsbändern imponiert. Da ist es kein Wunder, dass keine der beiden Aufstiegsrouten mit den Händen in den Hosentaschen zu begehen ist, zumal die stolze Berggestalt bei näherem Kontakt eine ausgesprochen morsche Struktur offenbart. Der populärste Anstieg führt vom Plumssattel über den markanten Südgrat. Auf dem

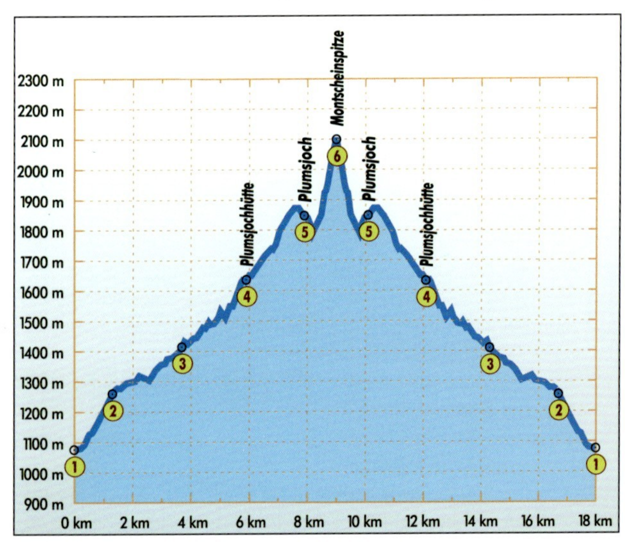

markierten, viel begangenen Pfad sind stellenweise Schwindelfreiheit und durchgehend absolute Trittsicherheit gefordert. Kein Problem für Routiniers, Gelegenheitswanderer werden hingegen an der grauen Pyramide eher wenig Freude haben.

Tipp: Wenn Sie das Plumsjoch (Wegpunkt **5**) zu ihrem Tagesziel erklären, ersparen Sie sich die Kletterei am Südgrat des Hauptgipfels und haben aber trotzdem einen schönen Berg – sogar mit Kreuz – bestiegen.

Wanderparkplatz 8

1 **0,0 (1.075)** Vom Parkplatz vorbei an den **Hagelhütten** ~ über die Brücke ~ rechtshaltend auf dem Schotterweg in den Wald ~ nach 100 m rechts abzweigen Richtung Plumsjoch ~ über den **Plumsbach** ~ jenseits hinauf in den Wald ~ in kurzen Serpen-

Montscheinspitze

tinen über eine steilere Stufe ⇝ weiter zügig bergauf.

2 **1,3 (1.260)** An der Einmündung in den breiten Fahrweg taleinwärts.

ACHTUNG Die Plumsjochstraße ist auch eine beliebte Mountainbikeroute, daher bis zum nächsten Wegpunkt Achtung auf bergab fahrende Biker.

AUSSICHT Bald bietet sich ein erster Blick zur Plumsjochhütte – die allerdings noch erheblich weiter entfernt ist, als es von hier aus den Anschein hat.

Stetig ansteigend geht es mit gelegentlichen Tiefblicken in die Schlucht am Hang entlang ⇝ ein paar Meter abwärts zur Bachfurt über den Sulzgraben ⇝ etwas steiler aus dem Graben heraus auf einen Rücken ⇝ in weiten Kehren durch Wiesengelände und licht bewaldete Passagen.

3 **3,7 (1.410)** In einer scharfen Rechtskurve geradeaus auf den Fußweg zur Plumsjochhütte ⇝ moderat ansteigend zieht sich der Steig etwa 2 km durch die Hänge und Seitengräben oberhalb des Plumsgrabens ⇝ erst kurz vor der Hütte kommt man in freies Gelände ⇝ über den Wiesenhang hinauf zur urigen Einkehr.

Plumsjochhütte

🍽 🛏 Plumsjochhütte, ✆ 05243/5487, ÖZ: Anfang Mai-Ende Okt.

4 5,9 (1.630) Ein grober Schotterweg führt von der Hütte zum nahen, nur 39 m höheren **Plumssattel** ~ bei einem Wegweiser zweigt vom Hauptweg nach links die Route zur Montscheinspitze ab ~ über Almwiesen, dann zwischen Latschen weiter bergauf.

Plumsjoch

5 7,9 (1.850) Auf dieser ausgeprägten Erhebung im Kamm vorbei am ersten Gipfelkreuz des Tages ~ teilweise über glatt polierte Felsabsätze hinab in die **Montscheinsinke** ~ wieder bergauf zum Südgrat der Montscheinspitze ~ den Markierungen folgend zunächst auf ziemlich steilem Pfad rechts neben den Felsen entlang ~ danach etwas flacher über Schrofen nach rechts in die Flanke ~ mit eindrucksvollem Tiefblick auf einem schmalen, etwas ausgesetzten Band in eine Rinne ~ durch diese in leichter Kletterei in eine Scharte ~ am Grat nach rechts ~ nach einem unangenehm bröseligen Abschnitt wird der Grat endlich breiter ~ schließlich direkt über den grasdurchsetzten Rücken zum Gipfelkreuz.

Montscheinspitze (2.105 m)

6 9,0 (2.105) Beim Abstieg entlang der Aufstiegsroute sind zunächst für gut eine Stunde noch einmal Aufmerksamkeit und Trittsicherheit im steilen Geröll gefordert.

1 18,0 (1.075) Ende der Wanderung am Parkplatz bei den Hagelhütten.

Wanderparkplatz 8

Tierische Begegnungen

mittel

Tour 17 — 11,2 km

Lamsenjochhütte

Start/Ziel: Parkplatz (Bushaltestelle) beim Alpengasthof Eng, am Ende der Mautstraße

Gehzeit: 4½ - 5 Std. **Aufstieg:** 790 m **Abstieg:** 790 m

Hartbelag: 0 % **Wanderwege:** 33 % **Wanderpfade:** 67 %

Charakteristik: Die Wanderung zur Lamsenjochhütte begeistert auf jedem Meter mit grandiosem Karwendelpanorama. Vom grünen Boden der Eng geht es durch verschiedene Vegetationszonen hinauf in die Hochregion. Dort – in einzigartiger Lage, umrahmt von wild gezackten Felsgestalten – steht seit über hundert Jahren die klassische Alpenvereinshütte, die nicht nur Schutz und Unterkunft, sondern auch deftige Tiroler Kost bietet. Zeit zum Rasten sollte man freilich auch am Rückweg einkalkulieren. Es sitzt sich gut auf der sonnigen Aussichtsterrasse vor der Binsalm.

Tipp: Über das Lamsenjoch führt auch eine Mountainbikestrecke. Deswegen auf der ganzen Strecke Achtung auf abfahrende Biker.

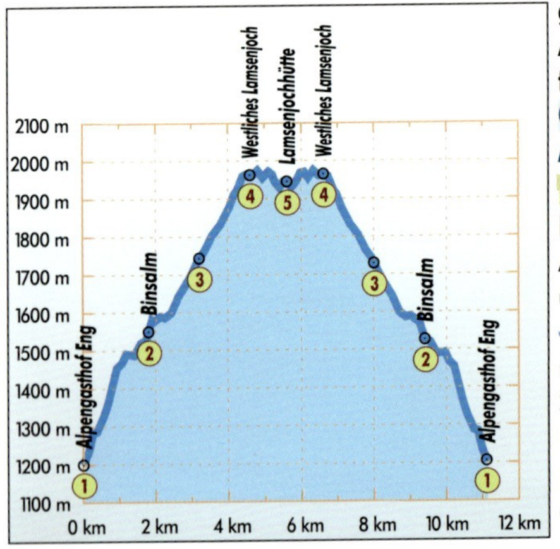

Großer Ahornboden

1 **0,0 (1.205)** Vom Parkplatz beim Alpengasthof über die Brücke ~ unmittelbar danach links auf den Steig Richtung Binsalm ~ in Serpentinen durch die steile Wald-

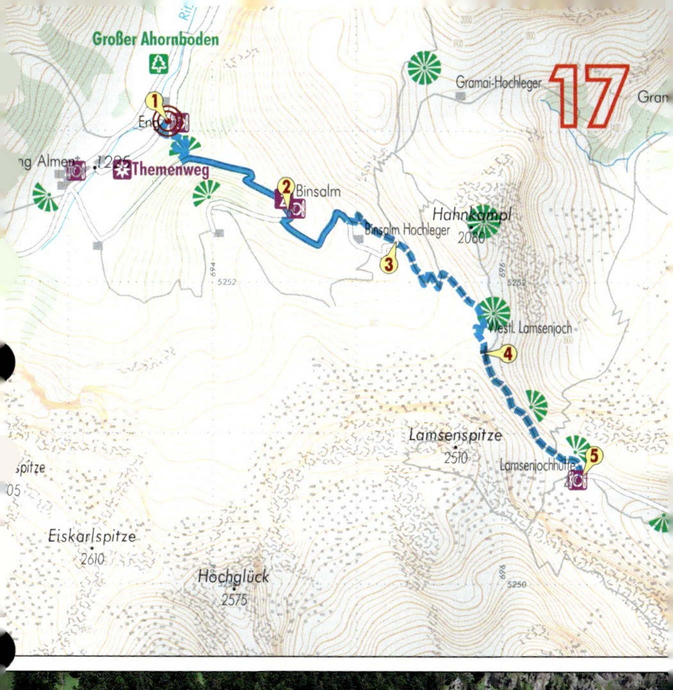
Großer Ahornboden
17
Gramai-Hochleger
Themenweg
Binsalm
Binsalm Hochleger
Hahnkampl
2080
Westl. Lamsenjoch
Lamsenspitze
2510
Lamsenjochhütte
Eiskarlspitze
2610
Hochglück
2575

Eng Almen, das größte Almdorf Tirols

Korbiniankapelle bei der Binsalm

stufe ⇝ an der Einmündung in den breiten Wirtschaftsweg nach links ⇝ auf dem grobschottrigen Weg hoch über dem Binsgraben taleinwärts ⇝ aus dem Wald und in wenigen Kehren zur Binsalm.

Binsalm

2 1,8 (1.550) Der **Via Alpina** folgend wandert man weiterhin auf breitem, geröllbedecktem Weg – welcher den zahlreich vertretenen Mountainbikern deutlich mehr zu schaffen macht als den Fußgängern ⇝ in einer Rechtskurve links weg auf den Wanderpfad ⇝ ein grünes Tälchen gerade aufwärts ⇝ wieder auf den breiten Hauptweg.

3 3,2 (1.745) Nach einer Spitzkehre den Steig Richtung Binssattel und Sonnjoch links liegen lassen ⇝ teils auf dem breiten Schotterweg, teils auf abkürzenden Pfaden durch Wiesenböden stetig bergauf.

Westliches Lamsenjoch

Von hier ist die im Östlichen Lamsenjoch stehende Lamsenjochhütte zu sehen. Rechts oberhalb

Tiroler Graukas auf der Lamsenjochhütte

Lamsenjochhütte

beeindruckt die Lamsenspitze mit ihren schroffen Wänden und links der Tiefblick in den grünen Gramaier Grund.

4 4,6 (1.960) Der nunmehr schmale Wanderpfad schlängelt sich in fast ebener Traverse durch die steile Flanke ~ nach der Einmündung des von links, aus der Gramai kommenden Steiges in einem Rechtsschwenk zur Hütte.

Lamsenjochhütte

Lamsenjochhütte, ✆ 05244/62063, ÖZ: Mitte Juni bis Mitte Okt., www.lamsenjoch.at

5 5,6 (1.945) Abstieg entlang der Aufstiegsroute.

1 11,2 (1.205) Ende der Wanderung beim Alpengasthof Eng.

Alpengasthof Eng

schwer

Tour 18 — 12,9 km

Hochnissl

Start/Ziel: Vomperberg, Gasthaus Karwendelrast

Gehzeit: 7½ - 8 Std. **Aufstieg:** 1.690 m **Abstieg:** 1.690 m

Hartbelag: 2 % **Wanderwege:** 21 % **Wanderpfade:** 60 %

Kletterstellen: 17 %

Charakteristik: Um durchgehend steile 1700 Höhenmeter überragt die breite Felspyramide des Hochnissl das Wiesenplateau am Vomperberg. Und so ist der überwiegend sonnseitige Anstieg selbst für trainierte Bergsteiger eine ausgesprochen stramme, alle Konditionsreserven fordernde Tour. Unerlässlich sind überdies ein hohes Maß an Trittsicherheit auf teils exponierten Steigen sowie Orientierungssinn im weglosen Geröll. Gelegenheitswanderer sind hier also definitiv an der falschen Adresse. Der Routinier hingegen wird hinterher in höchsten Tönen schwärmen: von einer nicht alltäglichen Tour in grandioser Bergwildnis, der Einsamkeit am Weg, der atemberaubenden Aussicht, den Gämsen in den Steilflanken. Gipfel, die besonders mühsam verdient wer-

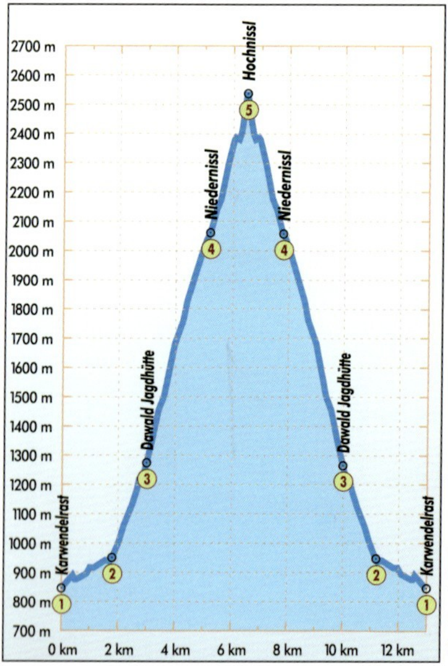

den müssen, sind immer ein ganz besonderes Erlebnis.
Tipp: Unterwegs gibt es keine Einkehrmöglichkeit – und ab der Abzweigung vom Vomper Loch-Weg auch keine Wasserstellen, daher ausreichend Getränke und Verpflegung mitnehmen.

Vomperberg

1 **0,0 (850)** Von der Karwendelrast ein Stück die Teerstraße aufwärts ⁓ vor dem oberen Haus bei den Wegweisern links abzweigen Richtung Zwerchloch und Halleranger ⁓ mit geringem Höhengewinn führt der Forstweg hoch über dem Einschnitt des Vomper Baches durch den südseitigen Waldhang.

AUSSICHT Bei einer Rastbank ermöglicht eine Baumlücke freien Blick über die Schlucht zum Bettelwurfmassiv und seinen zerklüfteten, 1.400 Meter hohen Nordabbrüchen.

Nach ca. 20 Min. Gehzeit, kurz vor dem Stubbachgraben, nach links auf den **Ferdinand-Kogler-Steig** ⁓ dieser Geröllpfad führt leicht absteigend in den Grund des Grabens.

TIPP Angeblich heilkräftiges Quellwasser speist hier einen Brunnen nebst origineller Bergsteigerdusche.

In wenigen Kehren aus dem Graben in die Waldflanke.

2 **1,8 (950)** Bald bei einem Wegweiser rechts weg vom geradeaus führenden Pfad ins Vomper Loch

Seilgesicherter Weg

⤳ auf nunmehr schmälerem Pfad in einigen Serpentinen bergwärts ⤳ in zügig ansteigender Hangtraverse in westlicher Richtung durch Mischwald ⤳ nach Überqueren des oberen Bereichs des Kühsoachgrabens zur **Dawald** (auch Tawald) **Jagdhütte**.

Hochnissl

3 3,0 (1.275) Nach der Hütte rechts halten ⤳ dem Zickzack-Steig folgend über den nordwärts führenden Rücken ⤳ oberhalb der Waldgrenze zwischen Latschen ins Bärental ⤳ durch dieses zwischen Steinen und Latschen ins große Kar unter den Niedernissltürmen ⤳ links haltend auf Steigspuren durch Geröll.

TIPP Auf die Markierungspunkte achten!

Über eine steile Schrofenstufe auf die grüne Schulter des **Niedernissl**.

4 5,2 (2.065) Die folgenden 400 Höhenmeter geht es in zahl-

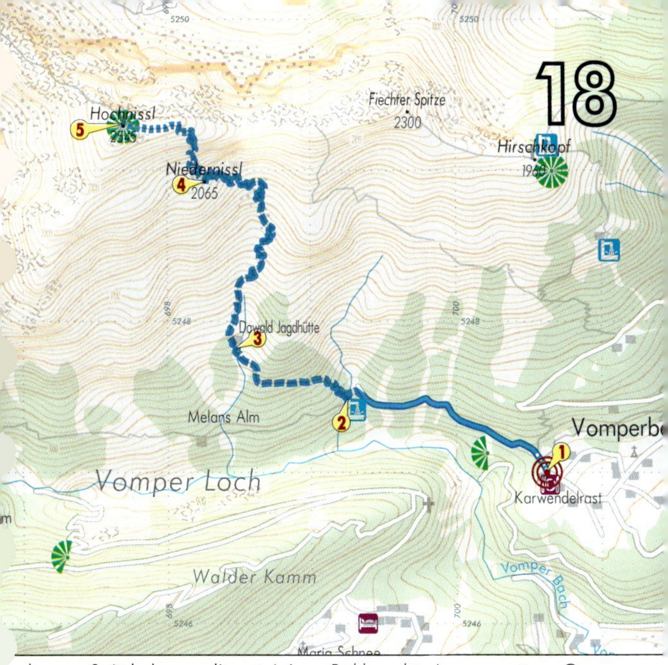

losen Spitzkehren die steinige Südflanke aufwärts ~ schließlich nach links, teilweise an Drahtseilsicherungen entlang, am felsigen Kamm zum Gipfel.

Hochnissl (2.545 m)

Der Gipfel überragt sämtliche näheren Nachbarn und belohnt die Aufstiegsmühen mit einer fantastischen Aussicht. Hinter der Furche des Inntals reihen sich im Süden die Kämme der Tuxer Alpen und des Zillertaler Hauptkammes. Einmalig ist der Blick – quasi auf Augenhöhe – zu den Felsmassiven des zentralen Karwendel von Bettelwurf über Birkkar- bis Lamsenspitze, Gamsjoch und Sonnjoch, atemberaubend der Tiefblick nach Norden zu Lamsenjochhütte und Stallenalm.

5 **6,5 (2.545)** Abstieg auf gleicher Route.

1 **12,9 (850)** Ende der Wanderung am Parkplatz bei der Karwendelrast.

Vomperberg

schwer

Tour 19 — 9,9 km

Großer Bettelwurf

Start/Ziel: Parkplatz bei der zweiten Ladhütte im Halltal

Gehzeit: 7½ - 8 Std. **Aufstieg:** 1.750 m **Abstieg:** 1.750 m

Wanderwege: 0 % **Wanderpfade:** 89 % **Kletterstellen:** 11 %

Charakteristik: Um gut 2.200 Meter überragt das breite Bettelwurfmassiv die alte Stadt Hall im Inntal. Entsprechend lang und mühsam ist der südseitige Anstieg auf den mit schräg verlaufenden Kalkschichten gebänderten Gipfel. Flache Passagen gibt es dabei keine, und auf den obersten, klettersteigartig gesicherten 300 Höhenmetern sind solide Trittsicherheit und Schwindelfreiheit erforderlich. Somit bleibt der Große Bettelwurf ein Bergziel für Geübte, die von erhabener Position aus eine buchstäblich überragende Aussicht genießen dürfen.

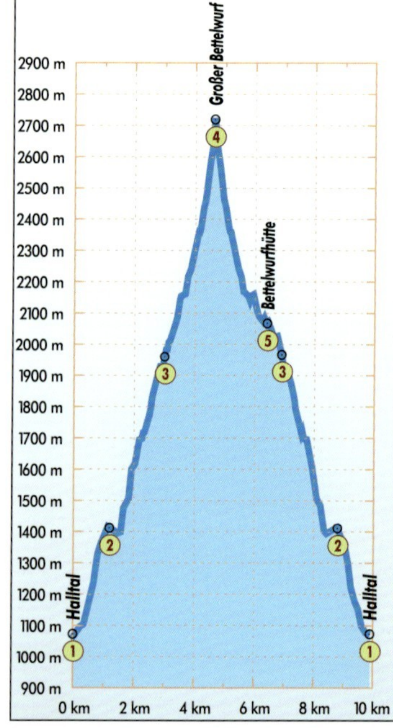

Anfahrt: Zum Start durch das Inntal (Autobahn oder B 171) nach Hall in Tirol und über Absam ins Halltal. Die schmale, teilweise sehr steile Halltalstraße ist mautpflichtig.

Tipp: Für diesen südseitigen Anstieg ist ein frühzeitiger Aufbruch ratsam. Im Hochsommer wird es in den Latschen-

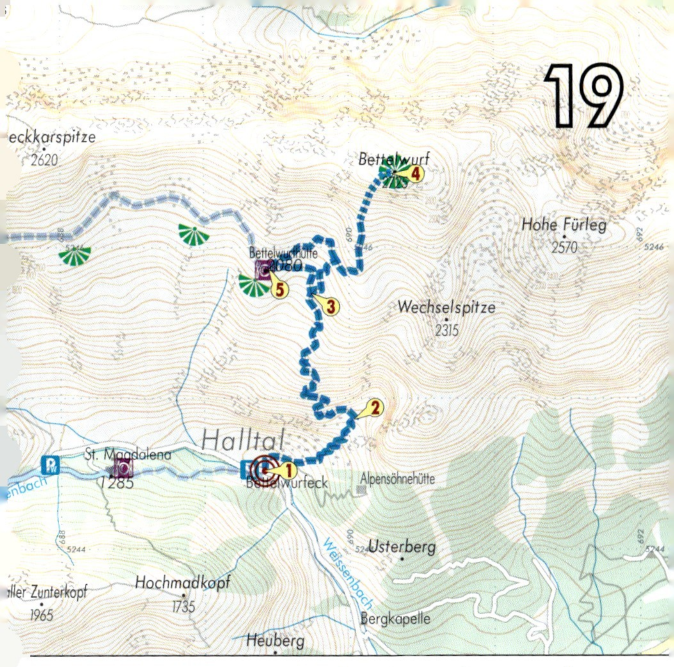

flanken enorm heiß. Oder diese sehr anstrengende Tour durch eine Übernachtung in der gemütlichen Bettelwurfhütte auf zwei Tage verteilen – mit dem exklusiven Erlebnis eines Sonnenuntergangs hoch über dem Inntal.

Halltal

1 0,0 (1.075) Vom Parkplatz auf der Holzbrücke über den Bach ~ kurz durch Wald ~ bei der Weggabelung links (den – von einer Geröllawine im Juli 2010 weggerissenen – Pfad zur Alpensöhnehütte rechts liegen lassen) ~ auf neu angelegtem Zick-Zack Steig links vom tief eingerissenen Schottergraben steil aufwärts.

2 1,2 (1.410) Aus dem Kar quert der Steig scharf links in die felsige Flanke ~ eine kurze, exponierte Passage ist mit Drahtseilen und Eisenstiften entschärft ~ danach rechts haltend, in großen Serpentinen über Schrofenstufen und zwischen Latschen zügig bergauf.

Bei der Wegbiegung „Am Juchezer" ist erstmals die Bettelwurfhütte zu sehen.

3 3,0 (1.960) Kurz danach rechts abzweigen auf die direkte Anstiegsroute Richtung Gipfel ⤳ in drei Serpentinen aus der Latschenzone ⤳ weiter über Grasflecken und Schotter zur Einmündung auf den von links, von der Bettelwurfhütte kommenden Steig ⤳ diesem nach rechts folgen ⤳ um eine Felskante auf den vom Gipfel herab ziehenden Kamm, den **Eisengatterergrat** ⤳ der markierte Steig führt mit eindrucksvollen Tiefblicken direkt auf der Kammhöhe hinauf zum Gipfelaufbau ⤳ entlang der fast durchgehenden Seilsicherungen über zwei Felsstufen und durch Rinnen auf den Gipfel.

Großer Bettelwurf (2.725 m)

Neben der schon im Verlauf des Aufstieges immer vielseitiger werdenden Aussicht nach Süden zu den Zillertaler, Stubaier und Ötztaler Alpen, faszinieren nun im Norden die Einblicke in die Südflanken der Karwendel Hauptkette sowie der Tiefblick in die düstere Schlucht des Vomper Lochs.

4 4,6 (2.725) Der Abstieg folgt zunächst der Aufstiegsroute ⤳ bei der Einmündung des aus dem Halltal kommenden Weges geradeaus weiter zur Bettelwurfhütte.

Bettelwurfhütte

Bettelwurfhütte, ✆ 05223/53353 oder ✆ 0699/10684073, ÖZ: Anf. Juni-Mitte Okt., Info und Tourenvorschläge www.bettelwurfhütte.at

Wie ein Adlerhorst steht die Hütte auf einer Terrasse in der Südflanke unter dem Kleinen Bettelwurf. Die einfache, 1894 eingeweihte Hütte hat sich seither zu einem komfortablen, aber nach wie vor urigen und gemütlichen Alpenvereinsstützpunkt entwickelt. Der ambitionierte Wirt kocht mit Liebe und Talent. Eine besondere Spezialität ist das im Holzofen vor der Hütte täglich frisch gebackene Brot.

5 6,4 (2.070) Von der Hütte in einer absteigenden Traverse durch Latschenhänge.

3 6,9 (1.970) Auf dem Aufstiegsweg zurück ins Halltal.

1 9,9 (1075) Ende der Tour am Parkplatz.

Halltal

Bahn der Geröllawine

Die Geröllawine im Halltal

Im Juli 2010 rutschten nach heftigen Regenfällen mitten in der Nacht rund 100.000 Kubikmeter Schotter und Felsbrocken aus der Bettelwurfreise ins Halltal. Auf einer Länge von 100 Metern wurden die Fahrstraße bis zu 20 Meter hoch verschüttet und die Stromleitung zerstört. Zahlreiche Autos von Bergwanderern waren somit im hinteren Talbereich eingesperrt. Sechs Wochen dauerten die Aufräumarbeiten. Der Weg zur Bettelwurfhütte musste verlegt werden und verläuft nun westlich des von den Geröllmassen gerissenen Grabens.

Das Salzbergwerk im Halltal

Seit dem frühen Mittelalter wurde unter dem Issjöchl mit einfachen Methoden Salz gewonnen. Den ersten richtigen Stollen trieben die Salzknappen 1272 auf Anordnung des Herzogs Meinhard von Tirol in den Boden. Die Erzeugung und der Verkauf des weißen Goldes verhalfen dem 1303 zur Stadt ernannten Hall zu Reichtum,

Stolleneingang

Ansehen und seiner prächtigen Altstadt. In der Blütezeit lag die Jahresproduktion bei 10.000 Tonnen. Erst 1967 musste der Abbau in Tirols ältestem Industriebetrieb wegen mangelnder Rentabilität eingestellt werden. Zurück blieben die stattlichen Herrenhäuser, die hier auf 1.485 Metern Höhe in barockem Baustil errichtet wurden, als Unterkunftsgebäude und Verwaltungszentrum. Kurz vor dem endgültigen Verfall wurden sie renoviert und 1982 zusammen mit mehreren Anlagen als Salzbergmuseum zugänglich gemacht – bis 1999 eine Jahrhundertlawine Teile der Bauwerke zerstörte. Eine eigenartige, geradezu gespenstische Atmosphäre umgibt nunmehr die bröckelnden Mauern und vernagelten Stolleneingänge.

Herrenhäuser

mittel

Tour 20 — 13,6 km

Halltal-Runde

Start/Ziel: Parkplatz bei der zweiten Ladhütte im Halltal

Gehzeit: 6½ - 7 Std. **Aufstieg:** 1.370 m **Abstieg:** 1.370 m

Hartbelag: 0 % **Wanderwege:** 42 % **Wanderpfade:** 58 %

Charakteristik: Die große Runde um das Halltal hat einiges an Abwechslung zu bieten: fantastische Landschaft und ebensolche Aussichten, interessante Einblicke in die Geschichte der Region – und nicht zuletzt zwei Mal Gelegenheit zur Einkehr in außergewöhnlicher Umgebung. Wer nicht in der gemütlichen Bettelwurfhütte übernachtet, hat eine ausgedehnte Tagestour vor sich und sollte neben der obligaten Trittsicherheit auch etwas Ausdauer mitbringen.

Anfahrt: Zum Start durch das Inntal (Autobahn oder B 171) nach Hall in Tirol und über Absam ins Halltal. Die schmale, teilweise sehr steile Halltalstraße ist mautpflichtig.

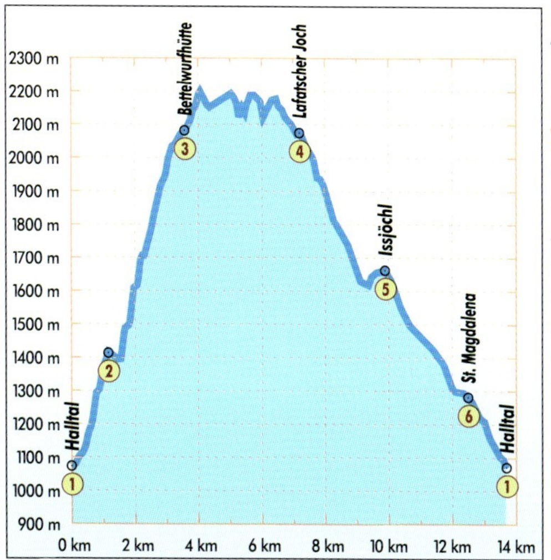

Tipp: Für den südseitigen Anstieg ist frühzeitiger Aufbruch ratsam. Im Hochsommer wird es in den Latschenflanken

enorm heiß. Außerdem sollte ausreichend zum Trinken eingepackt werden, ab der Bettelwurfhütte findet man bis ins Tal keine Quelle mehr.

Halltal

1 **0,0 (1.075)** Vom Parkplatz auf der Holzbrücke über den Bach ⇝ kurz durch Wald ⇝ bei der Weggabelung links (den – von einer Geröllawine im Juli 2010 weggerissenen – Pfad zur Alpensöhnehütte rechts liegen lassen) ⇝ auf neu angelegtem Zick-Zack Steig links vom tief eingerissenen Schottergraben steil aufwärts.

2 **1,2 (1.415)** Aus dem Kar quert der Steig scharf links in die felsige Flanke ⇝ eine kurze, exponierte Passage ist mit Drahtseilen und Eisenstiften entschärft ⇝ danach rechts haltend, in großen Serpentinen über Schrofenstufen und zwischen Latschen zügig bergauf.

AUSSICHT Bei der Wegbiegung „**Am Juchezer**" ist erstmals die Bettelwurfhütte zu sehen.

Kurz danach die Anstiegsroute zum Großen Bettelwurf rechts liegen lassen ⇝ geradeaus in ansteigender Traverse zur Hütte.

Bettelwurfhütte s. S. 110

3 **3,6 (2.080)** Von der Hütte den Wegweisern Richtung Lafatscher Joch folgen ⇝ zunächst ansteigend

Lafatscher Joch, Blick zur Speckkarspitze

durch Geröll und über Grasflecken ~ später in leichtem Auf und Ab mit meist geringen Höhenunterschieden durch die südseitigen Kare unter Bettelwurf und Speckkarspitze ~ nach einer kurzen felsigen Passage absteigend in den breiten Sattel des Lafatscher Jochs.

Lafatscher Joch

4 **7,2 (2.080)** Abstieg nach Süden ~ auf holprigem Pfad in zwei weit ausholenden Kehren durch die Latschenflanke ~ ab dem Boden des Issangers wird der Weg breiter ~ durch Wald ansteigend ins **Issjöchl**.

5 **9,9 (1.665)** Unterhalb der Geröllfelder der Steinbergreise hinab zu den **Herrenhäusern** des ehemaligen Salzbergwerks.

Ehemaliges Salzbergwerk, barocke **Herrenhäuser** (erbaut 1777-81)

Von den Herrenhäusern auf dem gesperrten Fahrweg steil bergab zum Ende der Mautstraße am Parkplatz beim Ferdinandstollen ~ dem Wegweiser nach St. Magdalena folgend rechts abzweigen ~ auf einem breiten Waldweg zur Ausfluggaststätte neben dem Kirchlein St. Magdalena.

St. Magdalena

Jausenstation, 0664/9252913, ÖZ: Mai-Okt., Di-So

St. Magdalena

Die 1441 gegründete Einsiedelei war zunächst von einigen „Waldbrüdern" bewohnt. Später wurden diese von zwei Nonnen abgelöst und die Schwesternschar stieg auf 24 an. Auch die reiche Witwe Magdalena Getzner aus Hall trat in das Kloster ein und ließ den Bau erweitern sowie eine neue Kirche bauen, die der Hl. Magdalena gewidmet wurde. Nachdem 1522 alle Nonnen das abgelegene Waldkloster verlassen hatten, wohnte dort nur noch ein Kaplan, der die Bergknappen betreute. 1670 wurde St. Magdalena durch ein Erdbeben teilweise und 1689 durch ein weiteres Beben vollends zerstört. 1690 setzte man das Kirchlein wieder instand. Die heutige Gastwirtschaft befindet sich in der ehemaligen Unterkunft für den Kaplan.

St. Magdalena

6 12,5 (1.285) Hinter dem Gasthaus bei einem Wegweiser auf den **Fluchtsteig**.

Dieser Steig wurde einst angelegt, damit die Knappen die Bettelwurfer Lahn (Lawinenbahn) umgehen konnten, die mit meterhohen Schneemassen auch heute bis lange im Frühjahr den Zugang ins hintere Halltal versperrt.

Durch dichten Wald am Hang oberhalb der Halltalstraße bergab.

1 13,7 (1.075) Ende der Tour am Parkplatz bei der zweiten Ladhütte.

Halltal

mittel

Tour 21 — 18,4 km

Von Geitau aus über die Rotwand ins Tal der Roten Valepp

Start: Geitau, Bahnhof

Ziel: Spitzingsee, Bushaltestelle

Gehzeit: 7½ - 8 Std. **Aufstieg:** 1.150 m **Abstieg:** 860 m

Hartbelag: 31 % **Wanderwege:** 48 % **Wanderpfade:** 21 %

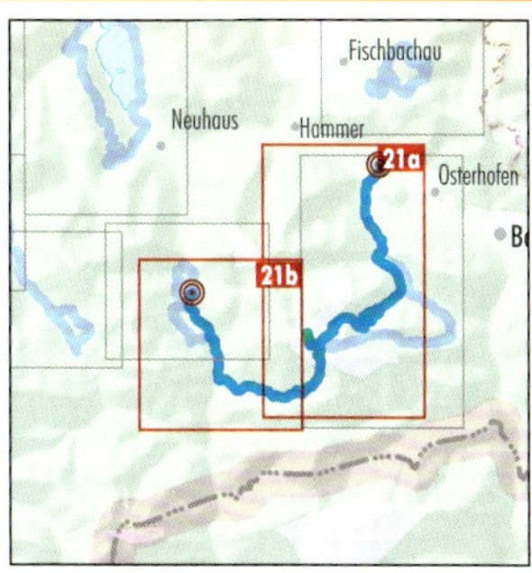

Charakteristik: Eine lange, wunderschöne Wanderung zum beliebten Rotwandhaus im Mangfallgebirge. Auf gutem Forstweg führt die Tour erst durch Wald und Wiesen bergauf, im klaren Soinsee spiegeln sich die imposanten Ruchenköpfe. Am Rotwandhaus bietet sich ein Abstecher auf den Gipfel an, bevor Sie bei klarer Sicht die Aussicht auf die Zentralalpen bei einem Stück Kuchen genießen. Der Abstiegsweg folgt bald dem Pfanngraben mit seinen zahlreichen, kleinen Gumpen, die zu einem erfrischenden Bad einladen. Auf dem letzten Wegabschnitt über die Valeppstraße bieten sich zahlreiche Einkehrmöglichkeiten.

Abkürzung: Sie können ab der Waitzinger Alm Winterstube mit dem auf der Mautstraße verkehrenden Bus nach Spitzingsee fahren. Die Tour ist dann nur 15,6 Kilometer lang.

Markierung: Grüne bzw. gelbe Beschilderung bis Soinsee (B 4), ab Soinsee Weg Nr. 645 auf weißen Tafeln, am Rotwandhaus gelbe DAV-Beschilderung, (Weg Nr. 646, 649 Richtung Spitzingsee Ort)

An- und Abreise: Mit dem PKW reisen Sie am besten über die A 8 an – Ausfahrt Weyarn nach Neuhaus-Fischhausen bis zum Bahnhof, dann weiter mit der Bayerischen Oberlandbahn (BOB). Bei Anreise mit dem ÖPNV fahren Sie mit der BOB bis zum Bahnhof Geitau.

Die Rückreise nach Schliersee erfolgt mit dem RVO-Bus 9562.

Tipp: Da der Zielort weit vom Ausgangsort entfernt ist, empfiehlt sich eine Anreise mit den öffentlichen Verkehrsmitteln.

Parkplätze: Parkmöglichkeiten gibt es an jedem BOB-Bahnhof.

Geitau, Bahnhof

1 **0,0 (775)** Die Tour startet am **Bahnhof** in Geitau, vom Bahnhof auf der Asphaltstraße ein kurzes Stück nach links ⇝ an der T-Kreuzung rechts Richtung Rotwand.

Für noch müde Füße gibt es an der T-Kreuzung eine kleine Kneippanlage.

Auf dem asphaltierten Weg geradeaus über die Bundesstraße nach Geitau ⇝ auf der Hauptstraße fast ganz durch den Ort.

Geitau

- **Gasthaus Rote Wand**, ✆ 08023/9050, ÖZ: Mi-Mo
- **Gasthaus Aiplspitz**, ÖZ: Mo, Di, Fr, Sa ab 17 Uhr, So ab 14 Uhr

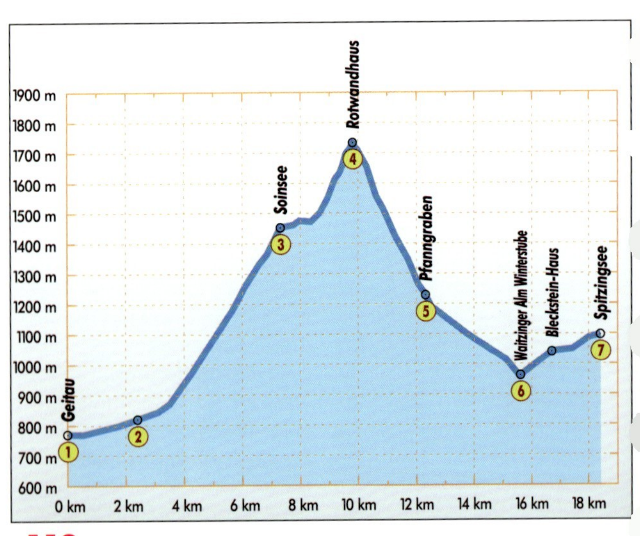

21a
Hagnberg
B307
Ried
Geitau
Heißenplatte
1590
Alpgraben
Alpbach
Aiplspitz
1760
Stellenbach
Hochmiesing
1885
Lämpersberg
1815
Großtiefenthal Alm
Soinsee
Gamswand
1590
Rotwand
1885
Ruchenköpfe
1805
Mangfallg
Rotwand-Haus
Auerspitz
1810
Auerberg
1665
21b
Pfanngraben
Berneck
1450
Pfannkobel
1330

Soinsee

Noch vor dem Parkplatz bei der Sitzbank links auf den ruhigen Asphaltweg Richtung Segelflugplatz, Sie gehen nun über die Miesebenwiesen, links von Ihnen ist die Segelflugbahn.

2 2,4 (835) Am südlichen Ende der Segelflugstartbahn ist rechts vom Weg eine kleine Hütte ⤳ hier geradeaus ⤳ auf der Asphaltstraße 300 m weiter bis zur Verzweigung ⤳ dann rechts, der asphaltierte Weg wird nun zum Forstweg ⤳ geradeaus bis zur zweiten Brücke ⤳ hier rechts Richtung Rotwand ⤳ bei der nächsten Gabelung links ⤳ auf dem Forstweg über knapp 2 km geradeaus, der Weg führt großteils im schattigen Wald bergan ⤳ bei der Gabelung nach dem Bergwald links ⤳ dann geht es über Wiesenflächen mit tollem Ausblick auf den Hochmiesing weiter bergauf.

3 7,3 (1.465) In einer großen Mulde zu Füßen der Ruchenköpfe liegt der schöne, blaue **Soinsee**.

Soinsee, der 5 ha große See liegt auf einer Höhe von 1.458 m.

Am See rechts auf dem breiten Kiesweg am Ufer entlang und in das kleine Waldstück ⤳ nach 1,3 km beginnt bei der **Großtiefenthal Alm** der Pfad ⤳ hinter der Alm auf dem Pfad leicht schräg links über die Hangwiese bergan ⤳ 900 m über teils felsigen Pfad hinauf zum Sattel ⤳ bei der Wegverzweigung am Sattel rechts zum Rotwand-Haus.

4 9,7 (1.735) Beim **Rotwand-Haus** haben Sie einen tollen Fernblick.

Rotwand-Haus, ✆ 0826/7683, ÖZ: tägl., derzeit keine Übernachtung wegen Umbau

Soinsee

AUSFLUG Vom Rotwandhaus sind es nur 20 Min. zum Gipfel. Dazu laufen Sie hinter dem Rotwandhaus auf dem Pfad geradeaus bergauf.

Rotwand (1.884 m)

Nach der Rast mit herrlichem Panorama auf bereits bekanntem Pfad zurück zum Sattel ⤳ am Sattel rechts Richtung Waitzinger Alm und Pfanngaben, die nach links abzweigenden Nebenpfade lassen Sie außer Acht ⤳ auf dem Hauptpfad gehen Sie über Wiesen an den Almen vorbei den Hang hinunter durch den Wald ⤳ der Weg führt zunächst in engen Kehren im Wald bergab, dann nach rechts über kleine Wasserläufe.

5 **12,3 (1.220)** Kurz nach der kleinen Brücke gelangen Sie bergab an den **Pfanngraben** ⤳ diesem folgen Sie nun über 3,2 km

Die Ruchenköpfe

entlang geradeaus bis Sie an der Waitzinger Alm Winterstube herauskommen.

TIPP Der Pfanngraben hat wunderschöne, kleine Gumpen, die zum Baden einladen. Vorsicht, nicht ausrutschen!

6 15,6 (945) An der **Waitzinger Alm Winterstube** treffen Sie auf die **Valeppmautstraße** ⇝ hier rechts.

AUSSTIEG Falls die Beine Sie nicht mehr weiter tragen, können Sie hier den RVO-Bus nach Spitzingsee nehmen. Eine weitere Haltestelle, an der Sie zusteigen können, folgt nach 1,2 km.

Sie folgen der Valeppstraße nun 3 km geradeaus bis zum Ort Spitzingsee ⇝ der Weg führt erst im Wald und dann entlang der mäandrierenden Roten Valepp am Waldrand, am Weg sind einige Einkehrmöglichkeiten.

Bleckstein Haus, ÖZ: Mi-Mo, das Haus liegt auf einer Lichtung im Wald

Albert-Link-Hütte, ✆ 08026/782595, ÖZ: ganzjährig Di-So

Schönfeldhütte, ✆ 08026/782595, ÖZ: tägl.

Sie erreichen den kleinen Ort **Spitzingsee**.

7 18,4 (1.090) An der **Bushaltestelle** schräg gegenüber der Kirche haben Sie ihr Ziel erreicht.

AUSSTIEG Mit der RVO Buslinie 9562 kommen Sie nach Neuhaus-Fischhausen zur Haltestelle der BOB. Von dort haben Sie fast stündlich Anschluss nach München.

Spitzingsee

PLZ: 83727; Vorwahl: 08026

St. Bernhard, einer mittelalterlichen Wehrkirche nachempfunden

Spitzingsee

mittel

Tour 22 — 9,1 km

Auf den Breitenstein

Start/Ziel: Birkenstein, Wanderparkplatz

Gehzeit: 4½ Std. **Aufstieg:** 800 m **Abstieg:** 800 m

Hartbelag: 6 % **Wanderwege:** 53 % **Wanderpfade:** 41 %

Charakteristik: Von Birkenstein aus führt die beliebte Tour auf den sehr schönen Aussichtsgipfel zu Füßen des Wendelsteins. Erst vorbei an der Wallfahrtskapelle Birkenstein folgt der Aufstieg bis zur Bucheralm durch den Wald, dann wird der Weg freier, es bietet sich eine schöne Sicht auf das liebliche Leitzachtal mit seinen weitläufigen Wiesen. Auf der Hochfläche zwischen Bockstein und Breitenstein angekommen haben Sie einen atemberaubenden Blick auf den Wendelstein, über einen kleinen Pfad geht es hoch auf den Gipfel. Beim Abstieg kommen Sie an Hubertus- und Kesselalm vorbei. Diese laden zur gemütlichen Einkehr ein, bevor es auf guten Wegen wieder bergab geht.

Markierung: Gelbe DAV-Beschilderung, Wegnummer 665a (Aufstieg über Bucheralm).

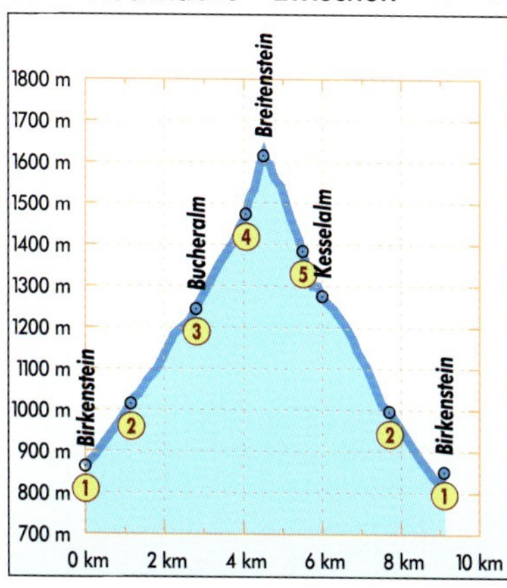

Anfahrt: Mit dem PKW über die A 8 zur Ausfahrt Irschenberg, dann der Beschilderung Richtung Fischbachau folgen, in Fischbachau Richtung Birkenstein, der Parkplatz ist beschildert. Bei Anreise mit dem ÖPNV mit der BOB bis Miesbach, dann mit dem Bus 9552 bis

Wallfahrtskapelle Birkenstein

Nach der Kapelle über den Bach und dann gleich rechts auf dem Kiesweg leicht bergan ~ am Bachlauf entlang im lockeren Wald bergauf ~ bei der nächsten Verzweigung links auf den Kiesweg im Wald hinauf Richtung Kesselalm/Breitenstein ~ diesem Weg ca. 700 m folgen.

zur Haltestelle Birkenstein, Fischbachau.

Birkenstein

1 **0,0 (855)** Sie starten die Tour an der Informationstafel oberhalb des Wanderparkplatzes in Birkenstein ~ an der Asphaltstraße links ~ nach 100 m rechts auf den asphaltierten Gehweg zur Wallfahrtskirche.

Wallfahrtskirche Birkenstein (1710), ✆ 08028/830. Die schöne, im Wald gelegene Rokoko-Kapelle ist eine der bedeutendsten Marien-Wallfahrtsstätten in Oberbayern. Zur Kapelle gehören ein Freialtar und die Kreuzigungsgruppe auf dem Hügel. Zahlreiche Votivtäfelchen zeugen von der Verehrung der spätmittelalterlichen Marienstatue.

2 **1,2 (1.030)** An der großen Gabelung links in Richtung Bucheralm/Breitenstein durch die rot-weiße Schranke ~ dem guten Forstweg knapp 200 m folgen ~ an der T-Kreuzung links ~ nach 20 m rechts auf den Pfad Richtung Bucheralm auf dem Wanderweg weiter bergan.

VARIANTE Nach Regenfällen kann dieser erdige Pfad sehr rutschig sein. Nehmen Sie dann lieber die Forststraße hinauf zur Bucheralm. Für diese Variante laufen Sie an der T-Kreuzung rechts.

Auf dem Pfad bis zur Forststraße, dann diese queren und

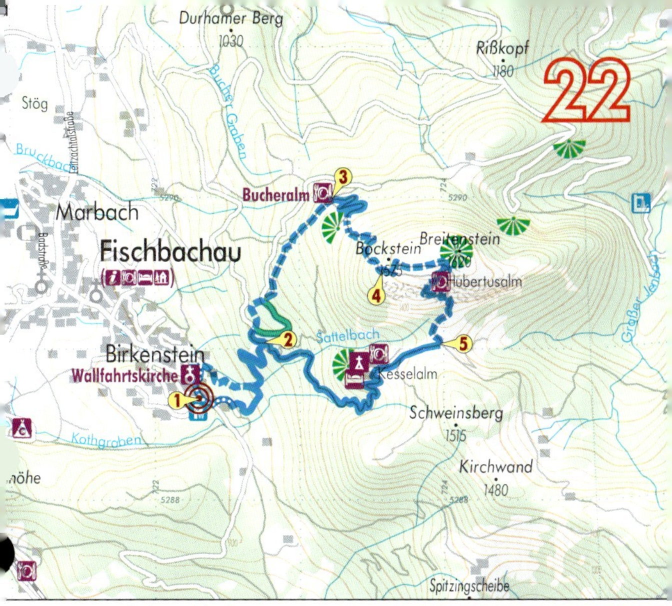

weiter auf dem Pfad ~ wenige Meter nach der Forststraße bei der Pfadgabelung links, rechts ist eine Sackgasse ~ auf dem schattigen Pfad 800 m weiter bergauf.

3 **2,8 (1.205)** Aus dem Wald heraus sind Sie an der Bucheralm angekommen.

Bucheralm

Bucheralm, ÖZ: Anf. Juni-Mitte Okt., Mo-Fr ab Mittag, Sa, So/Fei ganztägig. Gemütliche Einkehrmöglichkeit mit einem Streichelzoo für Kinder. Auch selbst gemachter Käse wird verkauft.

Die weitere Route führt rechts an der Terrasse der Bucheralm vorbei ~ dem Kiesweg über drei

Weg zur Bucheralm

Kehren folgend an den Almwiesen entlang bergauf.

TIPP Im Scheitel der dritten Kehre sehen Sie den Breitenstein von hinten – jetzt wissen Sie, woher er seinen Namen hat.

Nach der dritten Kehre auf dem abzweigenden Pfad nach links den Hang hinauf, über zahlreiche Stufen in den Wald hinein ⤳ nach dem Wald auf dem Schotterpfad weiter bergan.

4 4,3 (1.450) Sie sind links neben dem größeren Felsblock auf der Hochfläche angekommen, es eröffnet sich ein toller Blick auf den Wendelstein. Hier können Sie einen Abstecher auf den **Bockstein** machen.

AUSFLUG Für ein vorgezogenes Gipfelerlebnis laufen Sie links auf dem Pfad auf den bereits zu sehenden Bocksteingipfel und gelangen anschließend auf gleichem Weg wieder zurück zum Wegpunkt 4.

Bockstein (1.575 m)

Die Hauptroute führt geradeaus auf dem Wiesenpfad auf der Hochfläche weiter ⤳ nach ca. 100 m halten Sie sich schräg links ⤳ ein mit roten Punkten markierter, etwas undeutlicher Pfad führt hier hinauf auf den Gipfel des Breitenstein, auf dem Gipfel haben Sie eine herrliche Aussicht auf den Wendelstein sowie das Leitzachtal.

Bucheralm

Breitenstein (1.622 m)

Vom Gipfel kommend auf dem Pfad links hinab zur Hubertusalm.

Hubertusalm

Hubertusalm, bewirtschaftet

An der Gabelung auf der Hubertusalm links ~ dem steinigen, teilweise mit Holzstufen versetzten Pfad über 500 m folgen ~ bei der unscheinbaren Gabelung neben dem Zaun auf der Almwiese rechts in Richtung Kesselalm weiter.

5 5,8 (1.360) An der Lifthütte treffen Sie auf den breiten Kiesweg ~ rechts auf dem Kiesweg ~ 500 m geradeaus bis zur Kesselalm.

Kesselalm

Kesselalm, ÖZ: Mai-Okt., Mo 12-15 Uhr, Di-So 10-18 Uhr, im Winter nur Mi-So

AUSSICHT Hinter der Kesselalm am WC vorbei gelangen Sie zu einem Aussichtspunkt.

Nach der Kesselalm 1,5 km weiter auf dem Kiesweg, der über zahlreiche Kehren mit schöner Sicht zügig bergab führt.

2 7,7 (995) Am bereits bekannten Wegpunkt 2 nach links bergab ~ nach 700 m bei der T-Kreuzung links ~ am Ortseingang von Birkenstein kommen Sie auf den asphaltierten Weg ~ nach wenigen Metern treffen Sie auf die **Birkensteinstraße** ~ kurz danach führt nach links der Weg zum Parkplatz weg.

1 9,1 (855) Sie sind wieder an ihrem Ausgangspunkt angekommen.

Birkenstein

mittel

Tour 23 — 10,2 km

Vom Herzogstand über den Heimgarten nach Walchensee

Start: Bergstation der Herzogstandbahn

Ziel: Walchensee, Talstation der Herzogstandbahn

Gehzeit: 6 Std. **Aufstieg:** 580 m **Abstieg:** 1.360 m

Hartbelag: 2 % **Wanderwege:** 11 % **Wanderpfade:** 87 %

Charakteristik: Herzogstand und Heimgarten sind durch einen schmalen Grat verbunden, auf dem ein guter Pfad verläuft, der eine wunderbare Aussicht in alle Himmelsrichtungen bietet. Da der Gratweg teilweise sehr schmal ist und der Hang nah am Weg steil abfällt, ist Trittsicherheit und Schwindelfreiheit erforderlich.

Erst am Ende des Grates geht es bergauf zum Heimgarten, wo Sie dann in der gleichnamigen Hütte einkehren können. Der Abstieg erfolgt auf gut begehbaren Pfaden meist im lichten Wald und zur Hälfte über einen Bergrücken, der direkt Richtung Walchensee liegt. Im letzten Wegstück laufen Sie am Deiningbach nach Walchensee.

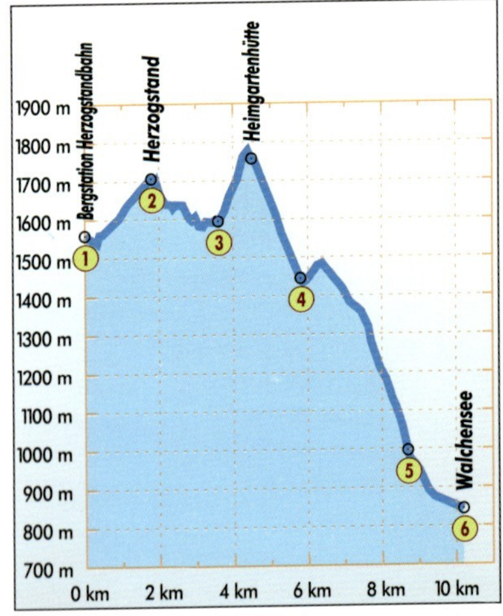

Tipp: Zum Startpunkt dieser Tour gelangen Sie mit der Gondelbahn. Sie können für diesen Anstieg auch die 5,6 Kilome-

ter der Tour 21 zu Fuß gehen. **Markierung:** Vom Herzogstand zum Heimgarten folgen Sie der gelben DAV-Beschilderung, Weg Nr. 441. Von Heimgarten bis Walchensee als Weg 445 markiert, ab Wegpunkt 5 mit grüner Beschilderung als Weg H 5.

Anfahrt: Mit dem PKW von München über die B 11 nach Walchensee zur Herzogstandbahn.

Mit dem ÖPNV von Garmisch-Partenkirchen oder Mittenwald aus mit dem Oberbayernbus 9608 bis zur Haltestelle Walchensee - Herzogstandbahn. Von München aus mit dem Regionalzug nach Kochel am See, dort mit dem Regionalbus 9608, 9611 oder 9612 nach Walchensee.

Parkplätze: Sie parken auf dem gebührenpflichtigen Parkplatz an der Herzogstandbahn.

Walchensee

PLZ: 82432; Vorwahl: 08858

Tourist-Information, Ringstr. 1, ✆ 411, www.walchensee.de

Herzogstandbahn, ✆ 236, Betriebszeiten: Mo-Fr 9-16.15 Uhr, Sa, So/Fei 9-17.15 Uhr

Walchensee ist nach dem gleichnamigen Gebirgssee benannt,

Gipfel des Heimgarten

der einer der tiefsten und größten Seen in den Alpen ist. 14 Kilometer nordöstlich vom Ort liegt das Walchensee-Kraftwerk, eines der größten Hochdruck-Speicher-Kraftwerke Deutschlands. Über ein Rohrsystem strömt das Wasser aus dem Walchensee 200 Meter tiefer, treibt dort Turbinen an und wird anschließend in den Kochelsee geleitet. Das Kraftwerk ist seit 1924 in Betrieb und zum Industriedenkmal erklärt.

1 0,0 (1.590) Vom Startpunkt der Tour an der **Bergstation** der Herzogbahn aus geradeaus auf den Kiesweg ~ am Königshaus und dem Berggasthof Herzogstand vorbei.

Berggasthof Herzogstand,
08851/234, ÖZ: tägl. 9.30-17.30 Uhr, in der Wintersaison bei schlechter Witterung geschlossen, mit Panoramaterrasse

Auf dem Kiesweg leicht ansteigend zu den Kehren ~ auf dem Pfad hinauf ~ an der Gabelung nach den Kehren rechts durch Latschen hindurch zum Gipfelkreuz.

2 1,6 (1.731) Sie sind am Gipfel des Herzogstands angekommen.

Herzogstand (1.731 m)

Vom Herzogstand aus bietet sich ein herrliches Panorama über sieben oberbayerische Seen, nach Süden bis zu den Hohen Tauern, ins Ötztal und zu vielen weiteren beeindruckenden Gipfeln.

Vom Gipfel über den Pfad zum **Aussichtspavillon**, vor Ihnen liegt der Grat, den Sie überschreiten werden ~ auf dem Pfad hinter dem Pavillon stark bergab, hier kommt bereits nach kurzer Zeit ein Seil für einen sicheren Halt ~ nun über 800 m in leichtem Auf und Ab am Grat entlang, teilweise leichte Kletterstellen, an steil abfallenden Stellen ist ein Geländer zum Festhalten vorhanden.

3 **3,6 (1.595)** Von rechts kommt der Pfad von Schlehdorf herauf, der Anstieg auf den Heimgarten beginnt ~ geradeaus auf dem Pfad durch die Latschen zügig bergauf zum Gipfelkreuz.

Heimgarten (1.791 m)

Hinter dem Gipfel über steinigen Pfad rechts bergab zur kleinen Heimgartenhütte ~ bei der Gabelung vor der Hütte links Richtung Walchensee.

Heimgartenhütte, ÖZ: Mai-Oktober

Über die Terrasse der Heimgartenhütte auf den steinigen Pfad ~ über gut 1 km zügig erst durch Latschen, dann durch Wald bergab.

4 **5,8 (1.440)** Aus dem Wald heraus verzweigt sich der Pfad, schräg links steht eine kleine Hütte ~ hier geradeaus auf dem Pfad leicht bergauf in den Wald ~ am Aussichtspunkt mit den zwei Bänken können Sie rasten ~ auf dem Pfad an der Wand entlang ~ dann immer am Scheitel des Höhenrückens über 1,6 km

Grat zwischen Herzogstand und Heimgarten

Am Heimgartenhaus

bergab, teilweise ist der Pfad mit Holzstufen versetzt.

5 8,7 (1.000) An der T-Kreuzung führt die Route nach rechts, der

Beschilderung in Tegernsee

Pfad wird hier zum Kiesweg ~ Sie lassen die Abzweigung nach rechts Richtung Gamsreiben außer Acht und laufen ca. 250 m bis zum Bach ~ am Bach links auf den Pfad ~ am Bach entlang und am Murfang vorbei bis zum Siedlungsbeginn ~ auf den asphaltierten Weg ~ bei der Gabelung links ~ nach gut 100 m links über die Brücke ~ danach rechts dem Kiesweg folgend zum Parkplatz.

6 10,2 (815) Sie sind am Ziel, dem **Parkplatz** der Herzogstandbahn in Walchensee, angekommen.

Walchensee

mittel

Tour 24 14,4 km

Von Wegscheid auf das Brauneck

Start/Ziel: Wegscheid, Parkplatz am Jaudenhang

Gehzeit: 7½ - 8 Std. **Aufstieg:** 1.130 m **Abstieg:** 1.130 m

Hartbelag: 0 % **Wanderwege:** 76 % **Wanderpfade:** 24 %

Charakteristik: Eine kurzweilige Wanderung auf den Lenggrieser Hausberg, die Sie an vielen Almhütten vorbei führt. Das Brauneck ist eine beliebte Wanderdestination, dementsprechend gut sind die Wege und zahlreich die Einkehrmöglichkeiten. Bei gutem Wetter können Sie den Gleitschirmfliegern zusehen. Nachdem Sie den Gipfel erklommen und die tolle Aussicht genossen haben, geht es auf dem selben Weg zurück nach Wegscheid.

Markierung: Die Tour ist mit der gelben Markierung des Alpenvereins und mit einer ortseigenen Markierung beschildert.

An- und Abreise: Mit dem PKW nach Lenggries, dann über die Isar und Richtung Wegscheid, im Ort rechts zum Parkplatz am Jaudenhang. Mit dem ÖPNV fahren Sie mit der BOB nach Lenggries, mit der Linie 9595 zur Haltestelle Wegscheid/Abzweigung Kotalm.

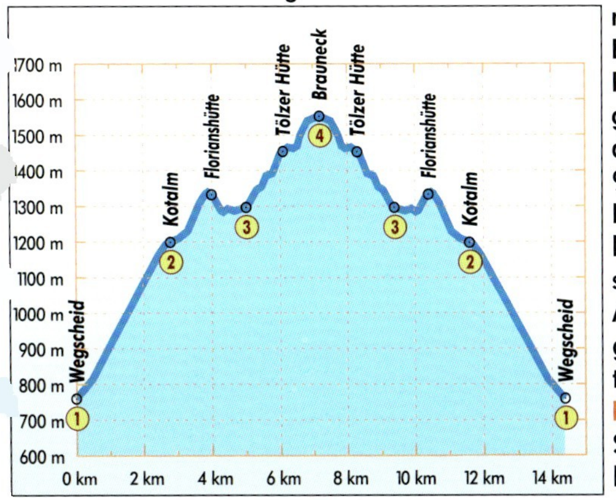

Parkplätze: Sie parken west-

lich von Wegscheid auf dem Parkplatz am Jaudenhang.

Wegscheid

1 0,0 (730) Vom **Parkplatz** in Wegscheid rechts auf dem Wiesenpfad zum **Daxenstüberl** ⤳ auf dem Kiesweg rechts entlang der für den Isarwinkel typischen Baumreihe 850 m geradeaus bis zum Milchhäusl.

Milchhäusl, nur im Winter bewirtschaftet

Nach dem Milchhäusl auf dem breiten Weg am Murbach mit seinen Kaskaden entlang bergauf ⤳ über fast 2 km folgen Sie dem breiten Kiesweg in Kehren meist im Wald den Hang hinauf, alle Abzweigungen vom Hauptweg lassen Sie außer Acht.

2 2,8 (1.200) Aus dem Wald heraus kommend erblicken Sie die Mulde der Kotalm ⤳ an der Gabelung vor der Alm führt die Hauptroute rechts auf dem Kiesweg weiter, falls Sie einkehren wollen, gehen Sie hier links.

Kotalm, ÖZ: Di-So, Bürgerliche Küche

Rechts dem Kiesweg über 550 m bis zu dessen Ende an der Gabelung folgen ⤳ an der Gabelung auf den Pfad rechts Richtung Florianshütte zum Wald und den Hang über 550 m fast ganz hinauf ⤳ kurz vor Ende des Hangs links auf den etwas breiteren Weg ⤳ quer über den kleinen Sattel ⤳ auf dem Pfad bergab über die Almwiesen zur Florianshütte.

Florianshütte, ÖZ: im Winter durchgehend, im Sommer Do-So

Vor der Florianshütte auf dem

Isartal

Pfad rechts in den Wald hinein ⇝ nach dem Wald um die sanfte Mulde herum auf gleicher Höhe bleibend am grasbewachsenen Hang entlang.

3 **5,0 (1.320)** Bei den Nadelbäumen treffen Sie auf den breiten Kiesweg ⇝ hier rechts auf diesem entlang, nach 300 m kommen Sie zur Bayernhütte.

Bayernhütte, ÖZ: tägl.

An der T-Kreuzung bei der Bayernhütte nach rechts oben ⇝ nach 300 m an der Strasseralm rechts.

Strasseralm, ÖZ: tägl.

Sie folgen dem Kiesweg über 1,1 km, bis er sich in drei Wege aufteilt. Auf dem Weg befinden sich zahlreiche Einkehrmöglichkeiten.

Quengeralm

Tölzer Hütte, ÖZ: tägl.

Brauneck Gipfelhaus, ÖZ: Mi-Mo

An der Dreiteilung des Kiesweges nach links ⇝ nach den Kehren folgen Sie dem Weg auf dem Höhenrücken entlang nach Osten Richtung Gipfel.

4 **7,2 (1.554)** Auf dem Gipfel des Braunecks erwartet Sie eine fantastische Aussicht.

Aussicht vom Brauneck

Brauneck (1.554 m)

AUSSTIEG Mit der Seilbahn können Sie von der in Gipfelnähe gelegene Bergstation der Brauneckbahn bequem ins Tal fahren. Der Bus Nr. 9595 bringt Sie zurück zur Haltestelle Wegscheid/Abzweigung Kotalm.

Der Rückweg erfolgt bis Wegpunkt 3 auf dem Anstiegsweg.

3 **5,0 (1.320)** Die Hauptroute führt geradeaus auf den Pfad und auf demselben Weg zurück.

AUSFLUG Die Variante über den Filzgraben hat in etwa dieselbe Länge wie die Hauptroute und führt fast durchgängig gleichmäßig leicht bergab auf der Forststraße. Sie ist allerdings weniger abwechslungsreich.

Variante über den Filzgraben

Sie folgen der Forststraße nach rechts bergab Richtung Wegscheid, Seufzerweg ~ 3,7 km bleiben Sie immer auf dem Hauptweg ~ bei der Querung des Baches über die Brücke, dann nach links am Bach entlang wieder leicht bergan ~ Sie treffen wieder auf die Hauptroute ~ an der Ihnen bereits bekannten Baumzeile zurück zum Parkplatz.

1 **14,4 (730)** Die Wanderung endet am **Parkplatz** in Wegscheid.

Wegscheid

schwer

Tour 25 12,6 km

Stille Wanderung zwischen Benediktenwand und Brauneck

Start/Ziel: Lenggries, Bergstation Brauneckbahn

Gehzeit: 6 - 7 Std. **Aufstieg:** 990 m **Abstieg:** 990 m

Hartbelag: 0 % **Wanderwege:** 22 % **Wanderpfade:** 78 %

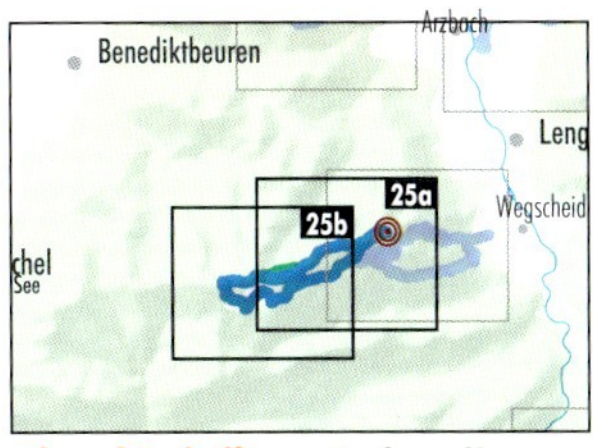

Charakteristik: Auf diesem nicht oft begangenen, aussichtsreichen und zugleich stillen Rundweg lassen Sie die Menschenmassen am Brauneck schnell hinter sich und gehen über den grasbewachsenen Kamm ohne größere Steigungen hinüber zum Latschenkopf. Danach führt die Wanderung weiter westwärts – entweder mit ein wenig Kletterei über die Achselköpfe – oder einfacher über das Längental. Am östlichen Anstieg geht es dann hinauf auf die Benediktenwand und auf dieser entlang zum Gipfelkreuz. Endgültig allein sind Sie auf dem sehr stillen Rückweg südlich der Wand, wo Sie zwar keine bewirteten Almen mehr finden, aber dafür Ruhe und schöne Pfade über Almwiesen zu Füßen des vorhin noch begangen Grates. Mitbringen

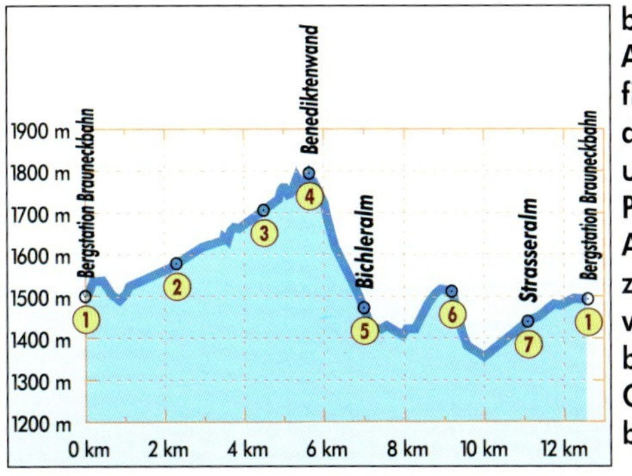

sollten Sie auf dieser Tour Schwindelfreiheit und Trittsicherheit, auf dem Rückweg ist etwas Orientierungsgabe nicht verkehrt. Ist dies der Fall, steht dieser langen, wundervollen Wanderung nichts mehr im Weg. Erschrecken Sie nicht, wenn Sie an der Strasseralm wieder auf Menschen treffen.

Tipp: Da es auf der Route lediglich ganz am Anfang und am Ende Einkehrmöglichkeiten gibt, sollten Sie ausreichend Brotzeit und Getränke mitnehmen.

Markierung: Von Brauneck auf die Benediktenwand folgen Sie der gelben DAV-Beschilderung, Weg Nr. 451, dann ab der Benediktenwand Nr. 471. Ab der Bichleralm ist fast durchgehend mit roten Punkten markiert.

Anfahrt: Mit dem PKW fahren Sie nach Lenggries, dann Richtung Wegscheid, von dort folgen Sie der Beschilderung Brauneckbahn. Bei Anreise mit dem ÖPNV nehmen Sie die BOB nach Lenggries, dann mit der Linie 9595 bis zur Haltestelle Lenggries Brauneckbahn.

Parkplätze: Sie parken direkt an der Brauneckbahn.

Bergstation Brauneckbahn

Bergbahn Brauneck, ✆ 08042/503940, Betriebszeiten: 8.15-17 Uhr

1 **0,0 (1.500)** Die Wanderung startet an der Bergstation der **Braun-**

Westlich zum Latschenkopf

eckbahn ~ hier geradeaus auf dem Kiesweg Richtung Brauneckgipfel ~ nach wenigen Metern rechts den Pfad hinauf ~ dann auf den schmalen Kiesweg mit Geländer, dieser führt über ca. 150 m vorbei an Bänken direkt auf den Gipfel des Brauneck.

Brauneck (1.555 m)

Auf dem Kiesweg am Höhenrücken entlang nach Westen ~ nach 330 m geradeaus auf dem Pfad weiter, der breite Kiesweg macht hier eine scharfe Linkskurve ~ gleich bei der nächsten Gabelung links halten ~ bei der Verzweigung nach 200 m geradeaus weiter am Höhenrücken entlang ~ auf dem Pfad nun über 1,4 km weiter.

2 **2,3 (1.615)** Bei dem markanten Fels vom **Vorderen Kirchstein**, der sogar ein Gipfelkreuz hat, führt der Pfad leicht nach links ~ über die Wiese zum **Latschenkopfgipfel** ~ nach dem Gipfel über 500 m auf felsigem Pfad durch die Latschen bergab und durch den gespaltenen Fels hindurch ~ an der Pfadkreuzung am Sattel entscheiden Sie sich für die Hauptroute über die Achsel-

Auf der Südseite der Benediktwand

köpfe oder die leichtere Variante über das Längental.

EINSTIEG Bevorzugen Sie keine Kletterei und kein großes Auf und Ab, so wählen Sie den Weg übers Längental, der als Weg 451 markiert ist.

Variante durch das Längental

An der Kreuzung rechts bergab nach Norden ⤳ auf diesem Pfad immer geradeaus unterhalb der Achselköpfe entlang ⤳ die Abzweigung nach rechts nach ca. 600 m lassen sie außer Acht und folgen dem Pfad wieder geradeaus bergan ⤳ bei Wegpunkt 3 treffen Sie wieder auf die Hauptroute.

Die Hauptroute führt über die Achselköpfe (Weg 451a) ⤳ an der Kreuzung geradeaus ⤳ nach 300 m erwartet Sie die Eisentreppe ⤳ auf den nächsten Kilometern geht es bergauf und bergab über die einzelnen **Achselköpfe**, an vielen Stellen finden Sie Seile zum Festhalten, Trittsicherheit ist auf dem felsigen Weg nötig.

3 **4,5 (1.630)** Bei dem kleinen Sattel zwischen den Achselköpfen und der Benediktenwand treffen Sie auf den von rechts kommenden Schotterpfad vom Längental ⤳ weiter geradeaus, nach gut 200 m stehen Sie am Anfang des Ostanstiegs ⤳ auf den steilen und felsigen Pfad mit Seilgeländer hinauf ⤳ oben angekommen nach rechts am Kamm entlang durch die Latschen bis zum Gipfel, es gibt hier keine Abzweige, die Aussicht ist wunderschön.

Benediktenwand (1.800 m)

4 **5,7 (1.800)** Am Gipfel angekommen liegen Ihnen im Norden der Pfaffenwinkel und das 5-Seen-Land zu Füßen ⤳ zurück bis zur kleinen Hütte unter dem Gipfel ⤳ direkt unterhalb der Hütte auf dem unscheinbaren Pfad bergab (Markierung 471 in Richtung Petern/Jachenau) ⤳ nach ca. 250 m in den Latschen über die sehr steile Hangwiese bergab.

ACHTUNG ⚠ Der steile Weg erfordert Trittsicherheit!

Ihr nächstes Ziel, die Bichleralm, sehen Sie von weitem vorne links auf der Almwiese ⤳ am Ende des Hangs auf dem kleinen, teilweise

recht zugewachsenen Wiesenpfad nach links.

Bichleralm

5 7,0 (1.430) Vor der Bichleralm, auf den links abzweigenden Pfad in Richtung Scharnitzalmen und Brauneck ~ diesem folgen Sie in Richtung Wand bis zur **Hinteren Scharnitzalm** ~ dort auf dem breiten Kiesweg geradeaus bis zur **Vorderen Scharnitzalm** ~ dann scharf nach links auf dem abzweigenden Kiesweg ~ ⚠ nach wenigen Metern links auf den undeutlichen Pfad Richtung Brauneck (Markiert durch roten Pfeil und kleines Schild) hinauf zum Kreuz mit der Bank auf dem kleinen Hügel ~ gut 700 m weiter leicht

Scharnitzalm zu Füßen der Achselköpfe

bergauf über die Almwiese unterhalb der Achselköpfe.

6 9,2 (1.510) Sie stehen an der deutlichen Geländekante mit Zaun, zwei Holzpfosten zeigen den weiteren Weg an ⤳ durch die Pfosten hindurch und über den Hang hinab zur **Hinteren Krottenalm** ⤳ 10 m hinter der Hütte auf dem abzweigenden Pfad nach links Richtung Brauneck, der steinige Pfad führt ohne Abzweig 1,4 km am Hang entlang.

7 11,1 (1.395) Auf der Kiesstraße unterhalb der Strasseralm sind Sie wieder zurück am Brauneck.

Strasseralm, ÖZ: tägl.

An der Kiesstraße links ⤳ dann rechts oberhalb der Strasseralm vorbei ⤳ auf dem sehr guten Kiesweg 1,5 km immer geradeaus Richtung Bergstation, dort wo sich der Weg dreiteilt geradeaus, auf dem Weg liegen nun zahlreiche Einkehrmöglichkeiten.

Quengeralm

Tölzer Hütte, ÖZ: tägl.

Brauneck Gipfelhaus, ÖZ: Mi-Mo

1 12,6 (1.500) Sie sind wieder an der **Bergstation** der Brauneckbahn angelangt.

Bergstation Brauneckbahn

Hintere Krottenalm

mittel

Tour 26 — 10,5 km

Über die Schnaiter-Alm auf den Zwieselberg

Start/Ziel: Waldherralm, Wanderparkplatz

Gehzeit: 4½ - 5 Std. **Aufstieg:** 670 m **Abstieg:** 670 m

Hartbelag: 5 % **Wanderwege:** 62 % **Wanderpfade:** 33 %

Charakteristik: Eine kurzweilige Bergwanderung mit langen, aussichtsreichen Teilstücken außerhalb des Waldes. Der Beginn der Wanderung führt auf einem breiten Weg am Bach entlang. Es folgt der Anstieg über den Pfad, erst im Wald, später immer sonniger, bevor Sie dann auf dem Zwiesel das große Panorama des Isarwinkels vor sich haben. Zurück geht es über die Gassenhofer und Moar Alm, erst in den Wald hinein, dann über sonnige Almwiesen. Die Waldherralm ganz am Ende ist die einzige Einkehrmöglichkeit und rundet das Wandererlebnis ab.

Markierung: Die Tour ist mit gelber DAV-Beschilderung markiert, der Aufstieg ohne Nummer als „Über Schnoader Alm zum Zwiesel", der Abstieg über Moar Alm mit Nr. 464.

Anfahrt: Mit dem PKW bis Bad Tölz, dann über die Staatsstraße 2064 Richtung Wackersberg, nach dem Ort rechts nach Lehen abbiegen.

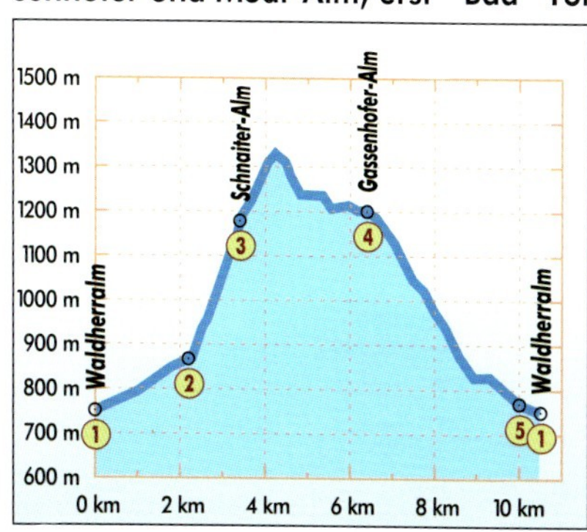

Mit dem ÖPNV mit der BOB bis zur Haltestelle Linie 9564 von Bad Tölz ZOB zur Haltestelle Steinbach MAN oder vom Leng-

Gipfelkreuz auf dem Zwiesel

grieser Bahnhof ebenfalls mit der Linie 9564 zur Haltestelle Steinbach MAN.

Waldherralm

Waldherralm, ✆ 08041/9520, ÖZ: Mi-So

1 **0,0 (740)** Die Tour startet am **Parkplatz** unterhalb der Waldherralm ⤳ an der Gabelung direkt unterhalb der Alm links auf den Asphaltweg ⤳ an der Gabelung beim Bach rechts ⤳ am Bach mit seinen kleinen Gumpen leicht bergauf ⤳ über 2 km folgen Sie dem Forstweg geradeaus am Bach entlang ⤳ beim von

rechts kommenden Bach laufen Sie auf der abzweigenden Forststraße wenige Meter nach rechts.

2 2,2 (885) Über den **Großbach** führt nach links eine Holzbrücke, auf die die markante Eisentreppe folgt ~ über die Treppe hinauf auf den Pfad, über das etwas steilere und wurzelige Teilstück im Wald bergauf ~ bei der im Verfall begriffenen Holzhütte führt der Pfad wenige Meter nach rechts, dann gleich wieder links den Hang hinauf ~ ⚠ an der Holzhütte geht auch eine deutliche Spur weiter nach rechts, diese endet allerdings im nichts, gehen Sie also gleich links den Hang hinauf ~ 200 m nach der Hütte aus dem Wald und in zahlreichen Kehren recht zügig den farnbewachsenen Hang hinauf, es öffnet sich ein herrlicher Blick in den Isarwinkel ⤳ nach dem letzten Stück am Hang am Waldrand quer über die breite, steinige Forststraße ⤳ auf dem schräg nach rechts abzweigenden Pfad im schattigen Wald weiter bergauf.

3 3,4 (1.190) Aus dem Wald heraus kommen Sie auf den baumfreien Höhenrücken der Schnaiter-Alm, Zwiesel und Alm liegen vor Ihnen.

Schnaiter-Alm

Geradeaus über den Wiesenpfad auf die Alm zu und rechts daran vorbei ⤳ nach der Alm den Kiesweg überqueren ⤳ auf dem Wiesenpfad nun die letzten 450 m hoch auf den Zwiesel.

Zwiesel (1.348 m)

Vom Zwiesel hat man eine fabelhafte Aussicht, auf den Blomberg und auf die Benediktenwand.

Auf demselben Pfad zurück zur Schnaiter-Alm ⤳ auf dem Kiesweg rechts unterhalb des Zwiesels vorbei ⤳ Sie laufen 2 km geradeaus ⤳ an der T-Kreuzung links in Richtung Gassenhofer-Alm ⤳ auf dem Wiesenrücken 400 m geradeaus.

Gassenhofer-Alm

4 6,4 (1.195) An der schönen Gassenhofer-Alm mit dem Steinfundament endet der Kiesweg ⤳ hinter der Alm auf dem Wiesenpfad gerade über den Rücken ⤳ am Ende des Rückens in der Linkskurve in den Wald ⤳ der Weg führt nun 500 m geradeaus in der Geländerinne bergab.

TIPP: Nach Regenfällen oder zur Schneeschmelze ist diese Rinne recht rutschig. Um Erosion vorzubeugen, können Sie hier etwas oberhalb der Rinne im Wald gehen.

In der Linkskurve kurz vor der Lichtung wird der Pfad etwas breiter und bald zum Kiesweg ⤳ auf diesem Weg über 2,3 km weiter, vorbei an der Moar-Alm durch eine liebliche Wald-Wiesenlandschaft.

5 10,0 (750) An der Schranke geradeaus weiter und über den Bach ⤳ der Asphaltstraße nach rechts zurück zum Parkplatz folgen.

1 10,5 (740) Sie sind wieder am **Parkplatz** an der Waldherralm angekommen.

Waldherralm

leicht

Tour 27 — 4,5 km

Spaziergang über die Gaißacher Sonntraten

Start/Ziel: Grundern, Parkplatz am Ortsrand

Gehzeit: 2 Std. **Aufstieg:** 290 m **Abstieg:** 290 m

Hartbelag: 2 % **Wanderwege:** 58 % **Wanderpfade:** 40 %

Charakteristik: Eine kurze, sonnige Tour im Isarwinkel, auf der Sie den Alltag vergessen können. Die Sonntraten verdanken ihren Namen der Südausrichtung. Ohne Schwierigkeiten wandern Sie hier einfach und schön zwischen den Wiesen, die von den für den Isarwinkel so typischen Baumreihen umgeben sind. Einkehr gibt es auf dieser kurzen Tour keine, dafür aber eine wunderbare Aussicht auf den Isarwinkel, den Sie bei einer selbst mitgebrachten Brotzeit genießen können. Da die Tour sehr kurz und leicht ist, ist sie gut für Kinder geeignet und dementsprechend bei Familien beliebt.

Tipp: Diese Wanderung ist im Herbst besonders schön, wenn sich die Blätter der Laubbäume verfärben.

Markierung: Sie folgen den grünen, ortseigenen Wegweisern „Sonntratweg“.

Anfahrt: Mit dem Auto fahren Sie über die B 13 nach Obergries, dann über Kellern nach Grundern. Mit dem ÖPNV mit der BOB zum Bahnhof Obergries.

Parkplätze: Sie nutzen den Parkplatz am Ortsrand.

EINSTIEG Der Weg vom Bahnhof Obergries nach Grundern zum Parkplatz ist 2,8 km lang und sehr schön zu laufen.

Vom Bahnhof Obergries nach Grundern ***2,8 km***

Sie laufen vom Bahnhof auf der **Obergrieserstraße** in Richtung Dorf ~ die erste Möglichkeit links auf den **Griesweg** ~ am Ende rechts in die **Isartalstraße**

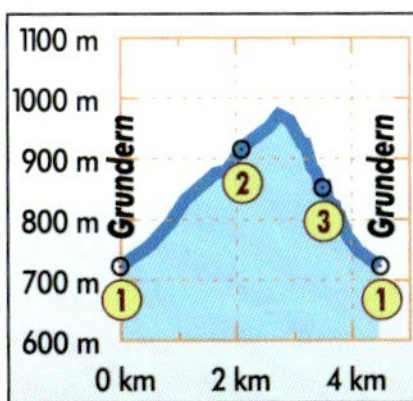

~ bei der Einmündung geradeaus und dann rechts in die **Kellernstraße** ~ 1,4 km an den Baumreihen entlang ~ in **Grundern** rechts zum Parkplatz.

Grundern

1 0,0 (720) Die kleine Rundtour startet am **Parkplatz** ~ auf der ruhigen Asphaltstraße rechts ~ nach wenigen Metern links auf den **Sonntratenweg**, hier wird die Asphaltstraße zu einem guten Kiesweg ~ bei der nächsten Weggabelung rechts Richtung Sonntratenweg ~ auf dem leicht ansteigenden Weg gut 1 km zwischen den sonnigen Weiden, an zahlreichen Holzhütten vorbei und durch die schönen Baumreihen hindurch geradeaus ~ weiter folgen Sie dem Weg in zwei Linkskurven ~ 200 m nach der zweiten Linkskurve rechts bergauf abzweigen.

2 2,1 (925) In der scharfen Rechtskurve kommen Sie an zwei Holzstadeln vorbei ~ weiter geht es geradeaus ~ Sie folgen dem Weg in der Linkskurve und gehen am kleinen Nadelwaldstück vorbei ~ hinter dem Nadelwald bietet sich ein Abstecher an.

AUSFLUG Nach rechts oben führt ein kleiner Pfad in den Wald hinein und weiter auf den Schürfenkopf, von dem aus Sie eine schöne Aussicht auf Bad Tölz und eine Sitzgelegenheit haben.

Schürfenkopf (1.096 m)

Geradeaus weiter auf dem Pfad ~ es folgt ein steileres Stück mit engen Kehren.

3 3,5 (820) Nach der Rechtskurve rechts am Zaun entlang ~ nach gut 200 m wieder links in Kehren bergab ~ nach wiederum 200 m sind Sie wieder auf einem breiten Kiesweg ~ diesem folgen Sie geradeaus bis zur Asphaltstraße ~ auf dem bereits bekannten Weg zurück zum Parkplatz.

1 4,5 (720) Die Wanderung endet am **Parkplatz**.

Grundern

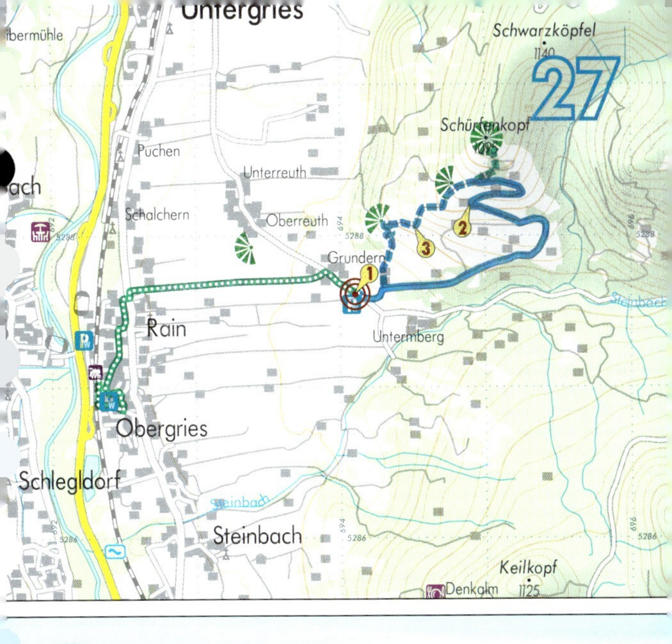

Blick auf die typischen Baumzeilen im Isarwinkel

leicht

Tour 28 11,8 km

Zur Gießenbachklamm

Start/Ziel: Parkplatz am Bahnhof von Kiefersfelden

Gehzeit: 3½ Std. **Aufstieg:** 300 m **Abstieg:** 300 m

Hartbelag: 43 % **Wanderwege:** 28 % **Wanderpfade:** 29 %

Charakteristik: Gemütliche Wanderung entlang des Kiefernbaches aus Kiefersfelden heraus. An rustikalen Einkehrmöglichkeiten vorbei und über ruhige Wege mit leichtem Auf und Ab bis zur spektakulären Gießenbachklamm.

Kiefersfelden

PLZ: 83088; Vorwahl: 08033

Gemeinde Kiefersfelden, Rathauspl. 1, ✆ 97650, www.kiefersfelden.de

Wachtl-Bahn, Museumseisenbahn mit internationaler Verbindung, da diese Schmalspurbahn zwischen Kiefersfelden und dem österreichischen Wachtl in Tirol pendelt. Die Verkehrszeiten sind nur an den sommerlichen Wochenenden.

Heimatmuseum im Blaahaus, Unterer Römerweg, ✆ 2768, ÖZ: Mai-Okt., Do und So 14-17 Uhr, Nov.-April, Di 9-11.30 Uhr

1 **0,0 (495)** Dem Bahnhof den Rücken kehren und in den **Wilhelm-Kröner-Weg** ~ am Schwimmzentrum Innsola vorbei ~ am Zunftbaum auf die Hauptstraße und dieser nach rechts folgen ~ die kleine Kapelle auf der linken Seite passieren ~ vor der Brücke nach links abbiegen ~ dem Weg bis zum Ortsausgang folgen ~ dort auf den Schotterweg und in den Wald hinein gehen ~ am plätschernden Kiefernbach entlang ~ die Brücke rechts liegen lassen ~ die steinerne Treppe hinauf ~ zwischen steilen Felswänden und dem Bach weiter geradeaus, teilweise auf Wurzeln ~ die Brücke benutzen und den Klausenbach überqueren ~ an der Straße kurz links ~ Die Straße nach wenigen Metern

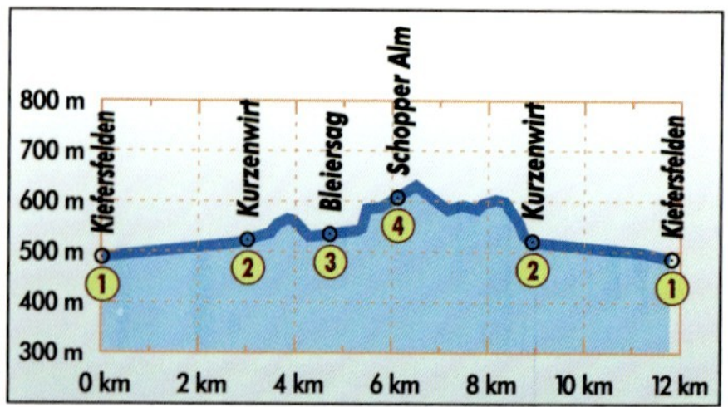

überqueren ~ über die Bahngleise der Wachtl-Bahn hinweg ~ für ein kurzes Stück auf grasigem Boden ~ dabei leicht bergauf ~ um die schotterige Kurve bis zur Asphaltstraße.

Wanderweg bei Kiefersfelden

Gasthaus Kurzenwirt, Schöffauer Str. 95, ✆ 8413, ÖZ: Do-Di

2 **3,0 (526)** Hinter dem Holzschild für die Gaststätte Kurzenwirt links auf den Asphaltweg ~ kurz hinter dem Gasthof rechts das Holztor öffnen ~ auf Schotter zwischen den Weidezäunen entlang ~ bis zum Wald und dort den Bach überqueren ~ leicht bergauf bis zum Anwesen Wildhag und rechts vorbei ~ weiter auf dem breiten Schotterweg bis zur Asphaltstraße gehen ~ nach links abbiegen ~ deutlich bergab wandern ~ an einer Gabelung rechts abbiegen ~ auf der Straße und entlang des Baches gehen ~ bis zum Sägewerk und Mühlenrad Bleiersag.

Das **Mühlenrad Bleiersag** ist eines von mehreren kleinen Kiefersfeldener Kraftwerken, welche die Ortschaft komplett mit Strom versorgen. Das Holzrad mit seinen 8 m Durchmessern erzeugt 110.000 kWh pro Jahr.

3 **4,7 (530)** Die Straße nach rechts verlassen und am Mühlenrad vorbei ~ das kleine Wasserkraftwerk Bleiersag auf der linken Seite liegen lassen ~ leicht bergauf wandern und über die Brücke den Bach überqueren ~ am plätschernden Bach sanft bergauf bis zum Kraftwerk Gießenbach ~ diese auf der linken Seite passieren und zum Zugang zur **Gießenbachklamm** gehen.

Gießenbachklamm

Links vor der Klamm die Treppenstufen steil hinauf ~ oberhalb der Klamm neben dem Sicherungsgeländer entlang und die herrliche Aussicht in die Klamm hinab genießen ~ über die Brücke hinweg die Seite wechseln ~ auf dem breiten Schotterweg leicht bergauf bis zur Asphaltstraße ~ nach links wenden und über die beiden Bäche hinweg ~ direkt dahinter rechts auf den Schotterweg bis zur Schopper-Alm.

Schopper-Alm, Breitenau 10, ✆ 609116, ÖZ: Di-So

4 **6,1 (612)** An der Gabelung vor der Alm den schotterigen Fahrweg nach rechts benutzen ~ am

folgenden asphaltierten Sträßchen links halten und leicht bergauf gehen ⤳ über das Wildgitter

Mühlenrad Bleiersag

hinweg und an der Straßenmündung weiter geradeaus, dabei deutlich bergab ⤳ durch die Rechtskurve bis zum Stromverteilerhäuschen ⤳ dahinter links in Richtung Dörfle wandern ⤳ hinter dem Ledererhof nach links einschwenken.

Ledererhof

Auf dem Schotterweg durch die schmale Allee ⤳ vor der Linkskurve rechts in den schmalen Pfad Richtung Baumgartenhof ⤳ neben einem kleinen Bach leicht bergab ⤳ durch den Wald und über einen plätschernden Bach hinweg ⤳ am Feldrand hinauf bis zur Straße ⤳ rechts den Hof

passieren bis zum Baumgartenhof.

Gästehaus Baumgartenhof, Brünnsteinstr. 40, ✆ 8212, ÖZ: Di-So

Die Straße einige Meter weiter bis zum Waldrand ~ rechts auf den grasigen Weg am Feldrand Richtung Hechtsee ~ deutlich bergab durch den Wald ~ rechts an der Waldkapelle vorbei ~ durch eine Serpentine steil bergab ~ am Brunnen „ewige Quell" rechts halten und auf dem grasigen Weg bis zur Gaststätte Kurzenwirt.

2 8,9 (526) Auf dem Schotterweg geradeaus und leicht bergab durch die Kurve ~ über die Weide bis zum Bahngleis ~ Gleis und dahinter liegende Straße überqueren und links abbiegen ~ über die Brücke und auf dem anderen Ufer des Klausenbaches links ~ durch den schattigen Wald am Ufer entlang ~ an einer Gabelung links halten bis zum Ortseingang ~ über die Asphaltstrecke bis zur Hauptstraße, dort nach rechts wenden ~ durch den Ort und vor der Sparkasse nach links.

1 11,8 (495) Ende der Wanderung am Bahnhof Kiefersfelden im **Wilhelm-Kröner-Weg**.

Kiefersfelden

schwer

Tour 29 — 12,0 km

Auf den Veitsberg

Start/Ziel: Wanderparkplatz am Waldrand oberhalb von Landl

Gehzeit: 5 Std. **Aufstieg:** 900 m **Abstieg:** 900 m

Hartbelag: 0 % **Wanderwege:** 72 % **Wanderpfade:** 28 %

Charakteristik: Ruhige Wanderung mit spürbarem Anstieg auf den Veitsberg. Vom Gipfel tolle Ausblicke auf die Alpen im deutsch-österreichischen Grenzgebiet sowie auf das Kaisermassiv. Die Wanderroute befindet sich abseits der üblichen Wanderwege und bietet daher eine wenig begangene Tour.

Markierung: Ausschilderung, rote Wegmarkierung als Punkt und Strich.

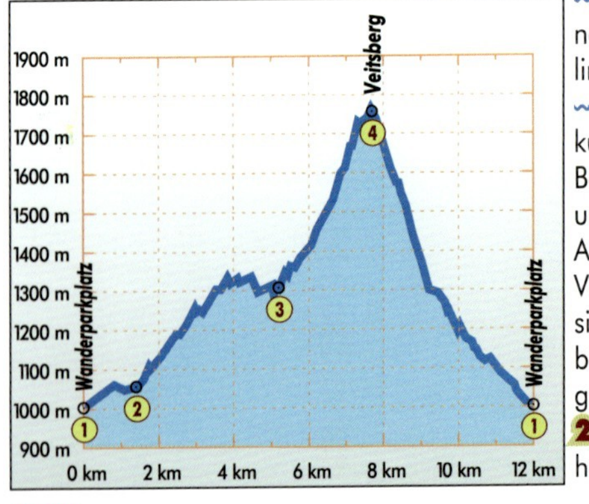

Anfahrt: Ab Kufstein auf der Landstraße über Thiersee bis Landl. Im Ort am Gasthof Zur Post links abbiegen. Nach der Steigung durch den Wald am Anfang einer Lichtung rechts auf den kleinen Wanderparkplatz, der sich ein wenig am Waldrand versteckt.

Wanderparkplatz

1 0,0 (988) Am Parkplatz an der Schranke vorbei ~ links auf den Schotterweg ~ am Bach entlang ~ den Abzweig nach Riedenberg links liegen lassen ~ in einer Linkskurve den breiten Bach überqueren und den ersten Abzweig zum Veitsberg passieren ~ weiter bis zur Gabelung gehen.

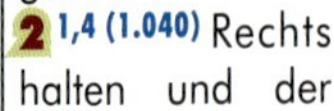

2 1,4 (1.040) Rechts halten und der

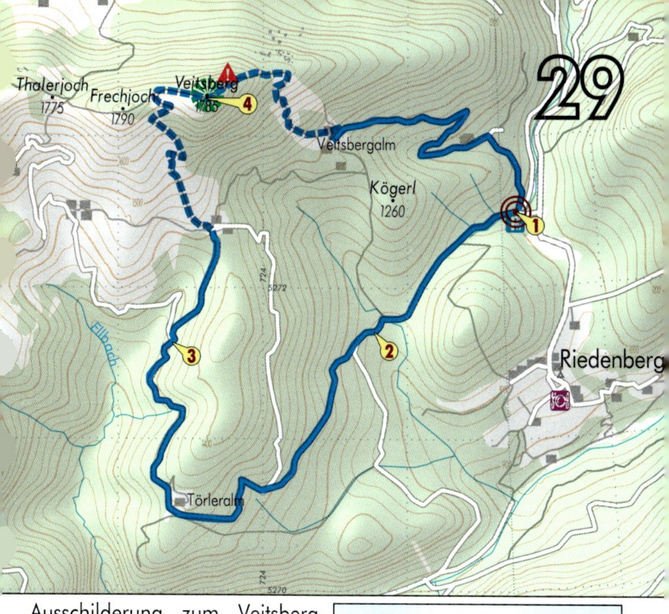

Ausschilderung zum Veitsberg folgen ⁓ deutlich bergauf an der roten Wegmarkierung orientieren ⁓ auf dem Forstweg an einem Abzweig vorbei, dabei die Aussicht genießen ⁓ durch den schattigen Waldweg wandern, der Weg bleibt nun für ein kurzes Stück eben.

3 **5,2 (1.296)** An einer Gabelung rechts hinauf ⁓ bis kurz vor der Alm weiter hinauf wandern ⁓ dabei links auf die Beschilderung auf einer kleinen Anhöhe achten ⁓ dem Steig und der rot-weiß-roten Wegmarkierung folgen ⁓ auf dem schmalen Steig steil hinauf ⁓ durch die Spitzkehren

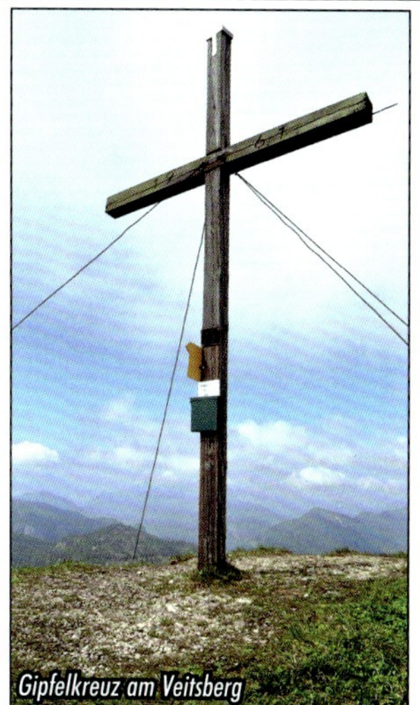
Gipfelkreuz am Veitsberg

Blick vom Veitsberg

und das Panorama auf die sich südlich erhebenden Berge genießen ⇝ stets hinauf bis zum Kamm ⇝ auf dem Kamm nach rechts abbiegen, links würde der Weg zum Thalerjoch verlaufen ⇝ auf dem schmalen Pfad hinauf bis zum Gipfelkreuz.

Veitsberg (1.785 m)

Vom Gipfel des Veitsbergs mit seinem Holzkreuz, welches von der Tiroler Bergwacht aufgestellt wurde, hat man einen wunderbaren Blick auf das Hintere Sonnwendjoch, hinter dem sich Deutschland verbirgt. In südöstliche Richtung kann man weit unterhalb die S-förmige Straße erkennen, an der sich der kleine Wanderparkplatz befindet, während in östliche Richtung das markante Kaisergebirge zu erkennen ist.

4 7,7 (1.785) Nach dem Genuss des Rundumpanoramas geht es auf dem schmalen und sehr steilen Steig am Gipfelkreuz weiter und hinab ⇝ ⚠ Trittsicherheit ist notwendig ⇝ zwischen den Bergkiefern steil hinab wandern ⇝ in Serpentinen der roten Wegmarkierung folgen ⇝ durch den Wald bis zur Alm ⇝ hier auf die schotterige Fahrstraße treten ⇝ dieser durch den Wald folgen ⇝ am Brunnen vorbei und stets bergab wandern ⇝ neben einem plätschernden Bach entlang ⇝ an einer Gabelung nach rechts über den Bach und weiter durch den Wald.

1 12,0 (988) Ende der Wanderung am Wanderparkplatz oberhalb von Landl.

Wanderparkplatz

mittel

Tour 30 — 11,2 km

Von Brandenberg auf den Voldöppberg

Start/Ziel: Parkplatz am westlichen Ortseingang von Brandenberg

Gehzeit: 4½ Std. **Aufstieg:** 560 m **Abstieg:** 560 m

Hartbelag: 25 % **Wanderwege:** 41 % **Wanderpfade:** 34 %

Charakteristik: Angenehme Wanderung auf die beiden Gipfel des Voldöppberges, die einerseits mit einer Aussicht in das Inntal belohnt wird, andererseits einen tollen Blick auf die Guffertspitze ermöglicht. Teilweise auf schmalen Steigen, daher für Kinderwagen nicht möglich.

Brandenberg

PLZ: 6234; Vorwahl: 05331

i Gemeindeamt Brandenberg, Brandenberg 8b, ✆ 5215

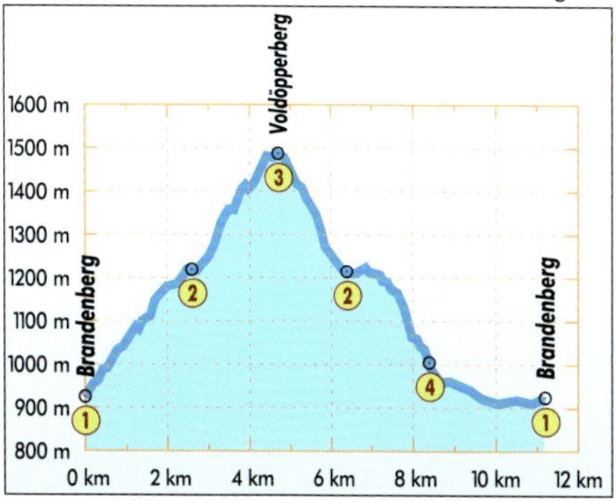

1 0,0 (925) Am Parkplatz am Ortseingang von Brandenberg zunächst den asphaltierten Weg hinauf ~ an der Schranke vorbei auf den schotterigen Weg ~ die Abkürzung ignorieren, da sie deutlich steiler ist und Trittsicherheit benötigt ~ weiter durch den Wald bergauf ~ durch Serpentinen an einer Rodlerhütte vorbei ~ nun passiert man den oberen Einstieg der erwähnten Abkürzung ~ bis zur folgenden Gabelung.

2 2,6 (1.200) Am Abzweig rechts halten ~ weiter hinauf und durch eine Serpentine hindurch bis zu einem Schild ~ dort den breiten Weg nach links verlassen ~ in den Einstieg hinein ~ steil hinauf

Blick auf Brandenberg

wandern ~ an einer Sitzbank nach einer kurzen Rast bis zu einem Schilderbaum ~ dort rechts einschwenken ~ steil hinauf und dem ausgetretenen Pfad folgen ~ geradeaus und stets hinauf bis zum Südgipfel.

Voldöppberg, Südgipfel (1.495 m)

Der Voldöppberg besteht aus einer Doppelspitze, die nur wenige Meter voneinander entfernt sind. Beide sind jeweils mit einem Gipfelkreuz versehen. Neben den obligatorischen Gästebüchern befindet sich am Nordgipfel auch eine Stempelstelle für Wanderer. Vom Nordgipfel aus blickt man auf das im Tal liegende Brandenberg und kann die markante Guffertspitze sehr gut erkennen während der Südgipfel einen tollen Ausblick in das Inntal ermöglicht.

Nach einem herrlichen Panorama in das Inntal und einem Eintrag in das Gästebuch des Gipfelkreuzes geht es wieder ein kleines Stück zurück ~ schon nach wenigen Metern auf dem Sattel den grasigen Pfad nach links benutzen ~ zunächst ein kurzes Stück hinab, wenig später die 20 Höhenmeter hinauf zum Nordgipfel.

Voldöppberg, Nordgipfel (1.510 m)

3 4,7 (1.510) Auch hier ist ein Eintrag in ein Gästebuch möglich, welches auch über einen Wanderstempel verfügt ~ nach einer ausreichenden Pause geht es an den Abstieg ~ hierfür wieder den schmalen Pfad bis zum Sattel des Südgipfels benutzen ~ dort links und steil hinab bis zum Schilderbaum ~ vor den Schildern nach rechts schwenken und der Ausschilderung zur Abkürzung folgen.

ACHTUNG Hier ist absolute Trittsicherheit erforderlich.

Nach starken Regenfällen besser über den herkömmlichen Weg zurück ~ dem steilen Pfad vorsichtig nach unten folgen ~ am quer verlaufenden Schotterweg rechts abbiegen ~ durch die Serpentine bis zur Gabelung.

2 6,4 (1.200) Rechts abbiegen und der Ausschilderung nach Brandenberg über Obergründl folgen ~ nun geht es einige Zeit in der Ebene weiter zur Gabelung ~ hier links und erneut bergab wandern ~ bis zu einem Schild und einem Einstieg zu einem Waldpfad.

Am Einstieg in den Wald hinein ~ auf dem wurzeligen Pfad spürbar hinab wandern ~ dabei der roten Wegmarkierung durch den dichten Wald folgen ~ unten angekommen nach rechts wenden und auf dem breiten Weg bis zum Ende des Waldes.

4 8,4 (1.005) Nun auf dem asphaltierten Weg leicht oberhalb von Brandenberg hinab gehen ~ dabei ein letztes Mal die Aussicht genießen ~ an der Straße nach links einkehren und ihr durch die Ortschaft folgen.

1 11,2 (925) Ende der Wanderung am Parkplatz am Ortseingang von Brandenberg.

Brandenberg

mittel

Tour 31 — 7,1 km

Zu den Buchauer und Dalfazer Wasserfällen

Start/Ziel: Parkplatz an der Talstation der Rofanseilbahn in Maurach

Gehzeit: 2½ Std. **Aufstieg:** 340 m **Abstieg:** 340 m

Hartbelag: 19 % **Wanderwege:** 62 % **Wanderpfade:** 19 %

Charakteristik: **Schöne Ausblicke aus dem Rofangebirge auf den Achensee und das Karwendelgebirge, ohne auf den Gipfel wandern zu müssen. Abwechslungsreiche Tour auf einem bewaldeten Steig, auf breiten Forstwegen und ebenen Strecken am Seeufer mit Besuchen von zwei tosenden Wasserfällen, ideal für Kinder.**

Eben am Achensee, Maurach

PLZ: 6212; Vorwahl: 05243

i Gemeindeamt Eben am Achensee, Maurach 81, ✆ 5202

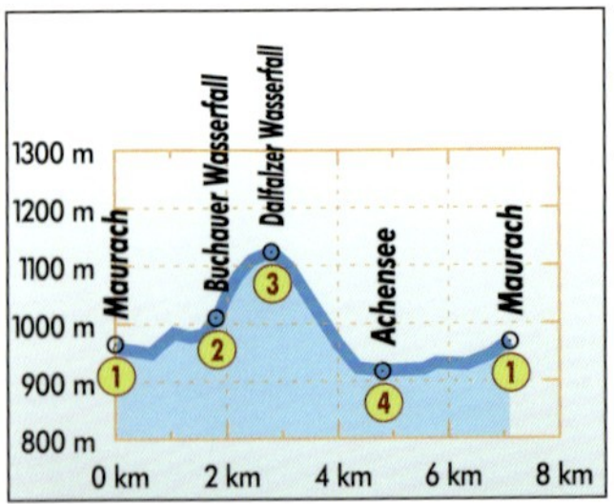

Achensee

Der Achensee, auch als Tiroler Meer bezeichnet, bildet mit seinen über 9 km Länge die Grenze zwischen dem westlich gelegenen Karwendelgebirge und den Brandenberger Alpen im Osten. Gerne wird er als Segelrevier benutzt, doch auch ohne eigenes Boot ist das Befahren des Sees möglich: Von sechs Anlegestellen starten vier Personenschiffe und ermöglichen eine Rundfahrt auf dem Gewässer.

1 **0,0 (966)** Den Parkplatz an der Talstation verlassen und an der Hauptstraße Richtung Achensee wandern ~ an der zweiten Abzweigung rechts hinauf und zwischen den modernen Wohn- und Ferienhäusern hindurch bis zu einer Forststraße ~ an der Forststraße nach links einschwenken und schon nach wenigen Metern auf den wurzeligen Steig ~ zunächst geht

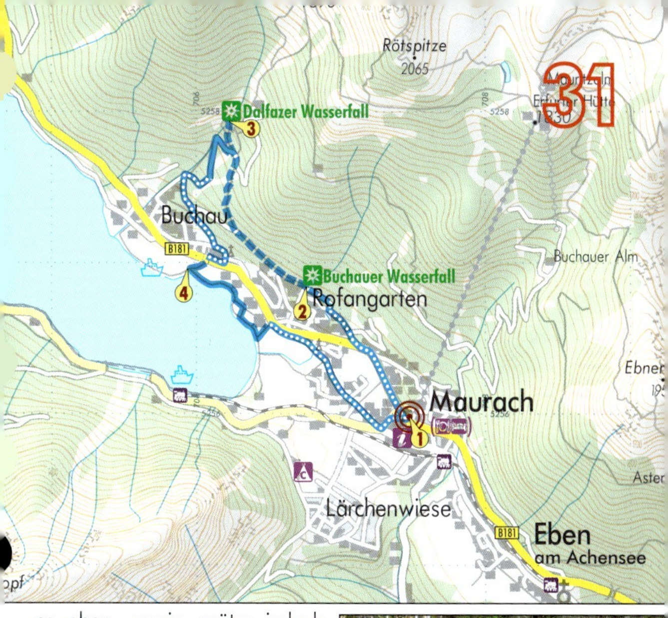

es eben, wenig später jedoch sanft aber stetig bergauf.

2 1,8 (1.016) Am **Buchauer Wasserfall** über die Holzbrücke ~ wieder auf den Steig in den Wald hinein ~ bis zu einer Forststraße ~ nach links wenden und an der folgenden Gabelung rechts, den Schotterweg hinauf ~ dabei schöne Ausblicke auf den Achensee genießen ~ dem lauter werdenden Rauschen des Wasserfalls folgen ~ nach einer Rechtskurve mündet der Weg in einen Pfad, der wiederum nach wenigen Metern an einem Aussichtspunkt mit Sitzbänken und einem Hörrohr endet.

Buchauer Wasserfall

Der Achensee vor dem Karwendel

dem schotterigen Forstweg durch die Serpentinen hinab ⤳ an einer Schranke vorbei ⤳ vor der Rückseite vom Kinderhotel nach links, um das Hotel herum bis zur Hauptstraße ⤳ nach rechts wenden und dem Fußweg unter der Bundesstraße hindurch folgen ⤳ an der Gokartstrecke und dem Ponyhof vorbei bis zum Ufer des Achensees.

4 4,8 (918) Am Seeufer links auf den Schotterweg einbiegen ⤳ am Wegesrand befinden sich hübsche Denkmäler mit Texten berühmter Volkslieder ⤳ mit einem fröhlichen Lied auf den Lippen der Straße der Lieder folgen ⤳ an den Spielplätzen vorbei, immer am Ufer entlang und hinter dem Volleyballfeld links auf den schmalen, asphaltierten Weg ⤳ bis zur Bundesstraße, vor der Straße nach rechts weg und das Ortseingangsschild passieren ⤳ durch den Ort bis zum Kreisverkehr ⤳ links abbiegen und leicht hinauf bis zur Touristeninformation ⤳ über die B181 hinweg.

1 7,1 (966) Ende der Wanderung am Parkplatz der Talstation der Rofanseilbahn.

Eben am Achensee, Maurach

3 2,8 (1.130) **Dalfazer Wasserfall**

Dalfazer Wasserfall

Mit einer Fallhöhe von 60 Metern ist der Dalfazer Wasserfall einer der größeren Kaskaden in der näheren Umgebung. Im Jahr 2007 wurde die hölzerne Aussichtsplattform errichtet. Das dort angebrachte Hörrohr soll den Klang des Rauschens noch verstärken.

Nach einer Pause auf den gemütlichen Holzbänken und dem Genuss der Aussicht auf Karwendelgebirge und Achensee geht es zunächst wieder ein kurzes Stück hinab zur Gabelung ⤳ dort scharf rechts abbiegen und auf

schwer

Tour 32 12,6 km

Panoramen von der Guffertspitze

Start/Ziel: kostenpflichtiger Parkplatz am Gasthof Waldhäusl in Steinberg am Rofan

Gehzeit: 7 - 9 Std. **Aufstieg:** 1.400 m **Abstieg:** 1.400 m

Hartbelag: 8 % **Wanderwege:** 0 % **Wanderpfade:** 92 %

Charakteristik: Anstrengende Gipfeltour, die mit einem tollen Panorama über weite Teile des nördlichen Alpenhauptkamms belohnt wird. Der letzte Abschnitt ist nur für Alpinerfahrene zu empfehlen. Schwindelfreiheit und Trittsicherheit ist ebenfalls vonnöten.

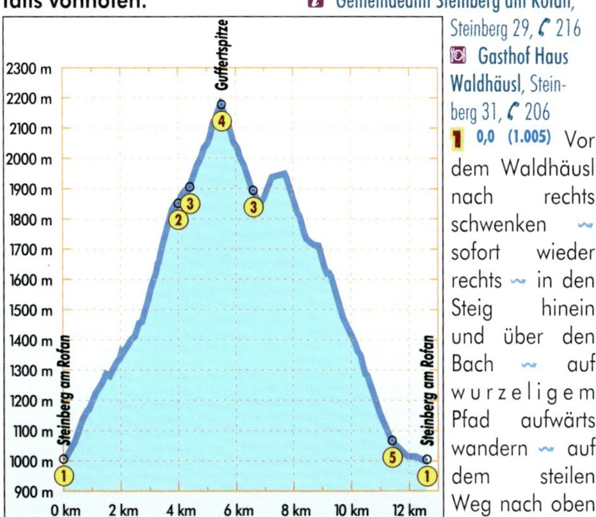

Anfahrt: Bei Achental die Bundesstraße 181 zwischen der Grenze und dem Achensee verlassen. Auf der kleinen Landstraße bis Steinberg am Rofan, dort links halten zum Gasthof Waldhäusl.

Steinberg am Rofan

PLZ: 6215; Vorwahl: 05248

Gemeindeamt Steinberg am Rofan, Steinberg 29, ✆ 216

Gasthof Haus Waldhäusl, Steinberg 31, ✆ 206

1 **0,0 (1.005)** Vor dem Waldhäusl nach rechts schwenken ~ sofort wieder rechts ~ in den Steig hinein und über den Bach ~ auf wurzeligem Pfad aufwärts wandern ~ auf dem steilen Weg nach oben

Gufferstspitze

zwei Forststraßen passieren ~ an der dritten Forststraße nach links schwenken und wenig später wieder rechts in den Steig hinein ~ mit Trittsicherheit durch die steile Passage bis zur Baumgrenze ~ mit den ersten herrlichen Ausblicken auf die Felswand Unnutz weiter hinauf.

2 4,0 (1.850) Den Abzweig zur Schmiedtquelle rechts liegen lassen ~ weiter bis zu einer T-Kreuzung inmitten der Latschenkiefern.

3 4,4 (1.905) Nach links abbiegen und weiter auf dem Steig nach oben wandern ~ über eine steinige Wiese, auf der nicht selten Gämsen beobachtet werden können bis zum Beginn eines schmalen Grats ~ ab hier sollte nur mit alpiner Erfahrung und mit Schwindelfreiheit weiter gewandert werden ~ über den Kamm und durch das sehr steil hinaufführende Geröllfeld bis zur Seilsicherung ~ mittels der Seile die letzten Höhenmeter hinauf bis zum Gipfel.

Guffertspitze (2.195 m)

Die Guffertspitze ist ein markanter Kalkstock, der durch seine Höhe sogar vom Tegernsee aus zu erkennen ist. Umgekehrt ist es natürlich ebenso möglich das Gewässer zu sehen. Bei genauerer Betrachtung und guter Sicht sind zwischen den Gipfeln hindurch aber auch der Walchen- und der Chiemsee gerade eben noch zu sehen. Deutlicher hingegen sind die Gipfel im Süden zu erkennen: Großglockner, Wilder Kaiser, Zahmer Kaiser und Großvenediger können sehr einfach ausgemacht werden.

4 5,5 (2.195) Nach der grandiosen Aussicht über weite Teile Österreichs und Bayerns wieder über den Seilabstieg in das Geröllfeld ~ vorsichtig hinab bis zum schmalen Grat ~ über die steinige Wiese wieder hinab bis zur T-Kreuzung zwischen den Latschen.

3 6,6 (1.905) Weiter geradeaus und hinab zu einer weiteren Gabelung ~ über diese hinweg und der roten Wegmarkierung folgend wieder hinauf wandern ~ am Guffertstein vorbei und über eine weitere Wiese ~ hier hat man ein letztes Mal einen wunderbaren Blick zurück auf die Guffertspitze ~ nun dem

schmalen Steig folgen, dabei im Wechsel steil und zwischendurch etwas ebener hinab ~ bis zu einer Forststraße wandern.

5 11,4 (1.065) Dort aber weiter im abwärts führenden Steig bleiben ~ bis zu einer Asphaltstraße ~ rechts abbiegen und über zwei Höfe wandern.

1 12,6 (1.005) Ende der Wanderung am Parkplatz vor dem Waldhäusl.

Steinberg am Rofan

Wanderer auf der Gufferstspitze

leicht

Tour 33 6,6 km

Durch den Wald zur Siebenhüttenalm

Start/Ziel: Parkplatz an der Landstraße vor dem Ortseingang von Wildbad Kreuth

Gehzeit: 2 Std. **Aufstieg:** 115 m **Abstieg:** 115 m

Hartbelag: 12 % **Wanderwege:** 88 % **Wanderpfade:** 0 %

Charakteristik: Beliebte Tour an dem wildromantischen Bach Hofbauernweißach entlang. Begleitet wird die waldreiche Wanderung von den Ausblicken auf die hoch aufsteigenden Berge rund um Wildbad Kreuth, welches durch jährliche Klausurtagungen der CSU bundesweit berühmt ist.

Wildbad Kreuth

PLZ: 83708; Vorwahl: 08029

Touristinformation Kreuth, Nördliche Hauptstr. 3, ✆ 1819, www.kreuth.de

Der Kurort besteht nur aus wenigen Häusern, ist politisch jedoch bundesweit bekannt. Jedes Jahr im Januar findet die Klausurtagung der CSU in Wildbad Kreuth statt. So ist die Hanns-Seidel-Stiftung der Partei nahe und Pächter des ehemaligen Badehauses, in dem die Tagungen stattfinden. Erbaut wurde das Badehaus zu Beginn des 16. Jahrhunderts, drei Jahrhunderte später von König Maximilian I. Joseph von Bayern erworben. Zu seinen Kurgästen kann das Bad prominente Persönlichkeiten wie Kaiser Franz Joseph I. und die Zaren Nikolaus I. und Alexander I. aufzählen.

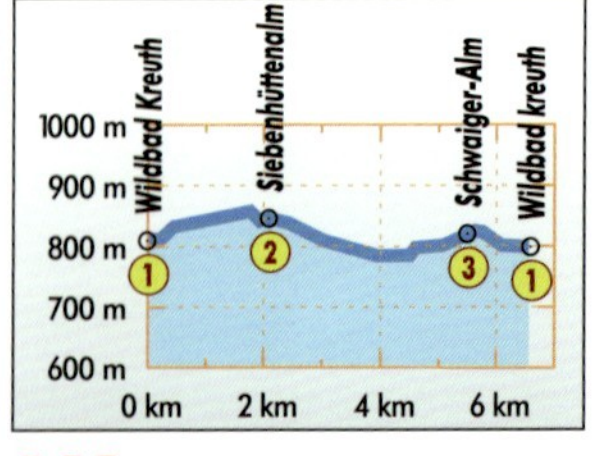

1 **0,0 (805)** Vom Schotterparkplatz in den Wald hinein ~ über die Brücke hinweg ~ auf der Asphaltstraße mit einer leichten Steigung aufwärts gehen ~ an einer Gabelung links halten ~ die Hanns-Seidl-Stiftung rechts lassen und geradeaus bis zum Gasthaus Altes Bad ~ hinter dem Gasthaus auf den Schotterweg und am rauschenden Bach entlang.

Gasthaus Altes Bad, Wildbad Kreuth 2, 304, ÖZ: Mi-So 11.30-23 Uhr

An einer Gabelung links halten ~ durch eine Rechtskurve und den Abzweig zum Denkmal für Max I. Joseph passieren ~ mittels einer Holzbrücke einen kleinen Wasserfall überqueren ~ am Weidetor vorbei bis zur **Siebenhüttenalm**.

Tagungszentrum Wildbad Kreuth

2 2,1 (845) Siebenhüttenalm

Siebenhüttenalm, ✆ 2999, ÖZ: 10-18 Uhr

Nach einer erfrischenden Rast in gemütlicher Atmosphäre geht es über die Brücke und sofort nach rechts ~ auf dem Schotterweg werden mehrere von links kommende Bäche überquert ~ neben dem Bach entlang kann man den Blick auf die umliegenden Gipfel genießen ~ an einer Kreuzung den Weg nach rechts verlassen und abermals auf einer Brücke den Bach passieren ~ sofort links am Ufer entlang ~ bis zur Schranke ~ geradeaus und neben dem Fahrweg bis zum Parkplatz der Schwaiger-Alm ~ auf dem schotterigen Weg an einem kleinen Wasserfall vorbei zur Schwaiger-Alm.

Schwaiger-Alm, Raineralmweg 85, ✆ 272

3 5,5 (816) Über den Schotterpfad zurück zum Parkplatz ~ neben dem Fahrweg bis zur Brücke, dort rechts.

1 6,6 (805) Ende der Wanderung am Parkplatz.

Wildbad Kreuth

leicht

Tour 34 — 7,3 km

Rund um den Spitzingsee

Start/Ziel: kostenpflichtiger Parkplatz vor dem Tunnel zwischen Spitzingsattel und Spitzingsee

Gehzeit: 2½ Std. **Aufstieg:** 140 m **Abstieg:** 140 m

Hartbelag: 32 % **Wanderwege:** 68 % **Wanderpfade:** 0 %

Charakteristik: Sehr schöne Wanderung im Hochgebirge, welche kaum Steigungen bereit hält und sich daher für Jung und Alt anbietet. Mehrere Gasthäuser auf dem Weg runden den Ausflug in alpiner Lage ab.

Anfahrt: Die Bundesstraße 307 zwischen Schliersee und Bayerisch Zell hinter Neuhaus verlassen und der steilen Auffahrt bis Spitzingsee folgen. Noch vor dem Tunnel rechts auf den Parkplatz am Seeufer abbiegen.

Spitzingsee

PLZ: 83727; Vorwahl: 08026

Gästeinformation Schliersee, Perfallstr. 4, Schliersee, ✆ 60650

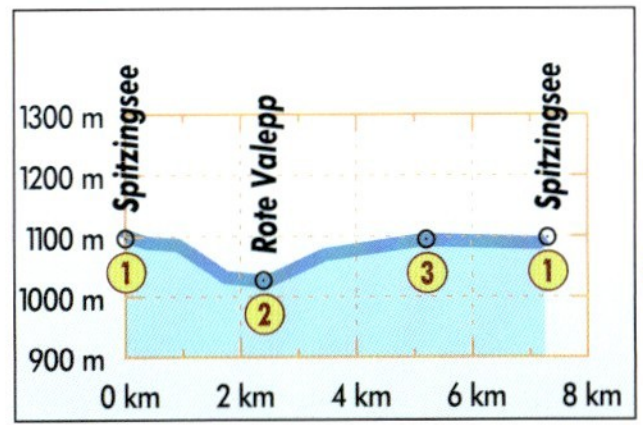

Spitzingsee ist neben dem Gewässer auch der Name eines Schlierseer Ortsteiles, welcher rund 200 Einwohner beherbergt und sich am südöstlichen Ufer des Sees rund um die kleine St. Bernhardkirche erhebt. Er gilt mit seinen 28 Hektar Fläche auf einer Höhe von über 1.000 Metern als einer der größten Seen Bayerns in dieser Höhenlage. Der Abfluss des maximal 16 Meter tiefen Sees ist die Rote Valepp, die später als Brandenberger Ache in den Inn münden wird. Im Jahr 1919 fegten südlich des Spitzingsees mehrere Stürme durch das Valepptal und fällten insgesamt 300.000 Festmeter Holz. Kurzerhand beschloss man daraufhin, eine Schmalspurbahn zu bauen, die diese Holzmassen abtransportieren konnte. Auf Teilen der damaligen Bockertbahntrasse verläuft diese Wanderung.

1 **0,0 (1.100)** Auf dem Parkplatz nach links halten und am Seeufer entlang Richtung

Im Tal der Roten Valepp

Ortszentrum ⇝ auf dem schotterigen Weg an den Stationen des Kreuzweges vorbei ⇝ das **Anton-Perfall-Denkmal** passieren und über den Bach am Ufer bis zur Kirche ⇝ an der Kirche geradeaus ⇝ links der historischen Wurzhütte an einer Schranke vorbei.

Gasthaus Alte Wurzhütte, Roßkopfweg 1, ✆ 60680

Auf Asphalt an der Roten Valepp entlang und auf dem kurvigen Weg leicht hinab wandern ⇝ den Abzweig zur Albert-Link-Hütte passieren.

Albert-Link-Hütte, Valepper Str. 8, ✆ 71264, ÖZ: Mi-So

Geradeaus an den Almen der Valepp weiter bis zu einer Gabelung ⇝ rechts über eine Brücke.

2 **2,4 (1.026)** Die Rote Valepp mittels der Brücke passieren ⇝ nun auf dem Schotterweg weiter wandern ⇝ an einer weiteren Gabelung abermals rechts halten, links geht es zum wenige Meter entfernten Blecksteinhaus.

Blecksteinhaus, Bleckstein 1, ✆ 71204

Leicht bergauf durch den Wald ⇝ an einer Kreuzung scharf rechts abbiegen und durch den Blecksteindurchbruch ⇝ kurvig und im leichten Auf und Ab oberhalb des Valepptales mit schönem Panorama unter einem Skilift hindurch ⇝ durch eine langgestreckte Linkskurve bis zum Spitzingsee.

3 **5,2 (1.093)** Vor dem See hinab zum Bootsverleih und dort links auf den Uferweg ⇝ im leichten Auf und Ab auf dem schotterigen Weg über eine Kreuzung und

eine Brücke hinweg ⁓ durch ein Holztor ⁓ danach links und über einen Steg, hinter dem es nach rechts geht ⁓ im weiten Rechtsbogen um den See herum, dabei mit schönem Blick auf den am anderen Ufer gelegenen, malerischen Ort.

1 7,3 (1.100) Ende der Wanderung am Parkplatz vor dem Tunnel.

Spitzingsee

Spitzingsee

mittel

Tour 35 — 19,5 km

Hinauf zur Rotwand

Start/Ziel: Parkstreifen am südlichen Ortsrand von Geitau

Gehzeit: 7 - 8 Std. **Aufstieg:** 1.730 m **Abstieg:** 1.730 m

Hartbelag: 20 % **Wanderwege:** 55 % **Wanderpfade:** 25 %

Charakteristik: Weite, aber unkomplizierte Wanderung auf ruhigen Wegen. Der romantische Soinsee ist wenig besucht und bietet daher viel Ruhe.

Anfahrt: Die Bundesstraße 307 zwischen Aurach und Bayrischzell bei Geitau verlassen, durch den kleinen Ort bis zum Ende der Straße. Der Parkstreifen befindet sich auf der linken Seite.

Geitau

PLZ: 83735; Vorwahl: 08023

i Touristinformation Bayrischzell, Kirchpl. 2, ✆ 648

1 0,0 (788) Links vom Parkplatz in den kleinen Weg zwischen den Wiesen gehen ~ am Segelflugplatz vorbei ~ durch ein Weidetor bis zu einer Gabelung ~ in den Wald hinein und nach rechts halten.

2 2,2 (859) Über eine Brücke hinweg gehen ~ an einer kleinen Hütte vorbei ~ auf dem schotterigen

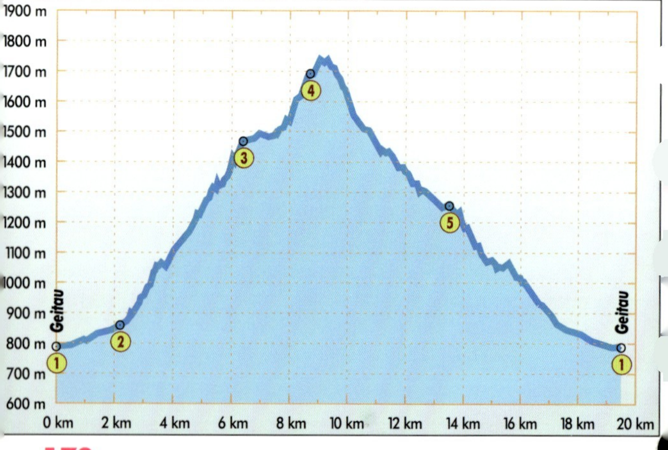

Ried
Dorf
35
Osterho
B307
Geitau
Leitzach
Alplgraben
Alpbach
Steinbach
Schneid
1520
Hochmiesing
1885
Gamswand
1590
Großtiefenthal Alm
Soinsee
Ruchenköpfe
1805
Auerspitz
1810
Soingraben
Mangfallgebirge
Auerberg
1665
Berneck
1450
Kloo-Ascher
Elendgraben

Waldweg nun stetig bergauf ⁓ durch das Steilenbachtal unter schattigen Bäumen ⁓ in der östlichen Flanke des Hochmiesing bis sich der Wald lichtet ⁓ in weiten Kurven hinauf ⁓ den Abzweig nach rechts zur Schellenberg-Alm passieren ⁓ den Blick auf den Wendelstein genießend geht es deutlich aufwärts und für einige Meter wieder hinab zum Soinsee.

3 **6,4 (1.465)** Am idyllischen Seeufer mit Blick auf Wendelstein, Ruchenköpfe und Rotwand geht es nach rechts ⁓ auf dem ebenen Schotterweg geradeaus ⁓ nach kurzer Zeit entlang einer steinigen Wiese geht es an der Großtiefental-Alm vorbei ⁓ links in den Steig hinein ⁓ deutlich an Höhe gewinnend geht es nun steil hinauf bis zu einer Weggabelung auf dem Sattel.

4 **8,7 (1.690)** An der T-Kreuzung hat man nicht nur einen schönen Blick zurück in das überwundene Tal und auf die vor einem liegenden österreichischen Gipfel, sondern auch die Möglichkeit nach rechts zum beliebten Rotwandhaus abzubiegen.

Rotwandhaus, Spitzingsee 3,
✆ 08026/7683

Nach einer erholsamen Pause im Rotwandhaus geht es zurück zur T-Kreuzung ⁓ dort geradeaus (ohne Pause wird links abgebogen) ⁓ zwischen den Latschenkiefern Richtung Soinalm wandern ⁓ noch ein kurzes Stück hinauf ⁓ nun überwiegend abwärts, zunächst an der Hütte der Bergwacht vorbei ⁓ mit Blick auf den malerischen Soinsee über die gleichnamige Almwiese ⁓ entlang der steinigen Wiese bis zur Soin-Almhütten ⁓ dort auf den breiten Schotterweg und bis zu einer Kreuzung am Waldrand.

5 **13,5 (1.258)** Links auf den schmalen Weg abbiegen ⁓ nach wenigen Metern an einer Gabelung rechts halten ⁓ sanft durch den Wald bergab wandern ⁓ an einem plätschernden Wasserfall vorbei ⁓ durch das Steilenbachtal bis zu einer Brücke ⁓ diese überqueren und wieder auf den Landwirtschaftsweg, der kurvig zwischen den Wiesen bis Geitau verläuft.

1 **19,5 (788)** Ende der Wanderung am südlichen Ortsand von Geitau.

Geitau

mittel

Tour 36 9,0 km

Von Alm zu Alm

Start/Ziel: Parkplatz vor der Sutten-Mautstelle bei Enterrottach

Gehzeit: 3 Std. **Aufstieg:** 420 m **Abstieg:** 420 m

Hartbelag: 10 % **Wanderwege:** 18 % **Wanderpfade:** 72 %

Charakteristik: Entlang tosender Gebirsgbäche, die prachtvoll in die Tiefe stürzen und ansehnliche Wasserfälle bilden geht es hinauf zum malerischen Suttensee. Auf dem Rundweg gelangt man an mehreren Almen vorbei, die zu erfrischenden Pausen einladen und leckere Kostbarkeiten im Angebot haben. Familientaugliche Wanderung.

Anfahrt: Bei Rottach-Egern, südlich vom Tegernsee, die Bundesstraße 307 in Richtung Sutten/Moni-Alm verlassen. Der Straße bis zur Mautstelle folgen und dort auf den linksseitigen Parkplatz.

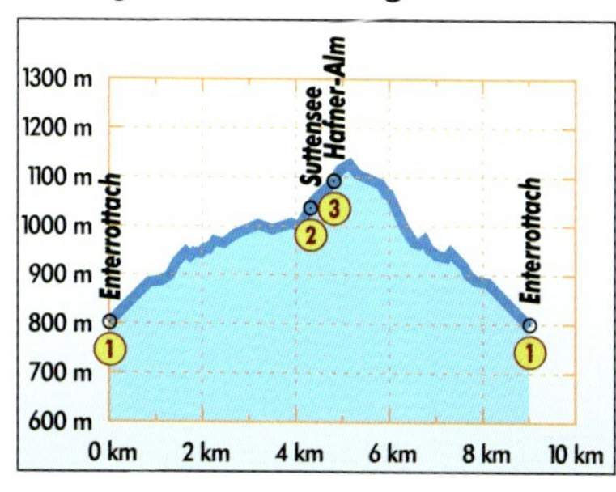

Enterrottach

PLZ: 83700; Vorwahl: 08022

Touristinformation Rottach-Egern, Nördliche Hauptstr. 9, ✆ 67130

1 **0,0 (799)** Am Parkplatz vor der Mautstelle links halten ⤳ in den schotterigen Waldweg hinein und spürbar bergauf wandern ⁓ an laut tosenden Gebirgsbächen entlang bis zu einem Gedenkstein mit Sitzbank und Blick auf eine schmalen Schlucht in der gegenüber liegenden Felswand ⁓ wenig später an einer Gabelung links, rechts geht es zu den Wasserfällen ⁓ über eine Straße hinweg, hier existiert eine weitere Möglichkeit zu den Wasserfällen zu gelangen ⁓ ein kurzes Stück an der Straße entlang mit tollen Ausblicken auf die Kaskaden von oben ⁓ rechts auf einen Schotterweg ⁓ am wilden Gebirgsbach entlang, die Straße wieder queren ⁓ zunächst steil bergauf wandern ⁓ wenig später im leichten Auf und Ab bis zur Müllsammelstelle und an eine T-Kreuzung ⁓ links abbiegen und neben der Straße und einem Bach wandern ⁓ die Wildbachhütte und den Berggasthof Sutten passieren und wenige Meter darauf bis zur Moni-Alm.

Hafner-Alm

Berghof Sutten, Sutten 34, ✆ 1878800, ÖZ: tägl. ab 9 Uhr

Gasthof Wildbachhütte, Sutten 32, ✆ 670472

Moni-Alm, Sutten 42, ✆ 664154

Neben der Fahrstraße leicht wellig an einem Weiher vorbei ⁓ zwischen den Wiesen mit tollen Ausblicken auf die umliegenden Gipfel bis zu einer Haltestelle ⁓ dort halbrechts auf den Schotterweg bis zum **Suttensee**.

2 **4,3 (1.035)** Dem See den Rücken kehren und zurück zur Haltestelle ⁓ die Fahrstraße queren und auf dem Schotterpfad bergauf, dabei der Beschilderung zur Hafner-Alm folgen ⁓ am Parkplatz vorbei und kurz darauf nach links in den steilen Wurzelpfad hinauf.

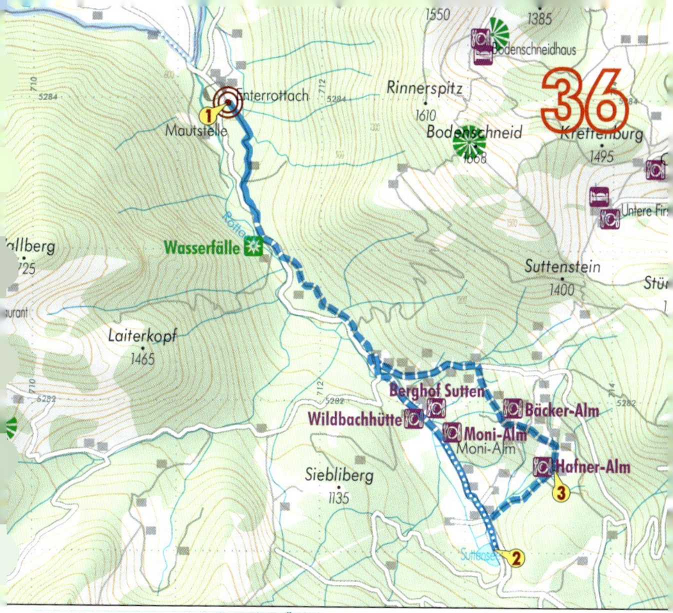

Hafner-Alm, Sutten 68, ✆ 24396, ÖZ: Mi-So 11-22 Uhr, inkl. Tiergehege

3 **4,8 (1.090)** Die Alm links liegen lassen und auf der folgenden Asphaltpiste nach links einbiegen ~ steil hinauf ~ an der ersten Möglichkeit links über den tosenden Bach auf den Schotterweg ~ sofort wieder links auf die Via Alpina, einem schmalen Pfad am Rande einer Wildblumenwiese unterhalb des Suttengipfels ~ durch den Wald bis zur Bäcker-Alm hinab.

Bäcker-Alm, Sutten 44, ✆ 67760

An der Alm links vorbei und an der Gabelung rechts halten ~ auf dem Schotterweg der Ausschilderung hinab in das Tal folgen ~ in leichtem Auf und Ab die Skipiste queren und über die Holzbrücke geradeaus bergab wandern ~ an einer Kreuzung etwas oberhalb der bereits bekannten Müllsammelstelle rechts einbiegen ~ stets bergab wandern ~ die Straße queren bis zu den Wasserfällen ~ neben der Fahrbahn ein kurzes Stück gehen und bald rechts auf den Schotterweg ~ in leichten Kurven deutlich hinab wandern.

1 **9,0 (799)** Ende der Wanderung am Parkplatz vor der Mautstelle.

Enterrottach

schwer

Tour 37 — 13,1 km

Hirschbergrunde

Start/Ziel: kostenpflichtiger Parkplatz am Hirschbergweg in Scharling

Gehzeit: 6 Std. **Aufstieg:** 980 m **Abstieg:** 980 m

Hartbelag: 6 % **Wanderwege:** 38 % **Wanderpfade:** 56 %

Charakteristik: Die Tour beginnt mit einem sehr steilen Aufstieg auf einem schmalen Steig über eine Wiesenalm. Anschließend geht es zwar weiterhin deutlich, aber leichter aufwärts. Der Gipfel belohnt die Mühen mit einem Rundumpanorama auf die Tegernseeregion und die südlich gelegenen Alpengipfel.

Anfahrt: Zwischen Rottach-Egern und Kreuth die Bundesstraße 307 bei Scharling verlassen und über die Nördliche Hauptstraße zum Hirschbergweg. Frühmorgens ist der Parkplatz noch mit einer Kette abgesperrt, die entfernt werden kann. Bezahlt wird durch Einwurf in den gelben Behälter.

Kreuth-Scharling

PLZ: 83708; Vorwahl: 08029

Touristinformation Kreuth, Nördliche Hauptstr. 3, ☎ 1819

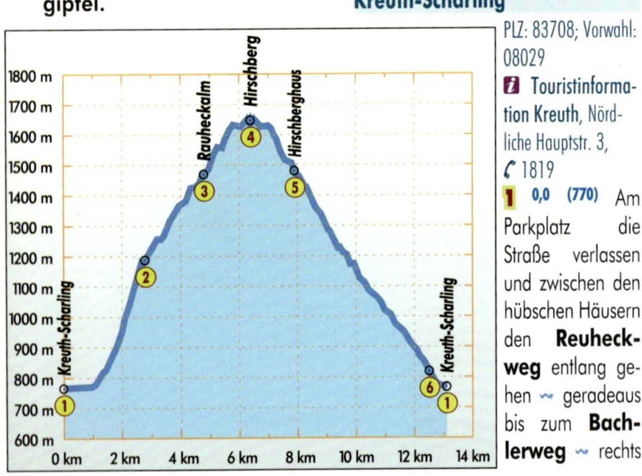

1 **0,0** **(770)** Am Parkplatz die Straße verlassen und zwischen den hübschen Häusern den **Reuheckweg** entlang gehen ~ geradeaus bis zum **Bachlerweg** ~ rechts

einbiegen und bis zum Ende, am Parkplatz des Skiliftes den Asphaltbelag verlassen ⁓ Talstation des Skilifts ⁓ über den Parkplatz hinweg und hinter dem Skilift links ⁓ auf dem Schotterweg am Waldrand steil bergauf ⁓ das hölzerne Drehkreuz passieren ⁓ nun dem sehr steilen Aufstieg über die Wiese folgen ⁓ dabei auf dem schmalen, ausgetretenen Pfad durch kleinere Serpentinen bis zum höher gelegenen Wald.

2 **2,8 (1.190)** Die Wiese wird durch einen engen Durchgang im Weidezaun verlassen ⁓ direkt am Zugang zum Wald befindet sich eine Bank im Schatten, die nach diesem steilen Aufstieg zur Rast einlädt ⁓ vor der Bank rechts auf den schotterigen Forstweg ⁓ diesem bis

Panorama vom Hirschberg

Gipfelkreuz auf dem Hirschberg

zu einer Schranke bergauf, aber nun weniger anstrengend, folgen ⇝ vor der Schranke nach rechts in den schmalen Steig ⇝ auf dem wurzeligen Pfad weiter in die Höhe ⇝ an der Mündung zu einer Forststraße rechts auf diese einschwenken ⇝ weiter bergauf wandern bis zu einem schmalen Pfad ⇝ der Steig wechselt sich mit Rasengittersteinen ab und führt hinauf bis zur Rauheckalm, die sich in Privatbesitz befindet (keine Einkehrmöglichkeit!).

3 **4,8 (1.470)** Zwischen den Almhütten der Rauheckalm hindurch und nach wenigen Metern den grandiosen, ersten Ausblick auf den Tegernsee genießen ⇝ das sichtbare Gipfelkreuz ist nicht das Ziel, aber weit ist es von dort nicht mehr ⇝ auf dem Steig weiter empor ⇝ in einer Rechtskurve am Hang entlang und an einer Weggabelung, umgeben von Latschensträuchern, links halten ⇝ dem Pfad zum nun sichtbaren zweiten Gipfel folgen.

4 **6,4 (1.650)** Nach dem obligatorischen Eintrag in das Gipfelgästebuch auf dem Hirschberg und dem Genuss der atemberaubenden Rundumsicht geht es zunächst zur Kreuzung zwischen den Latschen zurück ⇝ dort geradeaus und auf dem geschotterten Weg leicht hinab, mit Blick auf das Hirschberghaus ⇝ die Möglichkeit, zum anderen Gipfelkreuz zu gehen, kann in einer Linkskurve nach rechts hin genutzt werden ⇝ ansonsten geradeaus zum Hirschberghaus.

5 **7,9 (1.480)** Hirschberghaus

Hirschberghaus, ✆ 465, ÖZ: Mi-Mo

Über die Terrasse hinweg ⇝ auf den schmalen Steig hinab ⇝ nun deutlicher Verlust an Höhe durch eine Wanderung in steil abfallenden Serpentinen ⇝ hinab bis zu einer Fahrstraße an der Talstation der Materialbahn für das Hirschberghaus ⇝ vor der Talstation nach rechts ⇝ nur ein kleines Stück auf der Forststraße ⇝ dem abwärts führenden Steig nach rechts folgen ⇝ durch den schattigen Wald hinab ⇝ erneut bis zu einer Forststraße, die Treppen abwärts gehen und rechts halten ⇝ durch Serpentinen deutlich hinunter, zum Teil auf einer Winterrodelstrecke ⇝ bis zum Ende der Rodelbahn am Ortseingang.

6 **12,5 (820)** Auf der asphaltierten Straße an einem Drehkreuz vorbei ⇝ über einen Bach hinweg und geradeaus wandern.

1 **13,1 (770)** Ende der Wanderung am Parkplatz in Scharling.

Kreuth-Scharling

leicht

Tour 38 **11,0 km**

Heilklimatische Wanderung zwischen zwei Bächen

Start/Ziel: Parkplatz an der Talstation der Wallbergbahn

Gehzeit: 3½ Std. **Aufstieg:** 200 m **Abstieg:** 200 m

Hartbelag: 24 % **Wanderwege:** 76 % **Wanderpfade:** 0 %

Charakteristik: Angenehme Wanderung auf überwiegend flachen Wegen und heilklimatischen Wanderwegen durch das Rottachtal, die von einem kurzen Spaziergang durch die Ortschaft Rottach-Egern mit ihren Einkehrmöglichkeiten unterbrochen wird.

Anfahrt: Die Bundesstraße 307 südlich von Oberhof bei Rottach-Egern verlassen und der Ausschilderung über die Wallbergstraße zur Talstation der Wallbergbahn folgen.

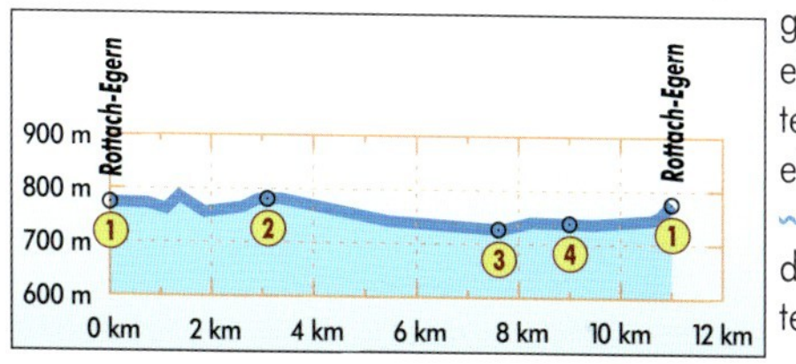

Rottach-Egern

PLZ: 83708; Vorwahl: 08029

Touristinformation Kreuth, Nördliche Hauptstr. 3, ✆ 1819, www.kreuth.de

Kutschenmuseum, Feldstr. 16, ✆ 704438, ÖZ: Mai-Okt. und Mitte Dez.-Febr., Di-So 14-17 Uhr, März, April und Anfang Dez., Sa und So 14-17 Uhr. Schlitten und Kutschen, die zur Almbewirtschaftung eingesetzt wurden, werden auf einer Fläche von 700 m² in einem ehemaligen Hof des Benediktinerklosters gezeigt.

St. Laurentiuskirche, erstmalige Erwähnung im 12. Jh. Erweiterung im spätgotischen Stil, später barockisiert.

1 **0,0 (776)** Unterhalb des Parkplatzes an der Talstation der Wallbergbahn gleich rechts halten und auf den Heilklimawanderweg Nummer 5 einbiegen ~ auf dem ebenen Schotterweg durch einen Mischwald ~ nach 450 m den Skilift unterqueren ~ an einer Gabelung den rechten Weg benutzen und leicht bergan ⇝ vor einer Sitzbank nach links schwenken und am Weidezaun entlang wandern ⇝ im leichten Auf und Ab etwas oberhalb des Rottachtales bis zum Häuschen der Wasserversorgung mit einem Trinkwasserbrunnen.

2 **3,1 (783)** An der Wasserversorgung rechts auf die Asphaltpiste einkehren ⇝ bis zur Straße schreiten und diese überqueren ⇝ wenige Meter nach rechts bis zur Brücke, die über den Rottach führt ⇝ auf dem Wanderweg am wildromantisch plätschernden Fluss entlang ⇝ über zwei Straßen hinweg und das Café Enzianhütte passieren.

Café Enzianhütte, Kalkofen 3, ✆ 5103, ÖZ: Mi-Mo ab 17 Uhr

Nun geht es auf dem Heilklimawanderweg Nummer 14 weiter geradeaus ⇝ am keltischen Baumlehrpfad entlang ⇝ auf ebener Strecke weiter am Fluss entlang bis zum Ortseingang.

3 **7,6 (729)** Rechter Hand liegt der Ort Tegernsee, auf der linken Seite Rottach-Egern durch den die Wanderung nun verläuft ⇝ an der Hauptstraße durch das lebhafte Zentrum ⇝ an verschiedenen Einkaufsmöglichkeiten sowie dem Rathaus mit der Touri-

Rottach

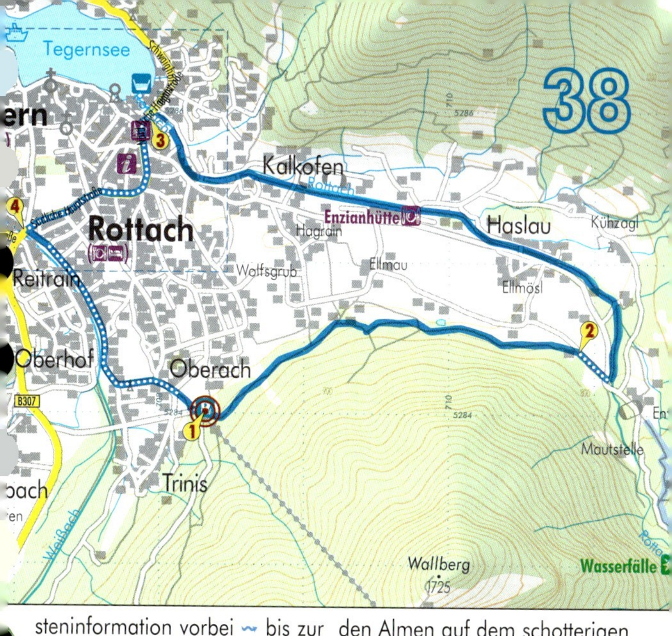

steninformation vorbei ⁓ bis zur Brücke über den Bach Weissach.

Weinhaus Moschner, Kißlinger Str. 2, 3455, ÖZ: Mi-So 18-23 Uhr

4 **9,0 (741)** Vor der Brücke auf den schotterigen Damm nach links einscheren ⁓ gemächlich auf dem Pfad mit Blick auf den rauschenden Bach bis rechter Hand eine Holzbrücke zu sehen ist ⁓ dort den Damm nach links verlassen ⁓ neben dem Fahrweg bis zur Kreuzung ⁓ auf der asphaltierten Straße nach links abbiegen ⁓ an der kleinen Kapelle vorbei ⁓ am Ende der Straße halbrechts halten und bis zum Feldweg gehen ⁓ zwischen den Almen auf dem schotterigen Feldweg mit leichter Steigung kurvig nach oben ⁓ an der Straße links in den schmalen Asphaltweg und weiter hinauf.

1 **11,0 (776)** Ende der Wanderung am Parkplatz der Talstation.

Rottach-Egern

leicht

Tour 39 — 7,1 km

Neureuther Hütte

Start/Ziel: kostenpflichtiger Parkplatz am Bahnhof von Tegernsee

Gehzeit: 3 Std. **Aufstieg:** 610 m **Abstieg:** 610 m

Hartbelag: 21 % **Wanderwege:** 13 % **Wanderpfade:** 66 %

Charakteristik: Familientauglicher Ausflug mit Einkehrmöglichkeit in einer ausgezeichneten Almhütte. Bei einer erfrischenden Rast oder einer köstlichen Speise hat man einen wunderbaren Ausblick auf den Tegernsee und die ihn umgebenden Gipfel. Anschließend geht es durch den kühlen Wald hinab zur Stadtbesichtigung.

Tegernsee

PLZ: 83684; Vorwahl: 08022

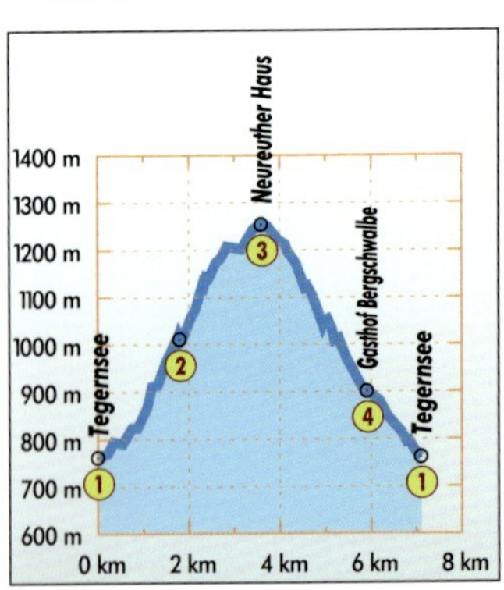

i Touristinformation Tegernsee, Hauptstr. 2, ✆ 180140, www.tegernsee.com

Der Tegernsee gilt als einer der saubersten Seen Bayerns. Dabei ist er bis zu 71 Meter tief und entwässert über die Mangfall nach Norden hin ab. Hauptort ist das gleichnamige Tegernsee am östlichen Ufer, welches wiederum ab München Hauptbahnhof mit der Tegernseebahn im Stundentakt erreichbar ist. Von allen Gipfeln rund um den See ist die Ortschaft durch das ehemalige Kloster mit seinen beiden Türmen gut erkennbar. Es wurde bis zur Säkularisation im Jahr 1803 vom Benediktinerorden genutzt. Heute sind in dem Gebäude ein Gymnasium und eine Brauerei untergebracht.

1 **0,0 (770)** Am Bahnhof Tegernsee in die leicht hinauf führende **Klosterwachtstraße** ⁓ an der ersten Gabelung rechts in den **Nigglweg** einbiegen ⁓ etwas steiler hinauf auf Asphalt ⁓ bis zu einem Tor ⁓ vor dem

Tor links auf den Schotterweg ⤳ zunächst sanft bergan, nach Überquerung eines Baches etwas steiler ⤳ auf die aus Holzbohlen bestehende Treppe nach oben ⤳ an der T-Kreuzung nach links ⤳ dem Heilklimawanderweg 11 durch den Wald steil bergauf folgen ⤳ deutlicher Gewinn an Höhe auf dem Serpentinenweg ⤳ bis zu einem querenden Forstweg wandern.

2 1,8 (1.010) Am Forstweg links abbiegen und nach nur 20 m wieder rechts in den Steig hinein ⤳ auf dem wurzeligen Pfad weiter bergauf ⤳ dabei der Beschilderung nach Neureuth folgen

Gnadenkapelle am Neureuther Haus

Schloss Tegernsee

⤳ die weiße Grenzmarkierung zwischen Gmund und Tegernsee passieren bis ein kleiner Unterstand erreicht wird ⤳ links am Unterstand vorbei wandern ⤳ sanft hinauf auf dem nun breiten Waldweg ⤳ bis zu einem Weidetor geht es im Wald wieder etwas steiler aufwärts ⤳ durch das Tor hindurch gehen und auf dem Schotterweg zwischen den Almen gemütlich aufwärts ⤳ an einem zweiten Weidetor die Alm verlassen und an der Gabelung mit Blick auf das Neureuther Haus rechts halten ⤳ durch das Drehkreuz und rechts an der malerischen Gnadenkapelle vorbei ⤳ wenige Meter sind es nur noch bis zum **Neureuther Haus**.

Neureuther Haus, ✆ 4408, ÖZ: Di-So

3 **3,6 (1.261)** Nach einer tollen Aussicht auf den Tegernsee und einer erfrischenden Rast geht es über die Terrasse hinweg ⤳ bis zur Kreuzung spazieren ⤳ rechts abbiegen und in den Wald hinein ⤳ durch die Serpentinen geht es nun steil abwärts ⤳ den tosenden Bach überqueren und weiter bis zum **Gasthof Bergschwalbe**.

Gasthof Bergschwalbe, Neureuthstr. 60, ✆ 3817, ÖZ: tägl. 9-22 Uhr

Gasthof Lieberhof, Neureuthstr. 52, ✆ 4163, ÖZ: Mi-So 9-22 Uhr

4 **5,9 (900)** Auf Asphalt am Gasthof und seinem Wanderparkplatz vorbei ⤳ mit weiteren Aussichten auf den Tegernsee und das Schloss hinab auf der **Neureuthstraße** ⤳ vor dem Hotel durch eine scharfe Linkskurve ⤳ an der nächsten Möglichkeit rechts abbiegen.

1 **7,1 (770)** Ende der Wanderung am Parkplatz des Tegernseer Bahnhofs.

Tegernsee

mittel

Tour 40 — 14,2 km

Über die Kühalm rund um den Schliersee

Start/Ziel: Parkstreifen hinter dem Stauweiher bei Breitenbach

Gehzeit: 4½ Std. **Aufstieg:** 480 m **Abstieg:** 480 m

Hartbelag: 21 % **Wanderwege:** 13 % **Wanderpfade:** 66 %

Charakteristik: Sehr schöne Wanderung, beginnend mit einigen Steigungen unter Schatten spendenden Bäumen bis zur Kühalm, einem Felssporn mit toller Aussicht bis in die Landeshauptstadt München. Der zweite Teil der Wanderung verläuft nach einem angenehmen Abstieg um die Westseite des Schliersees mit einem abschließenden Besuch der gleichnamigen Ortschaft.

Anfahrt: Von der Bundesstraße 307 zwischen Miesbach und Bayerisch Zell im nördlichen Schliersee auf die Breitenbachstraße einbiegen. Durch Breitenbach hindurch und hinter dem auf der rechten Seite liegenden Weiher links am Fahrbahnrand parken.

Schliersee

PLZ: 83727; Vorwahl: 08026

Gästeinformation Schliersee, Perfallstr. 4, ✆ 60650, www.schliersee.de

Markus Wasmeier Freilichtmuseum, Brunnbichl 5, ✆ 929220, April-Nov., Di-So 9-17 Uhr. Auf 60.000 m² werden mehrere Höfe präsentiert, die das bäuerliche Leben des 18. Jhs. präsentieren. Ideengeber für das Museum ist der ehemalige Skifahrer und Olympiasieger Markus Wasmeier.

Heimatmuseum Schliersee, ✆ 7617, ÖZ:

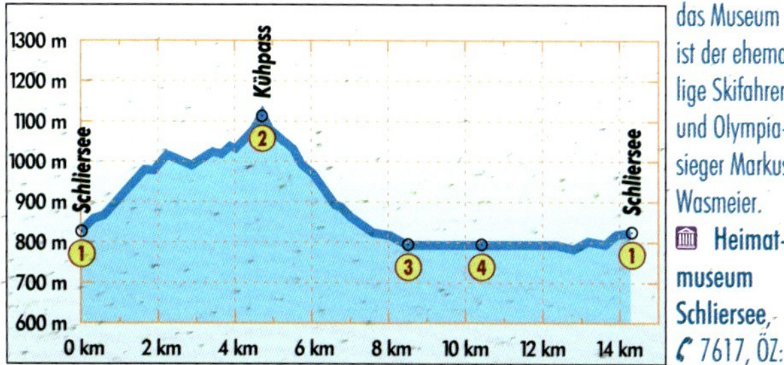

Di-Fr 15-17 Uhr, Sa und So 10-12 Uhr. Gebrauchsgegenstände und folkloristische Trachten vom 17. bis 20. Jh. werden genauso präsentiert wie gläserne Produkte der einstigen nahe gelegenen Glashütte.

St. Sixtuskirche, erbaut in der ersten Hälfte des 18. Jhs. mit einer schönen Thronfigur des Hl. Sixtus versehen.

1 0,0 (825) Von dem Parkstreifen hinter dem Stauweiher bis zu Gabelung ⤳ den linken Weg benutzen und der Ausschilderung W10 und W16 folgen ⤳ in weiten Kurven stets bergauf wandern ⤳ an einer Schranke vorbei, in den Wald hinein und zwischendurch kleinere Ausblicke auf den Schliersee erhaschen ⤳ an der ersten Gabelung rechts halten ⤳ hinter einer Rechtskurve an der Kreuzung links abbiegen ⤳ zunächst steil bergauf, wenig später im leichten Auf und Ab durch den Wald ⤳ den Abstieg für Nordic-Walker auf der linken Seite liegen lassen ⤳ bis zum Ende des weiten Forstweges ⤳ der Weg mündet in einen Pfad, der kurz darauf zu einem wurzeligen Steig wird ⤳ dem trotzdem gut erkennbaren und ausgeschilderten Steig aufwärts folgen ⤳ über einen schmalen Grat hinweg wandern ⤳ bis zum **Kühpass**.

2 4,7 (1.110) Der höchste Punkt der Wanderung, der Kühpass, bietet an einer Sitzbank einen wunderbaren Ausblick auf den Schliersee.

AUSSICHT Wer sich etwas weiter zu dem Baum mit dem Schild stellt, kann bei guter Wetterlage am linken Horizont die bayerische Landeshauptstadt München erkennen. Deutlich sichtbar ist die weiß leuchtende Allianz-Arena und einige Hochhäuser weiter östlich.

Auf dem wurzeligen Steig geht es nach dem Panorama wieder hinab in den Wald ⤳ über den sanft abfallenden Weg durch mehrere Kurven bis zu einem

Bick vom Kühpass auf den Schliersee

40
Tiefenbach
Hausham
Altenberg
Abwinkl
Schliersee
Huberspitz
1050
Breitenbach
Rathaus
St. Sixtus
B307
Oberleiten
Schliersee
Krainsbergkogel
1005
Hennerer Hof
Aschberg
1040
Ruine Hohenwaldeck
Fischhausen
Zum Schnapperwirt
Bauernhof- und Wintersportmuseum
St. Leonhard
Brunstkogel
1250
Westerberg
1330
Neuhaus
St. Joseph
Kühzagl-Alm
Brunnerstein
1245
Rainerkopf
1485

Am Schliersee

Forstweg ⟿ links abbiegen und an einer Kapelle sowie einer Schranke vorbei ⟿ bei einer Gabelung links den Schotterweg benutzen und über die Almwiese bis zu einem Weidezaun ⟿ auf dem Asphalt geht es leicht hinab zu einem Abzweig ⟿ nach links wenden und unter der Bahnlinie hindurch ⟿ dem asphaltierten Weg bis zum Seeufer weiter abwärts folgen.

Schliersee

Der Schliersee ist ein beliebtes Ausflugsziel und beherbergt die zweieinhalb Hektar große Insel Wörth, welche dicht bewaldet ist und lediglich über ein Ausflugslokal verfügt. Das Gewässer hat drei kleinere Zuflüsse und einen Abfluss, der nach 13 Kilometern in die Mangfall mündet.

3 **8,5 (793)** Am See nach rechts wenden ⟿ den Badeplatz und den Bootsverleih passieren ⟿ bis zur Bundesstraße ⟿ links am Seeufer entlang wandern.

Schliersee

Gasthof Weißwurstglöckerl, Seestr. 11, ✆ 6784, ÖZ: Di-So 9.30-21 Uhr

Zum Hofhaus am See, Mesnerg. 2, ✆ 94499

4 **10,4 (794)** Am Ortseingangsschild vorbei ⟿ immer in unmittelbarer Nähe zum Seeufer bleiben ⟿ den Motorbootverleih und eine weitere Liegewiese passieren ⟿ bis ins Zentrum und dort hinter der Kirche links abbiegen ⟿ rechts neben der Apotheke den schotterigen Fußweg nutzen bis zum Bahnhof ⟿ den Bahnhof links liegen lassen und links an der Feuerwehr und der Bergrettungswache vorbei bis zur Landstraße ⟿ an einer zweiten Kirche links abbiegen und über die Bahngleise hinweg ⟿ der Straße im leichten Auf und Ab folgen.

1 **14,2 (825)** Ende der Wanderung am Parkstreifen hinter dem Stauweiher.

Schliersee

schwer

Tour 41 — 11,5 km

Von Nußdorf auf den Heuberg

Start/Ziel: Nußdorf am Inn, Parkplatz Neubeurer Straße

Gehzeit: 5 Std. **Aufstieg:** 985 m **Abstieg:** 985 m

Hartbelag: 0 % **Wanderwege:** 43 % **Wanderpfade:** 57 %

Charakteristik: Diese Rundtour führt über die steile und felsige Westflanke auf den wunderschönen Heuberg hoch über dem Inntal. Die herrliche Rundumsicht beim Gipfelkreuz entschädigt für den anstrengenden Aufstieg, der dem Wanderer Kondition abverlangt. Über wunderbare Almwiesen steigen Sie anschließend zu der malerisch gelegenen Daffnerwaldalm ab. Zum Abschluss der abwechslungsreichen Tour wandern Sie auf dem Pilgerweg zur Wallfahrtskirche Mariä Heimsuchung im Kirchwald.

Tipp: Um auf einem einfacheren Weg auf den Heuberg zu kommen, können Sie auf der hier als Abstieg beschriebenen Route auf- und wieder absteigen und somit den anstrengenden und teilweise ausgesetzten Abschnitt über die Bichleralm umgehen.

Anfahrt: Über die A 93 (Ausfahrt Brannenburg) und die St 2359 bzw. mit dem Bus 9490 nach Nußdorf. Bushaltestelle und Parkplatz an der Neubeuerer Straße im Ortszentrum.

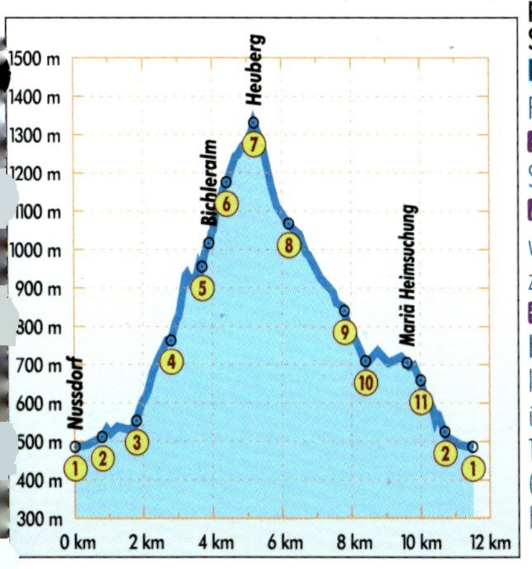

Nußdorf am Inn

PLZ: 83131; Vorwahl: 08034

Touristinfo, Brannenburger Str. 10, ✆ 907920, www.nussdorf.de

Pfarrkirche St. Vitus, Lindenweg. Spätgotischer Bau aus der zweiten Hälfte des 15. Jhs.

Freilichtausstellung „Der Mühlenweg", die Ausstellung verläuft entlang des Mühlbaches und informiert über die Geschichte und Bedeutung des Triebwerkkanals. Zu sehen sind z. B. Getreidemühlen, Sägewerke, Gipsmühlen und eine Hammerschmiede.

Auf der Daffnerwaldalm

1 0,0 (485) Vom Parkplatz in der **Neubeuerer Straße** bis zur Brücke ⤳ den Fluss überqueren, danach gleich links und auf dem Wanderweg am Bach entlang ⤳ an der Gabelung links halten und weiter am Bach entlang ⤳ bei der Brücke rechts.

2 0,8 (510) An der Straße links, an der folgenden Gabelung dann rechts Richtung Kirchwald ⤳ nach dem Rechtsbogen der Straße beim letzten Haus zweigen Sie rechts ab auf den **Römerweg** ⤳ im leichten Auf und Ab am Waldrand entlang ⤳ im Linksbogen hinauf zum Betonplattenweg, hier nach links und wieder in den Wald hinein.

3 1,8 (550) Noch vor dem Linksbogen des Weges rechts ab auf den mit roten Punkten markierten Wanderweg ⤳ an der Gabelung links und auf dem schmaleren Weg teilweise über einzelne Stufen bergauf ⤳ im Zickzack den steilen Hang hinauf, achten Sie dabei ständig auf die roten Markierungen ⤳ den Forstweg kreuzen und auf dem gegenüberliegenden Pfad die Kehre abkürzen ⤳ am Forstweg erneut nach rechts.

4 2,8 (760) An der Gablung vor dem **Steinbruch** links, gleich darauf zweigt links der Wanderpfad ab ⤳ auf dem teilweise wurzligen Weg geradewegs hoch, es wird wieder deutlich steiler ⤳ unterhalb der Kindlwand führt der Weg nach rechts, dann neben der Wand steil hinauf ⤳ quer über den Hang, teilweise direkt an Felsen entlang ⤳ vor der nächsten Felswand dem Weg nach links folgen und in steilem Zickzack zwischen den Felsen hoch ⤳ der Wald lichtet sich zunehmend und stellenweise bietet sich eine gute Aussicht.

5 3,7 (950) An der Gabelung auf der kleinen Ebene dem **Weg Nr. 224** nach links folgen ⤳ Sie kommen zu einer Lichtung mit wunderbarer Aussicht auf das Inntal ⤳ unterhalb der Bichler Hütte lädt eine Rastbank zu einer aussichtsreichen Pause ein.

Bichleralm

Links neben der Hütte vorbei und wieder zwischen den Felsen steil bergauf.

6 4,4 (1.175) An der Gabelung in der Lichtung rechts und die Ab-

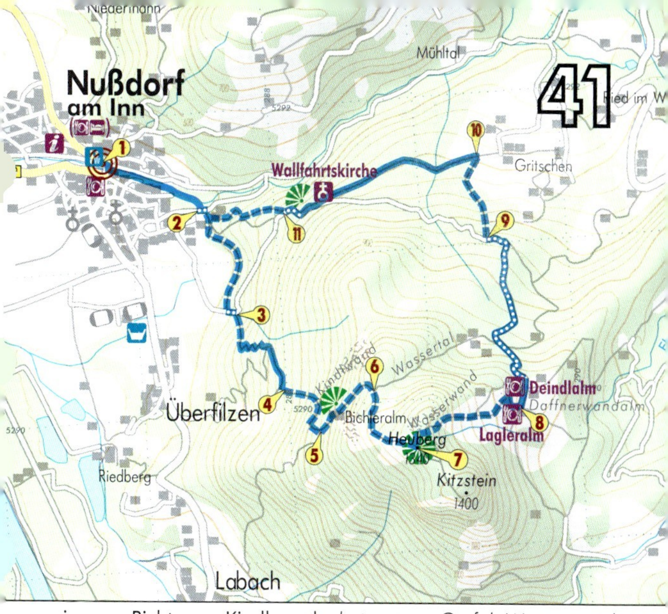

zweigung Richtung Kindlwand ignorieren ~ an der nächsten Kreuzung erneut rechts Richtung Heuberg ~ an der T-Kreuzung rechts zu einem schönen Aussichtspunkt, zum Heuberg links weiter ~ geradewegs auf dem bewaldeten Bergrücken hinauf ~ links sehen Sie eine Wiese mit der beeindruckenden Wasserwand im Hintergrund ~ kurz über den steinigen Weg steil hinauf ~ am Waldrand über den Felsen ~ auf dem Pfad am Waldrand entlang weiter Richtung Gipfel ~ über die Wiese hinauf zum Gipfelkreuz.

Heuberg

Neben dem eigentlichen Hauptgipfel gibt es auf dem Heuberg drei weitere Gipfel: Wasserwand, Kitzstein und Kindlwand. Von der Grasfläche zwischen Kitzstein und Wasserwand, die schon vor Jahrhunderten der Heuernte diente, leitet sich der Name des Berges ab.

TIPP Den südöstlichen Nachbargipfel, den 60 m höheren Kitzstein, erreichen Sie über den Pfad am Grat entlang.

7 **5,2 (1.330)** Vom Gipfel im spitzen Winkel nach links und Richtung Wasserwand hinab ~ an der Gabelung vor der Wand rechts.

AUSFLUG Die Wasserwand lässt sich über einen Klettersteig bezwingen. Allerdings ist dieser erfahrenen Bergwanderern vorbehalten, die sowohl trittsicher als auch schwindelfrei sind.

Durch den Wald hinab ~ den rechts abzweigenden Pfad ignorieren ~ über den Weidezaun hinüber ~ über ein paar Stufen hinaus auf die Almwiese und im Zick-Zack hinunter, die Daffnerwaldalm ist bereits zu sehen ~ quer über die Ebene, dann links hinab den Hang queren ~ an dem breiten Schotterweg nach rechts ~ in einem Rechtsbogen zu den Almhütten.

Daffnerwaldalm

Lagleralm, 08032/8737, ÖZ: Mitte Mai-Mitte Okt., Di-So und Mitte Okt.-Mitte Mai, Do-So

Deindlalm, 0171/4215310, ÖZ: Okt.-Mai, Di-So, 10-18 Uhr, Mai-Okt., tägl. 10-18 Uhr

8 6,2 (1.070) Am Versorgungsweg bei der **Laglerhütte** links ~ an der **Deindlalm** vorbei und auf dem Betonplattenweg in den Wald hinein ~ direkt nach dem Weiderost rechts auf dem Pfad die Linkskehre des Betonweges abkürzen ~ an der Kreuzung, an der es links nach Mailach geht, weiter auf dem Plattenweg Richtung Nußdorf ~ dem Linksbogen des Betonweges folgen.

9 7,8 (840) Kurz bevor der Versorgungsweg geschottert ist, zweigen Sie rechts ab auf den **Weg 224a** und steigen durch den Wald hinab ~ an der nächsten Gabelung links halten ~ am rechts abzweigenden Weg geradeaus weiter ~ den nächsten abzweigenden Weg links liegen lassen ~ Sie lassen den Wald hinter sich und kommen auf eine Weide ~ am Waldrand entlang hinab, rechts vor sich sehen Sie die Häuser von Gritschen.

10 8,4 (710) An dem breiten Forstweg westlich von Gritschen biegen Sie links ab und folgen dem **Pilgerweg zur Einsiedelei Kirchwald** ~ auf dem flachen Weg in den Wald hinein ~ an Schranke und Rastbank vorbei und immer auf dem breitesten Weg bleiben ~ Sie wandern links an der Kirche vorbei.

Mariä Heimsuchung

Die **Wallfahrtskirche Mariä Heimsuchung** (1720) bildet ein Ensemble mit der letzten bewohnten Einsiedelei Oberbayerns.

Am geschotterten Forstweg rechts bergab ~ ab dem Rechtsbogen wieder auf Beton weiter.

11 10,0 (655) Im folgenden Linksbogen rechts ab auf den **Kreuzweg** Richtung Nußdorf ~ an der nächsten Gabelung rechts halten ~ immer wieder über Stufen hinab an Bildstöcken vorbei ~ am Forstweg nach rechts.

2 10,7 (525) Sie erreichen wieder die Aufstiegsroute und wandern auf dem bekannten Weg hinab.

1 11,5 (485) Am Parkplatz in Nußdorf haben Sie das Ende der Wanderung erreicht.

Nußdorf am Inn

leicht

Tour 42 — 7,4 km

Auf das Kranzhorn

Start/Ziel: **Erl, Kranzhorn-Wanderparkplatz**

Gehzeit: **3 Std.** Aufstieg: **585 m** Abstieg: **585 m**

Hartbelag: **3 %** Wanderwege: **68 %** Wanderpfade: **29 %**

Charakteristik: Wenn man vom Inntal auf den markanten Gipfel des Kranzhorns mit seinen zwei Kreuzen blickt, kann man sich gar nicht vorstellen, dass der Gipfel mitsamt seinem herausragenden Panoramablick so leicht erreichbar ist. Abgesehen von den ausgesetzten Stellen im unmittelbaren Gipfelbereich ist der Anstieg absolut ungefährlich, zudem ist er – wenn man mit dem Auto bis zum hier empfohlenen Wanderparkplatz fährt – recht kurz. Der Aufstieg erfolgt über einen angenehmen Fahrweg durch schönes Almgelände bis zur einladenden Kranzhornhütte, ab dort führt ein kleiner Pfad hoch zum Gipfel.

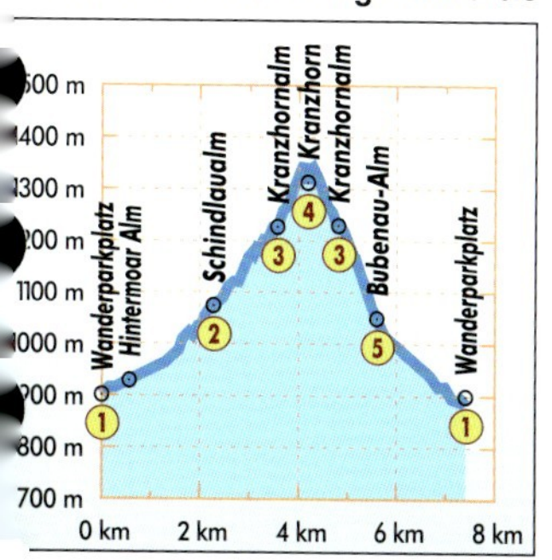

Anfahrt: In Erl im Inntal bei der Kirche in die Straße Richtung Trockenbachtal, nach 2,5 km in der scharfen Linkskurve links abbiegen Richtung Kranzhorn, die kleine Straße endet an einem kostenpflichtigen Wanderparkplatz.

Erl (A)

Tourismusverband, Unterer Stadtpl. 8, 05373/62207, www.erl.at

1 **0,0 (880)** Vom Parkplatz dem Fahrweg weiter bergauf folgen ~ beim Fahrverbotsschild geradeaus Richtung Kranzhorn ~ den Wald verlassen und durch die schöne Almlandschaft ~ vorbei an der Hintermoar Alm, wo Sie bei Bedarf schon eine erste Brotzeit genießen können.

Hintermoar Alm (A)

Hintermoar Alm (Almkäserei), ÖZ: im Sommer tägl. ab 11 Uhr

An der **Polzhagl-Alm** geradeaus weiter ~ an einem weiteren Almbauernhof vorbei, kurz

Blick vom Kranzhorn ins Inntal

danach scharf links ⁓ der Weg führt nun in Serpentinen bergauf, bald wieder im Wald.

2 2,3 (1.060) An der **Schindlaualm** kommen Sie kurzzeitig aus dem Wald und haben einen schönen Blick bis ins Kaisergebirge ⁓ weiter in Serpentinen bergauf, immer Richtung Kranzhornalm.

3 3,5 (1.220) Sie erreichen schließlich die in einer Mulde gelegene Kranzhornalm, unmittelbar vor dem Eingang zur Alm ist rechts der Abzweig hinauf zum Kranzhorngipfel.

Kranzhornalm (A)

Kranzhornalm, ✆ 05373/8137 od. 0664/9053983, ÖZ: Mai-Mitte Nov.

Der kleine Pfad führt über zahlreiche Holzstufen stetig bergan ⁓ an der Rastbank rechts, geradeaus haben Sie einen tollen Blick hinunter ins Inntal ⁓ nach der Linkskurve geht es unmittelbar auf dem Gipfelgrat entlang, der Pfad besteht vor allem aus Steinen und Wurzeln.

TIPP Ein lohnenswerter Abstecher führt zur unterhalb des Weges gelegenen Bergkapelle.

In der kleinen **Bergkapelle** werden zu besonderen Anlässen sogar Gottesdienste gefeiert.

4 4,2 (1.365) Kurz nach dem Abzweig zur Kapelle erreichen Sie den markanten Gipfel des Kranzhorns.

Kranzhorn

Da der Gipfel direkt auf der Grenze liegt, finden Sie hier zwei Gipfelkreuze – ein bayerisches und ein tirolerisches. Obwohl das Kranzhorn vergleichsweise niedrig ist, ist der Ausblick hinunter ins Inntal, nach Norden ins Alpenvorland und in den Süden bis zum Alpenhauptkamm beeindruckend.

Auf dem selben Weg wieder hinunter zur **Kranzhornalm**.

3 4,8 (1.220) Rechts durch das Tor und an der Kranzhornalm entlang ⁓ geradeaus über den Weidezaun ⁓ bei den Schildern erneut über einen Weidezaun und Richtung „Fußweg Parkplatz" ⁓ auf dem unscheinbaren Pfad über die Wiese bergab ⁓ durch das Wildgatter in den Wald ⁓ auf dem wurzeligen Pfad weiter bergab ⁓ die Forststraße überqueren und weiter auf dem schmalen Fußweg ⁓ erneut über einen Zaun.

5 5,6 (1.060) An der **Bubenau-Alm** vorbei ⁓ an der anschließenden Kreuzung weiter geradeaus auf dem Wiesenweg und der Steinmauer folgen ⁓ am Wildgatter stoßen Sie auf den Fahrweg, auf diesem weiter bergab ⁓ an

der Kreuzung geradeaus ~ dem Fahrweg stets bergab durch den Wald folgen ~ an der T-Kreuzung links ~ auf dem breiten Schotterweg bergab ~ an der Kreuzung links Richtung Parkplatz.

1 **7,4 (880)** Am unteren Ende des Parkplatzes stoßen Sie wieder auf die Asphaltstraße und haben somit den Ausgangspunkt der Tour erreicht.

Erl (A)

Kranzhornalm

mittel

Tour 43 — 9,3 km

Hochries und Feichteck

Start: Samerberg-Grainbach, Bergstation der Hochries-Gondelbahn

Ziel: Samerberg-Grainbach, Talstation der Hochries-Sesselbahn

Gehzeit: 3–3½ Std. **Aufstieg:** 320 m **Abstieg:** 1.150 m

Hartbelag: 31 % **Wanderwege:** 38 % **Wanderpfade:** 31 %

Charakteristik: Mit Sessellift und Seilbahn kommen Sie auf die Hochries und können gleich zu Beginn der Tour Ihren Blick über den Chiemgau in die Ferne schweifen lassen. Die benachbarten Gipfel – Feichteck und als Variante auch der Karkopf – sind weitere aussichtsreiche Ziele dieser Wanderung. Erst danach beginnen Sie den Abstieg auf einsamen Wegen ins Tal hinab. Die Doaglalm, die malerisch auf dem Spatenau-Hochplateau liegt, lädt zu einer zünftigen Einkehr ein, ehe Sie an der Weyerer Alm vorbei nach Grainbach hinab wandern.

Anfahrt: Grainbach ist ein Ortsteil der Gemeinde Samerberg, zu erreichen über die Ausfahrt Achenmühle der A 8. Haltestelle der Buslinie 9493 im Ortszentrum.

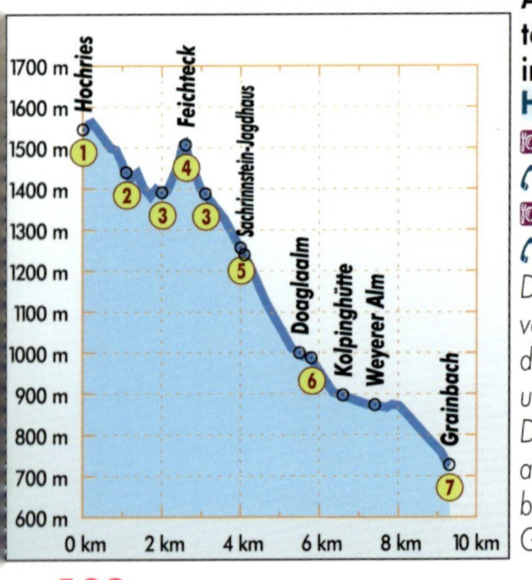

Hochries

Bergbahnstüberl, ☎ 08032/8977, ÖZ: Di-So

Hochrieshütte, ☎ 08032/8210, ÖZ: Fr-Mi

Die Hochries gilt als der Hausberg von Rosenheim und ist bei Wanderern wie auch bei Gleitschirm- und Drachenfliegern sehr beliebt. Der Blick reicht bis Rosenheim, auf den Chiemsee und ins Inntal, bei guter Fernsicht auch zu den Gletschern in den Zentralalpen.

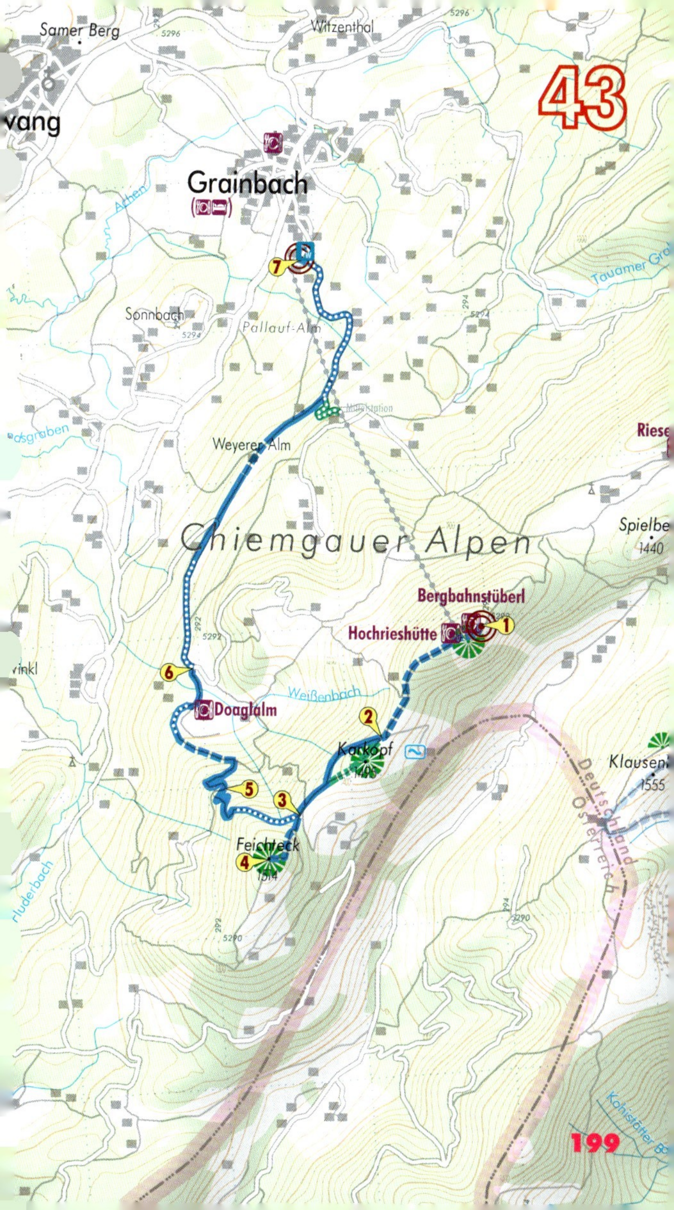
43
Samer Berg
Witzenthal
vang
Grainbach
Achen
Tauamer Gra
Sonnbach
Pallauf-Alm
Mittelstation
Weyerer Alm
Chiemgauer Alpen
Spielbe
1440
Bergbahnstüberl
Hochrieshütte
Doaglalm
Weißenbach
Karkopf
Feichteck
1514
Klausen
1555
Deutschland
Österreich
Riese
winkl
7
6
5
4
3
2
1

Hochries

1 0,0 (1.550) Sie lassen die Bergstation hinter sich und wandern im Rechtsbogen um die Station und das **Bergbahnstüberl** herum ⤳ an der Kreuzung – links von sich sehen Sie ein Gipfelkreuz – zweigen Sie rechts ab ⤳ an der **Hochrieshütte** und dem **Gipfelkreuz** vorbei und leicht bergab am Grat entlang ⤳ durch ein Drängelgitter hindurch ⤳ an der Kreuzung halten Sie sich links Richtung Karkopf und wandern kurz bergauf ⤳ wieder bergab, links sehen Sie die Karalm ⤳ am Holzkreuz und der Rastbank vorbei.

2 1,1 (1.430) Am breiteren Schotterweg biegen Sie rechts ab Richtung Grainbach.

VARIANTE Wenn Sie hier geradeaus weiter wandern, kommen Sie über den Karkopf zum Feichteck. Der Abstieg vom Karkopf ist teilweise etwas schwierig und erfordert Trittsicherheit und Schwindelfreiheit.

Variante über den Karkopf 0,7 km

Sie steigen am Rand der Almwiese bergauf ⤳ über den Weidezaun hinüber und auf dem Pfad geradewegs hinauf ⤳ im Linksbogen über wunderschöne Blumenwiesen zum Gipfelkreuz.

Karkopf

Vom Kreuz wandern Sie in Richtung Westen hinab, das Feichteck vor sich ⤳ auf dem Grat hinab ⤳ mit Hilfe der Hände steigen Sie über den teils ausgesetzten Felsen hinunter ⤳ leicht links neben dem Grat entlang flach weiter ⤳ an dem zweispurigen Forstweg stoßen Sie wieder auf die Hauptroute.

Auf der Hauptroute folgen Sie der Linkskehre des Weges um den Karkopf herum ⤳ es geht durch den Wald, dann wieder auf den Grat hinauf ⤳ links unten liegt die Pölcheralm.

3 2,0 (1.390) An der Stelle, wo der Weg links vom Grat hinab führt, halten Sie sich links auf dem **Weg Nr. 221**, um auf das Feichteck zu kommen ⤳ an der folgenden Gabelung links halten und durch das Weidegatter ⤳ kurz vor dem Asphalt im Linksbogen des Weges rechts auf den Wanderpfad Richtung Feichteck ⤳ durch den Wald hinauf ⤳ über zwei Kehren zum Gipfelkreuz hoch.

Feichteck (1.514 m)

4 2,6 (1.514) Sie steigen auf dem selben Weg wieder vom Gipfel hinab zur Kreuzung oben am Grat.

3 3,2 (1.390) Vom Feichteck kommend wenden Sie sich im spitzen Winkel nach links in Richtung Spatenau ⤳ über den Weidezaun ⤳ auf dem teilweise zugewachsenen, zweispurigen Betonplattenweg hinab ⁓ nach der Rechtskehre auf Schotter weiter und in Serpentinen den Hang hinunter.

5 4,0 (1.230) In der Linkskehre erst den abzweigenden Ewaldweg ignorieren, dann rechts Richtung **Spatenau**, **Doaglalm** abbiegen ⁓ den Forstweg kreuzen und leicht links versetzt weiter ⁓ noch vor dem **Sachrinnstein-Jagdhaus** rechts auf den Wanderpfad ⁓ teilweise über Stufen durch den Wald hinab ⁓ am etwas breiteren Weg nach rechts ⁓ in der zweiten Linkskehre den abzweigenden Pfad ignorieren ⁓ am Waldrand sehen Sie rechts unten die **Doaglalm** ⁓ an einer Schranke vorbei und auf dem Betonplattenweg weiter ⁓ noch vor dem Kreuz neben dem Weg biegen Sie rechts ab ⁓ hinter der Alm geradeaus auf den Schotterweg.

Doaglalm

Doaglalm, ✆ 08032/8219, ÖZ: April-Okt. und in den Ferien, Di-So ab 10 Uhr, Nov.-März, Sa, So

Sie lassen die Alm hinter sich und wandern geradeaus am Waldrand entlang ⁓ den Weißenbach überqueren.

6 5,8 (970) An der nächsten Gabelung halten Sie sich links und wandern auf Betonplatten bergab ⁓ an dem Richtung Mittelstation abzweigenden Weg vorbei #- nach dem Weiderost flach auf Schotter weiter ⁓ an der **Kolpinghütte**, einem Privathaus, vorbei ⁓ im Linksbogen des Weges wandern Sie geradeaus weiter Richtung Grainbach ⁓ geradeaus auf die Weide der **Weyerer Alm** ⁓ durch den Garten an der nicht bewirtschafteten Hütte vorbei ⁓ am Waldrand über den Weidezaun ⁓ an der nächsten Kreuzung geradeaus auf den mittleren Weg Richtung Grainbach ⁓ auf dem breiten Weg durch den Wald ⁓ an der Asphaltstraße nach links.

UMSTEIGEN Um die Wanderung etwas abzukürzen, können Sie hier rechts abzweigen und zur Mittelstation wandern. Von dort bringt Sie der Sessellift ins Tal hinunter.

Unter der Sesselbahn hindurch und auf dieser Straße bergab ⁓ links von der Straße sehen Sie die **Pallauf-Alm** ⁓ vor dem letzten Rechtsbogen vor dem Ortseingang links abzweigen und auf einem Fußweg zum Parkplatz hinunter.

7 9,3 (725) An der Talstation der Sesselbahn haben Sie das Ende der Wanderung erreicht.

Grainbach

Blick vom Feichteck Richtung Hochries

mittel

Tour 44 — 17,5 km

Von Hohenaschau auf den Klausenberg

Start/Ziel: Hohenaschau, Parkplatz an der Festhalle

Gehzeit: 6½–7 Std. **Aufstieg:** 1.275 m **Abstieg:** 1.275 m

Hartbelag: 12 % **Wanderwege:** 40 % **Wanderpfade:** 48 %

Charakteristik: Der Klausenberg zählt zu den unbekannteren Gipfeln der Chiemgauer Alpen, Kuhglocken und das Pfeifen der Murmeltiere sind auf manchen Abschnitten oft die einzigen Geräusche, die Sie wahrnehmen werden. Die Aussicht vom Gipfel ist aber nicht minder sehenswert als von so manchem überlaufenen „Seilbahnberg".

Anfahrt: Von Aschau im Chiemgau auf der St 2093 weiter Richtung Sachrang, der Parkplatz liegt direkt unterhalb von Schloss Hohenaschau. Bushaltestelle „Aschau, Schloßeinkehr/Kampenwand" (Linien 9496 und 9502).

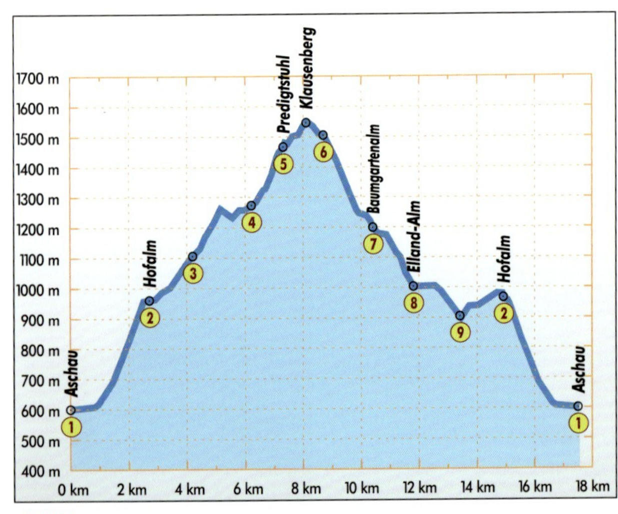

Tipp: **Die Klausenhütte ist seit ein paar Jahren nicht mehr bewirtschaftet, sodass derzeit nur an der Hofalm die Möglichkeit einer Einkehr besteht.**

Bei der Klausenhütte

Aschau

1 **0,0 (615)** Vom Parkplatz der **Schloßbergstraße** am Fuße des Schloßbergs entlang folgen ~ am Ende der Straße rechts ~ an der Gabelung links in die Sackgasse ~ auf dem Asphaltweg bergauf ~ nach dem letzten Haus endet der Asphalt, es geht im Wald weiter bergauf ~ über den sogenannten **Heurafflerweg** steinig und kurvenreich bergauf, Sie gewinnen rasch an Höhe ~ am Waldrand angekommen sehen Sie links die Hofalm.

Hofalm

Hofalm, ÖZ: Juni-Mitte Aug., Fr-Mi bis 21 Uhr; Mitte Aug.-Sept., Fr-Mi bis 20 Uhr

2 **2,7 (970)** An der Hofalm geradeaus weiter und durch das Weidegatter ~ in der Rechtskurve der Fahrstraße geradeaus in den Wiesenweg, hier keine Markierung.

VARIANTE Wenn Sie der Fahrstraße folgen und sich am Querweg rechts halten, gelangen Sie zur ebenfalls bewirtschafteten Frasdorfer Hütte.

Frasdorfer Hütte

Frasdorfer Hütte, ✆ 08052/5140, ÖZ: Mi-Fr 10-24 Uhr (im Winter 17-24 Uhr), Sa 10-24 Uhr, So 10-18 Uhr

Der Wiesenweg führt an einem früheren Kalkbrennofen vorbei.

Ehemaliger **Kalkbrennofen** bei der Hofalm. Kleine Kalkbrennöfen wie dieser waren früher typisch für abgelegene Regionen in den Alpen. Die ineffizienten, mit einfachen Mitteln errichteten Öfen wurden meist nur kurze Zeit betrieben, bis der Bau einzelner (Alm-)Gebäude fertiggestellt war.

Auf dem kleinen Wanderpfad am Hang entlang, rechts erkennen Sie die Frasdorfer Hütte und im Hintergrund die Ebene des Chiemgaus ~ über den Weidezaun und in den Wald ~ links auf die Fahrstraße einbiegen und wieder bergauf ~ in der Rechtskurve der Fahrstraße geradeaus in den Wanderpfad ~ der Pfad führt durch ein steiniges, altes Bachbett.

3 **4,2 (1.105)** An der Kreuzung geradeaus in den breiten Forstweg ~ 150 m später links abbiegen Richtung Aberg – Klausen (**Weg Nr. 218**) ~ der teilweise betonierte Weg führt steil bergauf ~ geradeaus in den breiten Forstweg ~ stets in der Nähe der Telefonleitung in Serpentinen

Vom Borkenkäfer geschädigter Bergwald

bergauf ~ am Abzweig zu den Laubensteinalmen geradeaus weiter, es geht kurzzeitig leicht bergab.

4 6,2 (1.275) An der Gabelung links Richtung Spitzstein und Klausen ~ durch die aufgelockerte Wald- und Almwiesen-Landschaft weiter bergauf ~ nach der Hütte der Bergwacht rechts in den Wanderpfad Richtung Klausen und Spitzstein ~ der Pfad führt steil bergauf über die Wiese.

5 7,3 (1.470) Vor dem Felsen mit den Gedenktafeln rechts halten.

AUSSICHT Links erreichen Sie nach wenigen Metern das Gipfelkreuz des Predigtstuhls. Bei guter Fernsicht sehen Sie von hier aus Rosenheim.

Weiter auf dem etwas ungepflegten Pfad durch dichten Wald ~ bis zum Klausenberg laufen Sie nun immer auf dem Gebirgskamm entlang, der Weg ist nicht immer gut zu erkennen und führt teilweise durch dichte (Strauch-)Vegetation, bietet aber immer wieder Ausblicke in verschiedene Richtungen und ist trotz seiner Schönheit keineswegs überlaufen ~ schließlich erreichen Sie das Gipfelkreuz des Klausenberges, der mit 1.548 m ü. NN höchste Punkt dieser Tour.

Klausenberg (1.548 m)

Der Blick von hier oben reicht bis zum Chiemsee, ins Kaisergebirge, hinüber zur Kampenwand und auf der Gegenseite hinunter ins Trockenbachtal.

Über kleine Felsplatten hinunter zur nicht mehr bewirtschafteten **Klausenhütte** ~ den früheren Hütteneingang im Rücken wenden Sie sich schräg rechts und laufen links an dem kleinen Wiesenhügel entlang.

6 8,7 (1.500) Am Abzweig links in den unscheinbaren Wiesenpfad ~ der Pfad führt teilweise auf Steinen, teilweise direkt auf der schönen Blumenwiese abwärts, geradeaus blicken Sie direkt auf die unbekanntere Rückseite der Kampenwand ~ am breiten Fahrweg kurz rechts, gleich danach wieder links in den Wiesenpfad ~ auf gleichbleibender Höhe am Hang entlang.

7 10,4 (1.200) Neben der **Baumgartenalm** stoßen Sie erneut auf einen breiten Fahrweg, hier links ~ noch vor dem Weidezaun

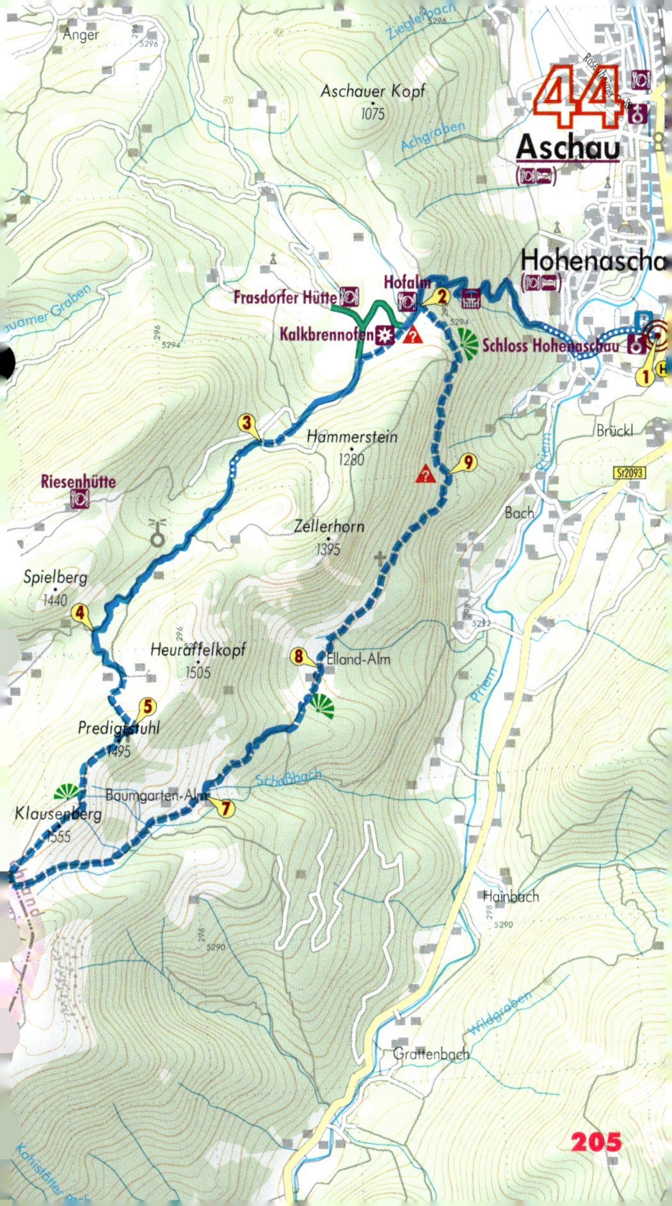
44
Aschau
Hohenaschau
Anger
Aschauer Kopf
1075
Zieglerbach
Achgraben
Frasdorfer Hütte
Hofalm
Kalkbrennofen
Schloss Hohenaschau
Hammerstein
1280
Riesenhütte
Zellerhorn
1395
Spielberg
1440
Heuraffelkopf
1505
Elland-Alm
Predigtstuhl
1495
Baumgarten-Alm
Schoßbach
Klausenberg
1555
Brückl
Bach
Priem
St2093
Hainbach
Grattenbach
Wildgraben

rechts in den anfangs bergab führenden Wiesenpfad ~ auf dem kleinen Pfad durch den Wald ~ der Weg stößt unvermittelt auf eine große Freifläche mit mehreren breiten Schotterstraßen, Sie gehen geradeaus in die bergab führende Schotterstraße.

Schädigung des Bergwaldes durch den Borkenkäfer

Die Schotterstraße führt hier durch ein seltsames, zerstörtes Waldstück. Zuerst denkt man an einen Sturmschaden. Die Baumstümpfe sind aber akkurat abgesägt werden. Also Raubbau des Menschen an der Natur? Nein, ganz im Gegenteil: dieses Waldstück war vom Borkenkäfer befallen, die befallenen Bäume wurden eingeschlagen und abtransportiert, um ein Übergreifen des Käfers auf weitere Waldbestände zu verhindern. Der anfangs praktizierte Abtransport der Bäume vom Hubschrauber aus war zu aufwändig und teuer, deshalb wurde die neue Schotterstraße angelegt, mit der Sie nun 200 Meter lang Vorlieb nehmen müssen. Wenn Sie sich die Wälder im Priental genau anschauen, erblicken Sie immer wieder kleine Gruppen von befallenen Bäumen, bei denen Sie davon ausgehen können, dass Sie in absehbarer Zeit gefällt werden, damit eine weitere Ausbreitung des Borkenkäfers verhindert werden kann.

In der scharfen Rechtskurve der Schotterstraße gehen Sie geradeaus in den kleinen Wanderpfad ~ über die Almfläche steil bergab, nach vorne haben Sie einen schönen Blick auf den Chiemsee.

8 **11,8 (1.010)** Vorbei an der derzeit nicht bewirtschafteten **Elland-Alm** ~ der Weg führt weiter auf die Almfläche, später erneut in den Wald.

9 **13,4 (900)** An der Gabelung im Wald halten Sie sich links Richtung Hofalm.

UMLEITUNG ⚠ Der direkte Abstieg über Hammerbach nach Aschau ist nach Schäden durch einen Felssturz seit mehreren Jahren gesperrt, deshalb müssen Sie hier links abbiegen und dem längeren Weg über die Heualm folgen. Informationen zur Dauer der Wegsperrung erhalten Sie bei der Gemeinde Aschau, ✆ 08052/951090.

Der Weg führt leicht bergauf ~ es geht stets an der Hangkante entlang, nach rechts immer wieder schöne Blicke auf die Häuser von Aschach unten im Tal sowie die Kampenwand(bahn) auf der anderen Talseite.

Hofalm

2 **14,9 (970)** Sie erreichen schließlich wieder die bewirtschaftete **Hofalm** ~ ab hier folgen Sie dem vom Aufstieg bekannten Weg hinunter nach Aschach.

1 **17,5 (615)** Die Tour endet wieder am Parkplatz in Hohenaschau.

TIPP Zum Abschluss können Sie noch einen Abstecher hinauf zur Festung machen, der Aufstieg dauert etwa 15 min.

Aschau

leicht

Tour 45

7,6 km

Von der Kampenwand nach Hohenaschau

Start: Hohenaschau, Kampenwandbahn-Bergstation

Ziel: Hohenaschau, Kampenwandbahn-Talstation

Gehzeit: 2–2½ Std. **Aufstieg:** 180 m **Abstieg:** 1.020 m

Hartbelag: 38 % **Wanderwege:** 36 % **Wanderpfade:** 26 %

Charakteristik: Beeindruckend thront die 1.669 m hohe Kampenwand, der wohl bekannteste Berg in den Chiemgauer Alpen, über dem Chiemsee und dem Priental. Das größte Gipfelkreuz in den Bayerischen Alpen ist schon von weitem sichtbar. Die einfachste Methode, in die Nähe des Gipfels zu kommen, ist die Fahrt mit der Kampenwandbahn ab Hohenaschau. Geübte können sich am Schlussaufstieg von der Steinlingalm hoch auf den Gipfel versuchen, alle anderen genießen ausgiebig die faszinierenden Panoramaausblicke und wandern dann gemütlich wieder hinunter ins Priental.

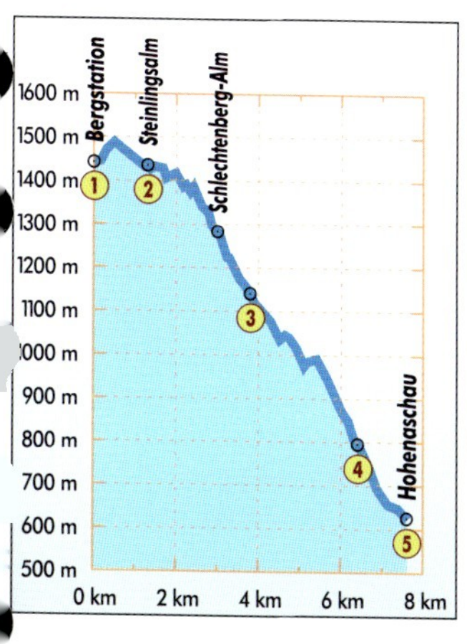

Anfahrt: Großparkplatz an der Talstation der Kampenwandbahn in Hohenaschau, Bushaltestelle „Aschau, Schloßeinkehr/Kampenwand" (Linien 9496, 9502).

Hohenaschau

Kampenwandbahn, 08052/9064420, Betriebszeiten: Dez.-April 9-16.30 Uhr, Mai-Nov. 9-17 Uhr, Juli-Mitte Sept. 9-18 Uhr

EINSTIEG Sie schweben mit der Gondelbahn in 14 min bis zu einem Hochplateau etwa 200 m unterhalb des Gipfels der Kampenwand. Nur 150 m von der Bergstation entfernt lädt die Möslarnalm bereits zu einer ersten Einkehr ein.

Sonnenalm

Möslarnalm

Möslarnalm, 08052/956315

1 0,0 (1.440) An der Bergstation der Kampenwandbahn auf den breiten Kiesweg und vor zur Sonnenalm.

Sonnenalm

Sonnenalm, 08052/4411, ÖZ: ganzjährig, während der Betriebszeiten der Kampenwandbahn.

Links an der Alm entlang und weiter bergauf ~ an der Gabelung links Richtung Steinlingalm ~ vorbei an einem großen Kreuz.

AUSSICHT Nicht nur vom Kreuz, sondern vom gesamten Höhenweg aus genießen Sie eine schöne Aussicht auf Chiemsee, Kampenwand und die umliegende Bergwelt der Chiemgauer Alpen.

Der Weg führt nun leicht bergab ~ vorbei an einem markanten Felsen, dem Staffelstein.

2 1,3 (1.440) Unmittelbar vor der Steinlingalm zweigt der Weg nach Aschach links ab.

Steinlingalm

Steinlingalm, 08052/2962, ÖZ: Di-So

TIPP Wenn Sie über die nötige Trittsicherheit und Schwindelfreiheit verfügen, lohnt sich vor dem Beginn des Abstiegs ein Abstecher hinauf zum Gipfel der Kampenwand. Der Aufstieg führt von der Steinlingalm aus erst über ein Geröllfeld, später durch und über die Felsen, insgesamt dauert der Aufstieg etwa 45 min.

Um den Abstieg zu beginnen, folgen Sie dem breiten Fahrweg unter dem Skilift hindurch ~ der im weiteren Verlauf asphaltierte Fahrweg führt in weiten Bögen durch das Almgelände und später in den Wald.

Schlechtenberg-Alm

Schlechtenberg-Alm, 0151/14101695, ÖZ: Mai-Ende Okt.

Gori-Alm, 0170/1934395, ÖZ: Mai-Nov.

3 3,8 (1.125) Vorbei an der **Schlechtenberger Kapelle** und den ersten Abzweig nach Aschau ignorieren ~ erst nach der langgezogenen Rechtskurve verlassenen Sie die Fahrstraße nach links in den Wanderpfad, der Richtung **Aschau, Talstation** beschildert ist ~ der Pfad führt in Serpentinen steil bergab.

4 **6,4 (795)** Sie stoßen wieder auf den anderen Abstiegsweg von der Kampenwand nach Aschau, hier biegen Sie rechts ab ~ bei den ersten Häusern links halten ~ an der T-Kreuzung rechts ~ auf diesem Fahrweg nun hinunter nach Hohenaschau ~ links auf den Großparkplatz an der Kampenwandbahn.

5 **7,6 (625)** Die Tour endet an der Talstation der Kampenwandbahn.

Hohenaschau

Blick ins Alpenvorland

schwer

Tour 46 — 11,3 km

Von Aigen auf die Gedererwand

Start/Ziel: Aigen, Wanderparkplatz

Gehzeit: 4 Std. **Aufstieg:** 860 m **Abstieg:** 860 m

Hartbelag: 2 % **Wanderwege:** 51 % **Wanderpfade:** 47 %

Charakteristik: Die Gedererwand ist das ruhige, einsame Gegenstück zur Kampenwand. Auf einsamen Wegen steigen Sie zum Gipfel hinauf, der eine fabelhafte Rundumsicht bietet. Allerdings gibt es vor allem im Abschnitt zwischen Roßboden und Gipfel immer mal wieder kleine Kletterstellen. Unterwegs kommen Sie an zwei Almhütten vorbei, die zu einer Rast einladen.

Anfahrt: Zwischen Bernau am Chiemsee und Aschau zweigt eine asphaltierte Fahrstraße Richtung „Seiserhof, Seiseralm" ab. Die Straße endet nach 3,4 km an einem Wanderparkplatz.

Tipp: Bei dieser Wanderung gestaltet sich nur die Besteigung der Gedererwand als etwas schwieriger. Wenn Sie also auf die Gedererwand verzichten, kommen Sie auf einfachen Wegen zur Steinlingalm, die direkt unterhalb der Kampenwand liegt.

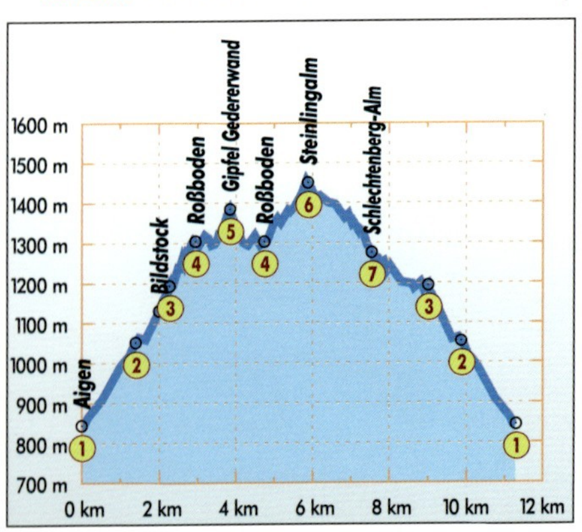

Aigen

1 **0,0 (830)** Vom Wanderparkplatz bei Aigen wandern Sie Richtung Osten, halten sich an der ersten Gabelung rechts Richtung Gedererwand und folgen dem breiten Forstweg bergauf ~ links auf den schmaleren Wanderweg Richtung

Auf der Gedererwand

Kampenwand ⁓ der Weg führt an ein Bächlein heran ⁓ an der Forststraße wenden Sie sich nach links, an der nächsten Gabelung rechts halten und den zweispurigen Feldweg links liegen lassen ⁓ im folgenden Linksbogen geradeaus auf den Wanderweg, der die Kurve der Forststraße abkürzt ⁓ am Forstweg biegen Sie rechts ab.

2 1,4 (1.015) An der T-Kreuzung links in Richtung Kampenwand ⁓ im Rechtsbogen an der Rastbank vorbei ⁓ der Forstweg geht in einen rot-weiß-rot markierten Wanderpfad über und an dem Bildstock „Unserer lieben Frauen" vorbei den Hang querend bergauf.

3 2,3 (1.180) An der Weggabelung links Richtung Kampenwand, der Weg nach rechts Richtung Schlechtenbergalm ist später die Abstiegsroute ⁓ über das Bächlein hinüber und links neben dem Bächlein im Zickzack dem markierten Weg hinauf folgen ⁓ aus dem Wald hinaus und über den Weidezaun auf den sogenannten **Roßboden**.

4 2,9 (1.305) An der Kreuzung auf dem Roßboden links Richtung Gederergipfel ⁓ ⚠ nicht dem ausgetretenen Pfad links bergauf folgen, sondern eher rechts halten und erst später bergauf ⁓ den Weidezaun passieren und auf dem steinigen Wanderpfad in den Wald hinein ⁓ an der Gabelung rechts, links führt ein kurzer Abstecher zu einem Aussichtspunkt ⁓ teilweise mit Unterstützung der Hände weiter hinauf ⁓ kurz auf den Grat hinauf, dann wieder rechts davon weiter ⁓ in leichtem Auf und Ab Richtung Osten zum Gipfel hinüber.

Gedererwand

Die der Kampenwand vorgelagerte Gedererwand ist das ruhige, einsame Pendant zur stark frequentierten Kampenwand. Am Gipfel können Sie in aller Ruhe die fabelhafte Aussicht in alle Richtungen genießen, vor allem der Blick auf den Chiemsee ist beeindruckend.

5 3,8 (1.400) Vom Gipfel steigen Sie auf dem selben Weg wieder hinab zum Roßboden.

4 4,7 (1.305) An der Kreuzung am Roßboden biegen Sie jetzt links ab und folgen dem Wanderweg in Richtung Kampenwand ~ den Hang querend bergauf auf die Kampenwand zu ~ am Versorgungsweg auf dem Sattel nach links ~ gleich darauf links auf den Wanderpfad ~ über die Wiese hinauf zur Steinlingalm.

Steinlingalm

Steinlingalm, ✆ 08052/2962, ÖZ: Di-So

AUSFLUG Wenn Sie über die nötige Trittsicherheit und Schwindelfreiheit verfügen, können Sie auch noch die Kampenwand erklimmen. Der Aufstieg über Geröll und Felsen dauert etwa 45 min.

6 5,9 (1.440) An der Almhütte vorbei ~ an der nächsten Gabelung bei der alten Berghütte rechts und zwischen den Felsen hindurch ~ auf dem breiten Fahrweg unter dem Skilift hindurch ~ der im weiteren Verlauf asphaltierte Fahrweg führt in weiten Bögen durch das Almgelände.

7 7,5 (1.280) Nach der Linkskehre oberhalb der Schlechtenberg-Alm rechts auf den breiten Wan-

Blick von der Gedererwand auf den Chiemsee

derweg ⁓ am Wegkreuz vorbei, links vom Weg liegt die Alm.

Schlechtenberg-Alm

Schlechtenberg-Alm, ✆ 0151/14101695, ÖZ: Mai-Ende Okt.

Gori-Alm, ✆ 0170/1934395, ÖZ: Mai-Nov.

Auf dem Wanderweg kurvenreich über die Bergwiese ⁓ der Weg geht in einen Wanderpfad über und führt unterhalb eines Waldstreifens entlang ⁓ nach dem Rechtsbogen in den Wald hinein und quer über den Abhang.

3 **9,0 (1.180)** Bei der Kreuzung mit der Aufstiegsroute links und auf der bereits bekannten Route zurück nach Aigen.

1 **11,3 (830)** Die Tour endet wieder am Ausgangspunkt.

Aigen

schwer

Tour 47 — 15,7 km

Von der Kampenwand zum Geigelstein

Start: Hohenaschau, Kampenwandbahn-Bergstation

Ziel: Huben, Bushaltestelle „Geigelstein Huben"

Gehzeit: 6 Std. **Aufstieg:** 935 m **Abstieg:** 1.675 m

Hartbelag: 0 % **Wanderwege:** 33 % **Wanderpfade:** 67 %

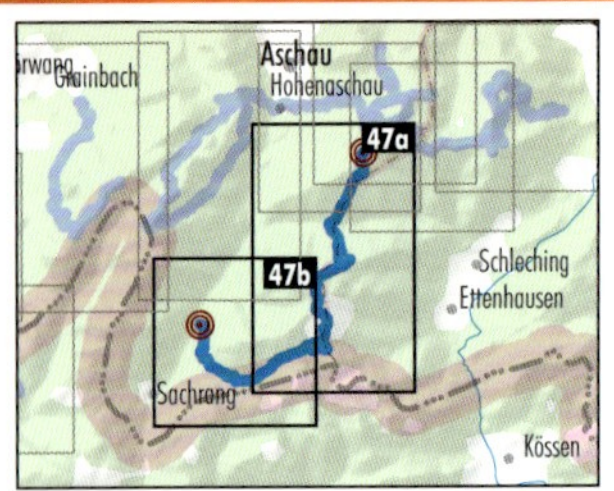

Charakteristik: Diese Tour verbindet die beiden bekannten Aussichtsberge Kampenwand und Geigelstein. Auf dem Weg zwischen den beiden Gipfeln kommen Sie nicht nur am Weitlahnerkopf, einem weiteren Aus-

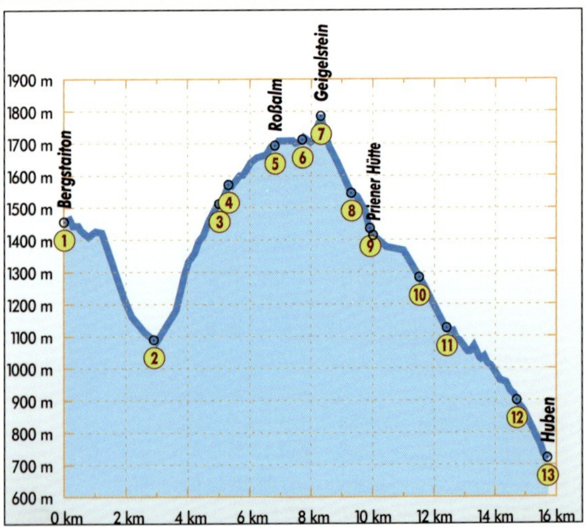

sichtspunkt, sondern auch an der malerisch gelegenen Roßalm und der Priener Hütte vorbei. Ein paar einzelne ausgesetzte, teilweise mit Seilen gesicherte Passagen und jede Menge Höhenmeter verlangen sowohl Trittsicherheit und Schwindelfreiheit als auch eine gute Kondition.

Anfahrt: Großparkplatz an der Talstation der Kampenwandbahn in Hohenaschau, Bushaltestelle „Aschau, Schloßeinkehr/Kampenwand" (Linien 9496, 9502). Rückfahrt von Huben nach Hohenaschau mit der Buslinie 9502.

Hohenaschau

Kampenwandbahn, 08052/9064420, Betriebszeiten: Dez.-April, 9-16.30 Uhr, Mai-Nov., 9-17 Uhr, Juli-Mitte Sept., 9-18 Uhr.

EINSTIEG Sie schweben mit der Gondelbahn in 14 min bis zu einem Hochplateau etwa 200 m unterhalb des Gipfels der Kampenwand.

1 0,0 (1.440) Gleich nachdem Sie die Seilbahn verlassen haben, zweigen Sie rechts ab auf den **Weg Nr. 200** in Richtung Geigelstein.

TIPP In unmittelbarer Nachbarschaft liegen mit der Möslarnalm und der Sonnenalm zwei Einkehrmöglichkeiten.

Möslarnalm, 08052/956315

Sonnenalm, 08052/4411, ÖZ: ganzjährig, während der Betriebszeiten der Kampenwandbahn

An der nächsten Gabelung links Richtung Dalsenalm und leicht bergab Richtung Süden ~ eine Lichtung überqueren, dann der Beschilderung folgend rechts in den Wald hinein ~ auf flachem Weg nochmals über eine Lichtung ~ über den Weidezaun in den Wald hinein und den Hang hinunter ~ die Forststraße kreuzen ~ aus dem Wald hinaus und über eine Wiese hinab.

2 2,9 (1.070) An der Wegkreuzung **Dalsenalm** beim Stacheldrahtzaun den querenden Wanderweg kreuzen und geradeaus weiter Richtung Geigelstein ~ an der Infotafel zum Naturschutzgebiet Geigelstein vorbei ~ vor dem Wald führt der Weg nach links ~ am großen Stein mit der aufgemalten Wegmarkierung Richtung Dalsen vorbei und auf dem kurvigen Wanderweg über die steile Almwiese hinauf ~ in die Waldschneise, dann links in den Wald hinein ~ den Weidezaun überqueren und im Zickzack den Hang hochsteigen ~ nach der vierten Kehre queren Sie den Hang Richtung Osten.

3 5,0 (1.525) In der folgenden Rechtskehre auf eine schöne Weide, hier halten Sie sich am rechten Rand der Wiese ~ wieder zwischen den Büschen und Bäumen hinein, dann kurz über ein etwas ausgesetztes, seilgesichertes

Blick zurück zur Kampenwand

Wegstück hoch ~ direkt unterhalb der Felswand entlang ~ auf der nächsten seilgesicherten Passage über den Felsen hinauf auf den Grat.

4 **5,3 (1.600)** An der Kreuzung direkt beim Grat links abbiegen, um auf einem kurzen Stichweg zum Weitlahnerkopf zu wandern.

Weitlahnerkopf

Der 1.615 Meter hohe Weitlahnerkopf bietet eine wunderbare Aussicht zur nördlich gelegenen Kampenwand und zur Dalsenalm. Sie können von hier aus auch schon den Geigelstein sehen.

Nach der Rückkehr vom Gipfel laufen Sie links vom Grat entlang Richtung Geigelstein weiter ~ den abzweigenden Weg Richtung Ettenhausen ignorieren ~ in einem Linksbogen quer über die Wiesen der Roßalm ~ direkt hinter der alten Almhütte rechts abzweigen und zur bewirtschafteten Almhütte hinüber.

Roßalm

Roßalm, ÖZ: im Sommer

5 **6,8 (1.680)** Direkt vor der Almhütte im spitzen Winkel nach links Richtung Geigelstein ~ in kurzem Zickzack den Hang hinauf, dann kurz auf einem Steinwall entlang ~ in der Ebene führt der Weg von dem Wall weg und quer über die Wiese ~ durch den Wald hindurch und nochmal quer über die Wiese ~ rechts um den Roßalpenkopf herum.

6 **7,7 (1.705)** An der Kreuzung geradeaus Richtung Geigelstein ~ der Weg führt flach auf dem Grat entlang ~ den links abzweigenden, gesperrten Pfad ignorieren und zwischen Latschenkiefern auf den Gipfel hinauf.

Geigelstein

Naturschutzgebiet Geigelstein. Dem Artenreichtum an Bergblumen mit etwa 720 Farn- und Blütenpflanzenarten verdankt der

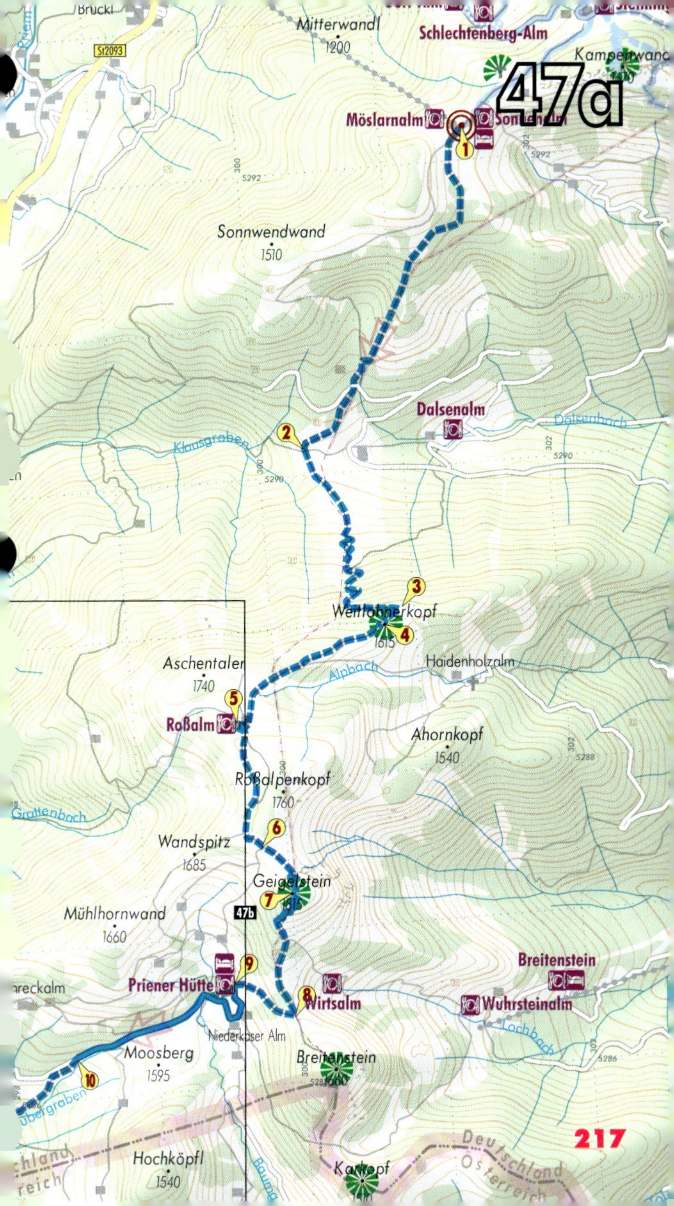
47a
Mitterwandl
1200
Schlechtenberg-Alm
Kampenwand
Möslarnalm
Sonnenalm
St2093
Sonnwendwand
1510
Dalsenalm
Dalsenbach
Klausgraben
Weitlahnerkopf
1615
Haidenholzalm
Alpbach
Aschentaler
1740
Roßalm
Ahornkopf
1540
Roßalpenkopf
1760
Grattenbach
Wandspitz
1685
Geigelstein
1815
47b
Mühlhornwand
1660
Priener Hütte
Wirtsalm
Breitenstein
Wuhrsteinalm
Lochbach
Niederkaser Alm
Moosberg
1595
Breitenstein
1660
Hochköpfl
1540
Karkopf
Deutschland
Österreich

Geigelstein seinen Spitznamen „Blumenberg“. Im Gipfelbereich wurde 1991 ein mehr als 3.000 ha großes Naturschutzgebiet ausgewiesen.

Bei klarem Wetter bietet sich vom Geigelstein eine herrliche Rundumsicht nicht nur über die Chiemgauer Alpen, sondern auch weit in die Tiroler Alpen hinein.

7 8,3 (1.815) Sie lassen das Gipfelkreuz und die kleine Kapelle hinter sich und steigen in Richtung Süden ab ~ im Zickzack zwischen Latschenkiefern den steilen Hang hinab ~ dem Weg nach links folgen ~ an der folgenden Kreuzung rechts abbiegen ~ den Abhang östlich des Grates zwischen Geigelstein und Breitenstein queren, dann im lichten Wald im Auf und Ab auf dem Grat entlang.

8 9,3 (1.550) An der Kreuzung auf dem Sattel rechts Richtung Priener Hütte ~ auf dem Wanderpfad durch die Blumenwiese hinab, dann in den Wald hinein ~ an der T-Kreuzung im Wald rechts ~ nach der nächsten Wiese nochmal durch einen Waldstreifen, hier kurz zwischen zwei Felsen hindurch ~ über die Wiese hinab zur Kreuzung.

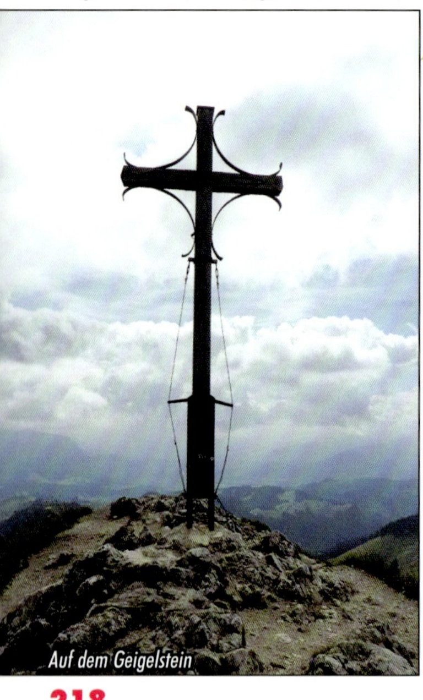
Auf dem Geigelstein

9 9,9 (1.410) An dem breiteren Schotterweg links zur Alpenvereinshütte.

Priener Hütte

Priener Hütte, 08057/428, ÖZ: ganzjährig

Für den Abstieg folgen Sie dem Versorgungsweg bergab.

TIPP: Sie können den Bogen des breiten Weges über einen steileren Pfad, der bei der Terrasse der Hütte beginnt, abkürzen.

Den abzweigenden Wanderweg Richtung Walchsee ignorieren ~ an der Gabelung bei der **Niederkaser Alm** rechts und dem Weg in Kurven hinab folgen ~ am Bergsee vorbei und am Waldrand entlang weiter ~ die beiden ab-

zweigenden Wege nach rechts und die Abzweigung nach links Richtung Acker Alm ignorieren.

10 11,4 (1.270) Nach dem Waldstreifen links auf den Wanderpfad, der erst parallel zum breiten Weg hinab führt ~ über die Wiese in den Wald hinunter und in der Nähe des Laubergrabens weiter ~ ein Seitenbächlein überqueren.

11 12,3 (1.105) Sie kommen an einen Forstweg, hier nach links und auf dem Weg neben dem Bach hinab ~ immer wieder eröffnet sich ein Blick nach Sachrang ~ Sie lassen den Forstweg Richtung Schachenalm hinter sich und laufen weiter bergab.

12 14,6 (895) In der Kehre nach der Hütte rechts und auf dem Wanderweg hinab ~ das Naturschutzgebiet verlassen und an der Gabelung rechts ~ die Prien überqueren.

13 15,7 (715) An der Straße haben Sie die Bushaltestelle und somit das Ziel dieser Wanderung erreicht.

Huben

mittel

Tour 48

12,8 km

Von der Kampenwand zur Hochplatte

Start/Ziel: Hohenaschau, Kampenwandbahn-Bergstation

Gehzeit: 5–5½ Std. **Aufstieg:** 1.045 m **Abstieg:** 1.045 m

Hartbelag: 0 % **Wanderwege:** 37 % **Wanderpfade:** 63 %

Charakteristik: Die Besteigung der Hochplatte von der Kampenwand aus hat ihren ganz besonderen Reiz. Von der stark frequentierten Kampenwand wandern Sie auf immer einsamer werdenden Wegen auf die Hochplatte hinauf. Dabei haben Sie schon unterwegs mehrere wunderbare Aussichten. Mit der Steinlingalm und der Piesenhäuser Hochalm liegen zwei Einkehrmöglichkeiten am Weg.

Anfahrt: Großparkplatz an der Talstation der Kampenwandbahn in Hohenaschau, Bushaltestelle „Aschau, Schloßeinkehr/Kampenwand" (Linien 9496, 9502).

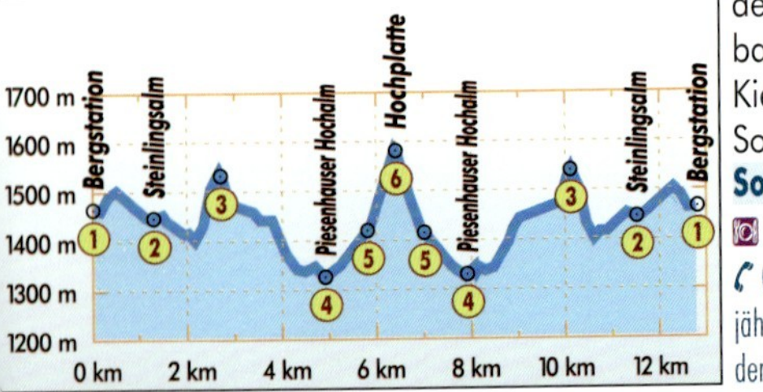

Hohenaschau

Kampenwandbahn, ✆ 08052/9064420, Betriebszeiten: Dez.-April 9-16.30 Uhr, Mai-Nov. 9-17 Uhr, Juli-Mitte Sept. 9-18 Uhr

EINSTIEG Sie schweben mit der Gondelbahn in 14 min bis zu einem Hochplateau etwa 200 m unterhalb des Gipfels der Kampenwand. Nur 150 m von der Bergstation entfernt lädt die Möslarnalm bereits zu einer ersten Einkehr ein.

Möslarnalm

Möslarnalm, ✆ 08052/956315

1 **0,0 (1.440)** An der Bergstation der Kampenwandbahn auf den breiten Kiesweg und vor zur Sonnenalm.

Sonnenalm

Sonnenalm, ✆ 08052/4411, ÖZ: ganzjährig, zu den Betriebszeiten der Kampenwandbahn

Steinlingalm

Links an der Alm entlang und weiter bergauf ~ an der Gabelung links Richtung Steinlingalm ~ vorbei an einem großen Kreuz.

AUSSICHT Nicht nur vom Kreuz, sondern von diesem gesamten Höhenweg aus genießen Sie eine schöne Aussicht auf Chiemsee, Kampenwand und die umliegende Bergwelt der Chiemgauer Alpen.

Der Weg führt nun leicht bergab ~ vorbei an einem markanten Felsen, dem Staffelstein ~ an der Gabelung vor der Alm zweigen Sie rechts ab und an der Steinlingalm vorbei.

Steinlingalm

Steinlingalm, ✆ 08052/2962, ÖZ: Di-So

2 1,3 (1.440) Sie ignorieren die Abzweigung Richtung Kampenwand und gehen geradeaus an der Kapelle vorbei.

VARIANTE Die beschriebene Hauptroute führt Sie auf gutem Weg um die Kampenwand herum. Wenn Sie über die nötige Trittsicherheit und Schwindelfreiheit verfügen, können Sie auf der schwierigeren Variante die Felsen überqueren. Dazu zweigen Sie hier rechts ab und halten sich dann an der folgenden Gabelung links.

Quer über die Almwiese in Richtung Osten, links von sich sehen Sie die Gedererwand ~ Sie kommen in das Kar und wandern jetzt auf der Südseite der Kampenwand auf dem guten Wanderpfad steil bergauf näher an die Felsen heran ~ im spitzen Winkel von rechts führt die Alternative wieder auf die Hauptroute ~ ab hier folgen Sie der **E4-Beschilderung** und wandern geradeaus weiter bergauf.

3 2,7 (1.540) An der Kreuzung oben auf dem Sattel geradeaus weiter über den Weidezaun ~ an der gleich darauf folgenden Kreuzung im spitzen Winkel nach links, etwas weiter unten können Sie auch die entsprechenden

Schilder erkennen ~ auf wurzligem, steinigem Weg durch den Wald hinab ~ unterhalb der Felsen, dem sogenannten Raffen, über den Weidezaun und am Waldrand entlang auf gleichbleibender Höhe quer über den Abhang ~ mehr in Richtung Süden unterhalb des Grates entlang weiter ~ über einen Weidezaun in einen kleinen Waldflecken hinein, dann wieder über die Wiese, rechts ist bereits die Hochplatte zu sehen ~ den links abzweigenden Weg ignorieren ~ im Wald auf dem breiteren Weg oben am Drahtzaun entlang ~ quer über die Bergwiese geradeaus auf die Hütte zu.

4 4,9 (1.320) Auf dem breiten Versorgungsweg gehen Sie links an der Almhütte vorbei.

Piesenhauser Hochalm

Piesenhauser Hochalm, ÖZ: Juni-Mitte Okt.

Auf dem schönen aussichtsreichen Weg in leichtem Auf und Ab weiter Richtung Osten ~ an dem Weg, der rechts Richtung Schleching führt, geradeaus weiter ~ im gleich darauf folgenden Rechtsbogen ignorieren Sie den links abzweigenden Weg Richtung Marquartstein und wandern auf dem breiten Weg weiter bergauf Richtung Hochplatte.

5 5,8 (1.435) An der Kreuzung oben auf dem Sattel vor dem Weidezaun zweigen Sie rechts ab auf den Wanderpfad zur Hochplatte ~ im Anstieg durch zwei Waldstreifen hindurch, dazwischen haben Sie schon eine wunderbare Aussicht ~ zwischen Latschenkiefern auf steilem Weg

Aussicht von der Hochplatte

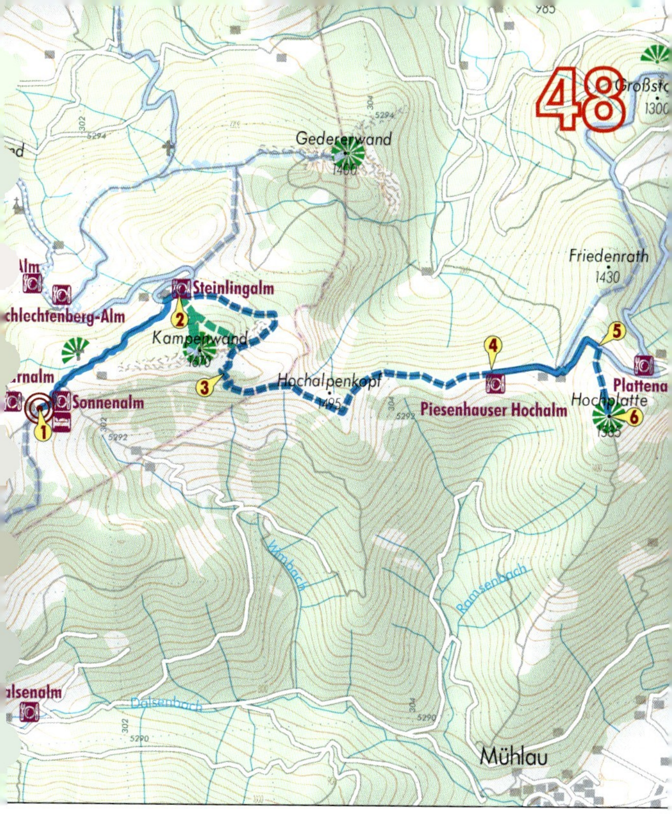

auf den Gipfel hinauf.

Hochplatte

Von dem einsamen Gipfel bietet sich eine grandiose Rundumsicht. Im Norden können Sie den gesamten Chiemsee überblicken, im Westen ragen die markanten Spitzen der Kampenwand empor, im Süden die Spitze des Geigelsteins und im Osten der Hochgern.

6 **6,4 (1.588)** Vom Gipfel aus wandern Sie auf der selben Route wieder zurück zur Kampenwand.

1 **12,8 (1.440)** Bei der Bergstation der Kampenwandbahn haben Sie das Ziel der Tour erreicht.

Hohenaschau

mittel

Tour 49

8,4 km

Von Marquartstein auf die Hochplatte

Start/Ziel: Marquartstein-Niedernfels, Bergstation der Hochplattenbahn

Gehzeit: 3 Std. **Aufstieg:** 730 m **Abstieg:** 730 m

Hartbelag: 0 % **Wanderwege:** 70 % **Wanderpfade:** 30 %

Charakteristik: Diese wunderschöne Rundtour führt auf die Hochplatte hinauf, einen Gipfel mit einzigartiger Aussicht; doch schon vorher tun sich vom Staffen-Rundweg immer wieder herrliche Blicke in Richtung Chiemsee auf. Die Hochplattenalm unterhalb des Gipfels lädt zu einer herzhaften und aussichtsreichen Pause ein. Auf der Staffenalm können Sie noch einmal die Seele baumeln lassen, ehe Sie entweder wieder mit dem Sessellift ins Tal fahren oder zu Fuß ins Tal hinab steigen.

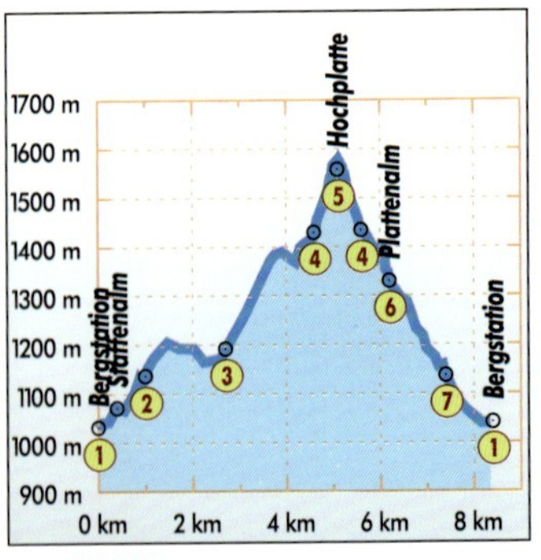

Anfahrt: Über die B 305 nach Marquartstein, am Rathausplatz abbiegen in die Loitshauser Straße. Großparkplatz an der Sesselbahn-Talstation im Ortsteil Niedernfels.

Marquartstein-Niedernfels

PLZ: 83250; Vorwahl: 08641

Tourist-Information, Rathauspl. 1, ✆ 699558, www.marquartstein.de

Hochplattenbahn, ✆ 08641/7216, Betriebszeiten: Sommer 9-17 Uhr, Winter 9.45-16 Uhr

EINSTIEG Mit der Hochplattenbahn überwinden Sie bequem 430 Höhenmeter, um zum Ausgangspunkt dieser Tour bei der Staffenalm zu kommen.

1 **0,0 (1.030)** Von der Bergstation der Sesselbahn folgen Sie dem Wanderweg hinauf zur bewirtschafteten Almhütte.

Staffenalm

Staffenalm, ✆ 08641/7740 od. 5155

Direkt vor dem Haus zweigen Sie links ab ~ im folgenden Linksbogen des Weges zweigen Sie rechts ab ~ den links abzweigenden Wanderpfad in den Wald hinein ignorieren und nach dem Überqueren des Weidezaunes auf dem breiten Weg hinaus auf die Wiese ~ nach dem Rechtsbogen an einer Almhütte vorbei ~ vor dem Häuschen am Ende des Weges zweigen Sie im spitzen Winkel links ab auf den Staffen-Rundweg ~ nach dem Drehkreuz am Drahtzaun entlang, dann im Zickzack über den Hang hinauf.

2 1,0 (1.165) Oben am Forstweg zweigen Sie erst rechts ab, wenden sich dann aber gleich darauf nach links und folgen dem schmaleren Weg, dem Staffen-Rundweg, bergauf ~ der sehr gut ausgebaute Weg führt Sie um den Staffen herum, dabei eröffnet sich immer wieder eine fabelhafte Aussicht auf den Chiemsee ~ Sie kommen südlich des Kleinen Staffen zum breiteren Forstweg, hier nach links ~ auf der linken Seite öffnet sich eine große Almwiese, den nächsten rechts abzweigenden Weg ignorieren.

3 2,7 (1.185) Nach dem Linksbogen des Weges rechts abbiegen in den Wanderweg in Richtung Piesenhauser Hochalm und Hochplatte ~ es geht quer durch den Wald bergauf und links um den Friedenrath herum ~ auf der Lichtung den Sattel zwischen Friedenrath und Haberspitz überqueren ~ der Weg führt nochmal durch einen lichten Waldstreifen ~ an der breiten Almstraße nach links wenden und dem Weg über die Wiese hinauf folgen.

4 4,6 (1.430) Oben auf dem Sattel zweigen Sie vor dem Weidezaun rechts ab auf den Wanderpfad Richtung Hochplatte ~ im Anstieg durch zwei Waldstreifen hindurch, dazwischen haben Sie schon wunderbare Aussicht ~ zwischen Latschenkiefern dann auf dem steilen Weg zum Gipfel hinauf.

Hochplatte

Von dem einsamen Gipfel bietet sich eine grandiose Rundumsicht. Im Norden können Sie den gesamten Chiemsee überblicken, im Westen ragen die markanten Spitzen der Kampenwand empor, im Süden die Spitze des Geigelsteins und im Osten der Hochgern.

Auf der Hochplatte

5 5,1 (1.590) Sie wandern auf dem selben Stichweg wieder vom Gipfel hinab ~ an dem breiten Forstweg auf dem Sattel rechts und mit wunderbarer Aussicht auf den Chiemsee bergab ~ oberhalb der Plattenalm zweigen Sie links ab auf den Pfad, um die Kehre des breiten Weges abzukürzen.

Plattenalm

Plattenalm, ÖZ: Juni-Mitte Sept.

6 6,2 (1.320) Rechts an der Almhütte vorbei kommen Sie wieder zum Forstweg, hier links ~ der Weg führt quer über den bewaldeten Hang hinab.

7 7,4 (1.130) An der Kreuzung rechts hinab auf den **Weg Nr. 4** in Richtung Staffenalm, Sie nehmen also den zweiten Weg rechts ~ an der nächsten Kreuzung geradeaus weiter ~ den folgenden im spitzen Winkel abzweigenden Weg ignorieren ~ an der großen Dreieckskreuzung links abbiegen in Richtung Staffenalm ~ es geht links auf einen Wanderpfad, der Sie zur Aufstiegsroute führt, dort wenden Sie sich nach rechts und kommen zurück zur **Staffenalm** ~ vor der Hütte zweigen Sie rechts ab und laufen zur Station der Sesselbahn hinunter.

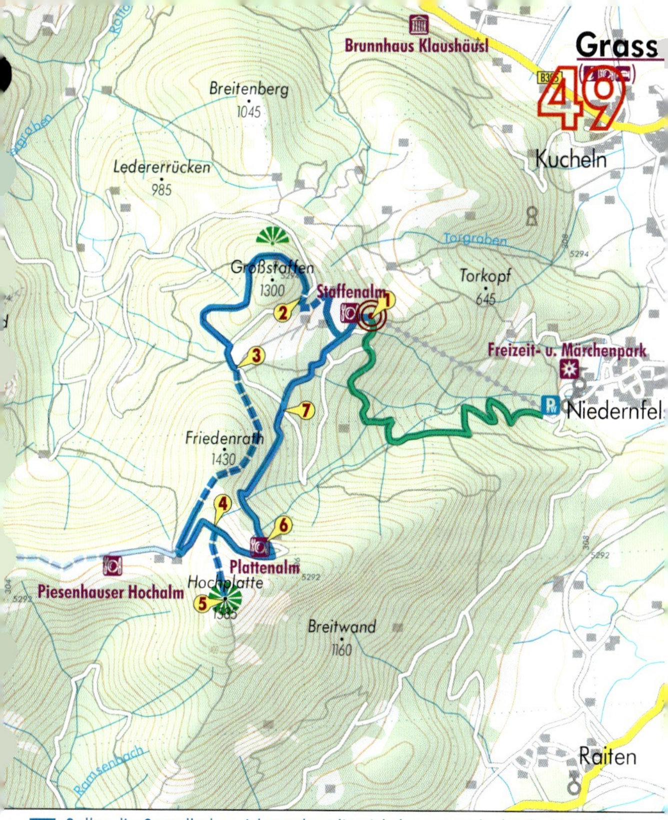

TIPP Sollte die Sesselbahn nicht mehr in Betrieb sein oder Sie lieber zu Fuß ins Tal hinabsteigen wollen, dann folgen Sie der hier beschriebenen Abstiegsroute.

Von der Staffenalm ins Tal ***3,0 km***
Bei der Sesselbahn wenden Sie sich nach rechts ⁓ vor dem Toilettenhäuschen nach links auf den **Weg Nr. 4** in Richtung Talstation ⁓ Sie laufen geradeaus auf die Forststraße, die sich kurvenreich durch den Wald hinab schlängelt, dabei überqueren Sie mehrere Seitenbäche ⁓ an der T-Kreuzung mit der breiteren Forststraße, an der es links zur Hefter-Alm geht, rechts abbiegen und den Serpentinen hinunter zur Talstation der Sesselbahn folgen.

1 **8,4 (1.030)** Die Wanderung endet wieder an der Bergstation der Sesselbahn.

4 3,8 (1.115) Am Ende der Steigung rechts in den weiter ansteigenden Weg Richtung Hochgern.

AUSFLUG Links erreichen Sie nach wenigen Metern die Schnappenkirche

Der schmale Pfad führt mit mäßiger Steigung durch den Wald, ab der kleinen Lichtung geht es sogar leicht bergab ~ an der Kehre der breiten Forststraße rechts bergauf ~ durch das Drehgatter auf die Almfläche, rechts vorne sehen Sie bereits die urige Staudacher Alm.

Staudacher Alm

Staudacher Alm

5 5,7 (1.140) An der Alm geradeaus vorbei in den Wanderpfad über den Almboden ~ nach 300 m an der Gabelung rechts Richtung Hochgern ~ der sog. „**Steinackerweg**" führt vorbei an moosbewachsenen Felstrümmern wieder in den Wald, danach durch dichte Vegetation steil aufwärts ~ während des Aufstiegs bieten sich immer wieder schöne Blicke nach hinten auf den Chiemsee ~ der Weg führt durch das Joch zwischen den beiden Felsen, die Sie schon von der Hütte aus sehen konnten, und wendet sich nach links ~ weiter bergauf zum linken Rand des Kars.

Auf dem Hochgern

ACHTUNG Dieser Wegabschnitt über die Almwiesen kann insbesondere nach Regenfällen sehr matschig sein, gutes Schuhwerk und Wanderstöcke machen sich hier bezahlt.

6 7,6 (1.610) Am Querweg links Richtung Hochgerngipfel ~ kurz darauf über den Weidezaun klettern und rechts halten, der Weg ist hier nun wieder deutlich besser begehbar ~ auf der schönen Blumenwiese knickt der Weg nach links ~ auf dem Bergrücken weiter bergauf ~ kurz nach dem Abzweig zur Bischofsfellnalm erreichen Sie schließlich den Hochgern-Gipfel mit dem großen Gipfelkreuz.

Hochgern (1.750 m)

AUSSICHT Die Aussicht vom Hochgern ist grandios, Sie werden es nicht bereuen, den anstrengenden Aufstieg auf sich genommen zu haben. Von hier oben überblicken Sie die gesamte Bergwelt der Chiemgauer Alpen und das Alpenvorland mit dem Chiemsee, aber auch die weiter entfernten Berchtesgadener Alpen

mit dem Watzmannmassiv sowie das bereits in Österreich liegende Kaisergebirge.

7 8,1 (1.745) Vom Hauptgipfel können Sie weiterwandern zum Nebengipfel, wo in einem Modell der Schnappenkirche das Gipfelbuch aufbewahrt wird ⤳ hier drehen Sie nun um, auf dem Rückweg können Sie dem Pfad rechts unterhalb des Hauptgipfels folgen ⤳ an der Stelle, wo der Aufstiegspfad von rechts hochkam, geradeaus weiter ⤳ auf dem schmalen Pfad über die Blumenwiesen bergab ⤳ am linken Rand der Felsen über die Steinblöcke ⤳ über den Weidezaun klettern.

8 9,0 (1.590) Links auf den Querweg einbiegen und weiter am Rand des Kars entlang, es lohnt sich ein Blick zurück auf den Hochgern ⤳ über einen weiteren Weidezaun, anschließend führt der Weg am Hang entlang ab-

Hochgernhaus

Agersgschwendt-Alm, 08641/8817 od. 8481

11 12,8 (1.040) Geradeaus an der Alm vorbei und wieder in den Wald ~ an der T-Kreuzung links.

AUSSICHT Nach 300 m lohnt ein Abstecher nach rechts zu einem Aussichtspunkt.

wärts ~ der Pfad endet direkt am Hochgernhaus, von der dortigen Aussichtssterrasse haben Sie einen schönen Blick hinunter ins Achental.

Hochgernhaus, 08641/61919, ÖZ: ganzjährig

9 10,1 (1.460) Ab dem Hochgernhaus wandern Sie auf der breiten Fahrstraße weiter bergab.

TIPP Sie können die Serpentinen der Fahrstraße an mehreren Stellen über Wanderpfade abkürzen.

Vorbei an der ebenfalls bewirtschafteten Enzianhütte.

Enzianhütte, 08641/61566, ÖZ: Ende Mai-Mitte Okt.

10 11,1 (1.295) An der Bergwachthütte stoßen Sie auf eine weitere Fahrstraße, hier rechts ~ kurz darauf taucht der Weg wieder in den Wald ein ~ an der Abzweigung neben dem Andenkenkreuz geradeaus weiter ~ auf einer großen Freifläche erreichen Sie die Agersgschwendt-Alm, die vierte und letzte Einkehrmöglichkeit auf dieser Tour.

12 13,7 (945) An der T-Kreuzung kurz nach dem Abzweig zum Aussichtspunkt rechts abbiegen ~ der breite Fahrweg biegt nun Richtung Norden ab, führt aber weiterhin stetig bergab ~ an den Abzweigungen nach Unterwössen jeweils geradeaus weiter ~ an der Gabelung unter der Stromleitung ebenfalls geradeaus auf dem Hauptweg bleiben.

VARIANTE Der linke Weg führt ebenfalls zurück zum Parkplatz, ist aber etwas schlechter begehbar.

2 16,0 (700) In der langgezogenen Linkskurve biegen Sie schräg rechts in den schmaleren Weg ein, den Sie bereits vom Anstieg kennen ~ auf dem Anstiegsweg zurück zum Ausgangspunkt.

1 16,5 (645) Die Tour endet wieder am Parkplatz oberhalb der Burg Marquartstein.

Marquartstein

Ortsindex